KB080358

서양철학 50

철학이 있는 저녁

《一本书读懂西方智慧》
作者：李晓东

철학이 있는 저녁(서양철학 50인)

초판 1쇄 인쇄 | 2018년 9월 05일
초판 1쇄 발행 | 2018년 9월 10일

지은이 · 리샤오둥
옮긴이 · 이서연
감 수 · 신창호
펴낸이 · 박경준
펴낸곳 · 미래타임즈
기획경영 · 정서윤
편집주간 · 맹한승
디자인 · 디자인오투 이종헌
마케팅 · PAGE ONE 강용구
영업관리 · 최문섭
홍 보 · 김범식
물류지원 · 오경수

주 소 · 서울특별시 마포구 동교로 12길 12
전 화 · (02)332-4337 | 팩 스 · (02)3141-4347
이메일 · itembooks@nate.com
출판등록 · 2011년 7월 2일(제01-00321호)

ISBN 978-89-6578-133-2 (00160)
값 15,000원

이 도서의 국립중앙도서관 출판예정도서목록(CIP)은 서지정보유통지원시스템 홈페이지(http://seoji.nl.go.kr)와 국가자료공동목록시스템(http://www.nl.go.kr/kolisnet)에서 이용하실 수 있습니다.
(CIP제어번호: CIP2018026362)

서양철학 50

철학이 있는 저녁

리샤오둥 지음 | 이서연 옮김

미래타임즈

추천하는 글

– **신창호**(고려대학교 교육학과 교수, 前 한국교육철학학회 회장)

우리에게 '철학'은 어떤 모습으로 다가올까요?

윤리학, 논리학, 형이상학, 미학, 종교학, 변증법, 존재론, 행복론…….

철학의 범주를 다룬 이 용어들을 대하면 벌써 어렵고 머리 아픈 뜬구름 잡는 먼 나라 얘기 같이 느껴지신다고요? 그런 분들에게 《철학이 있는 저녁》은 재미와 의미를 한 컵에 담은 한 잔의 에스프레소 같은 달콤 쌉싸름한 지혜의 보석상자 같은 책이 될 것입니다.

철학은 영어로 필로소피philosophy라고 합니다. 우리말로 '지혜에 대한 사랑'이라고 하죠. 여기서 말하는 '지혜에 대한 사랑'이란 '인류가 지금까지 쌓아온 모든 지식과 문화적 현상을 사랑하는 것'을 말합니다.

《철학이 있는 저녁》에선 철학이 참 쉽고 재미있는 한편의 휴먼 드라마처럼 다가옵니다. 이 드라마에는 2,500년 전 그리스철학자들의 좌충우돌하며 얻어낸 '세상의 본질'에 대한 흥미진진한 탐구생활이 담겨 있고, 중세 교부철학자들의 '신과 인간의 세계'에 대한 투쟁의 역사도 나옵니다. 그리고 근대의 '이성의 시대'를 갈망했던 대철학자들의 '학문'과 '이성', '지식'의 향연이 파노라마처럼 펼쳐집니다.

그런데 그 이야기들은 결코 남 얘기처럼 들리지 않습니다. 그건 아마도 우리와 딴 세상을 살았을 것 같은 철학자들의 인간적인 이야기들이 그들의 심오한 사상과 적절하게 조화돼 읽는 내내 내 친구 같은 이야기로 다가오기 때문일 것입니다. 고대철학의 아버지라 불렸던 탈레스는 가난에서 벗어나기 위해 날씨를 예측해 올리브유 착유기를 사재기했고, 노철학자 플라톤은 자신의 이론에 사사건건 반기를 드는 젊은 제자 아리스토텔레스 때문에 노년에 강단에서 늘 전전긍긍했습니다. 그런가 하면《에밀》의 작가 루소는 어릴 때 부모가 돌아가 혈혈단신으로 가정교사와 갖은 험한 일을 하며 철학자의 고단한 길을 걸어갔습니다. 이밖에도 오늘날의 밀교집단 같은 피타고라스학파와 에피쿠로스학파의 비밀회합도 읽는 내내 흥미를 자아내게 하는군요.

이 책의 미덕은 바로 철학의 결정체인 유명한 철학명제를 통해 철학자의 삶과 사상적 궤적을 추적해 나가는 데 있습니다. 고대 그리스 철학자들이 세상의 근원에 대해 탐구했던 도저한 사유들 속엔 '물은 만물의 근원이다'(탈레스), '세상의 근원은 무한하다'(아낙스만드로스), '만물의 근원은 수이다'(피타고라스), '인간은 만물의 척도다'(프로타고라스), '너 자신을 알라'(소크라테스), '우주는 원자와 허공으로 이루어져 있다'(데모크리토스), '모든 인간은 태어나면서부터 알고 싶어 한다'(아리스토텔레스)와 같은 주옥 같은 명제가 탄생했습니다.

유럽의 르네상스를 이끌었던 경험주의철학과 합리론자들의 인류를 향한 일성도 읽을수록 커다란 울림을 줍니다. 프랜시스 베이컨의 '아는 것이 힘이다'나 데카르트의 '나는 생각한다, 고로 나는 존재한다', 스피노자의 '마음의 가장 큰 덕성은 이해이다', 로크의 '모든 지식

은 경험을 통해서 이루어진다' 등의 명제가 유럽의 이성과 합리의 시대를 분투했던 철학자들의 육성이 되어 우리 앞에 생생히 살아 숨 쉬고 있습니다.

결국 철학은 인류가 지나온 사상과 인문의 궤적이자 인류 문화 발달에 지대한 영향을 끼쳤던 인문학자들의 사유의 흔적입니다.

그리고 그 궤적은 곧 '나의 인생과 삶'에 지향점이 되고 나침반이 되게끔 자신에게 지적인 물음을 던지는 길이기도 합니다. 철학은 결국 내 삶의 방향을 제시하는 것이자 내 삶의 목표와 지향성에 기여하는 어떤 것이기도 합니다.

사랑과 우정, 앎, 삶, 죽음, 행복, 배움, 욕망, 진리, 신, 운명에 관한 수많은 물음표 앞에 나는 어떤 생각으로 유연하게 나만의 방법을 찾을 것인가? 철학은 바로 이런 세상의 물음에 지혜롭게 나만의 대답을 찾는 길입니다.

《철학이 있는 저녁》은 편안하고 여유로운 마음으로 그윽한 커피 한 잔을 마시는 내 삶의 철학카페 같은 사색의 시간이고 성찰의 공간입니다. 이 책을 통해 이 아름답고 그윽한 사색의 시공간에서 당신만의 삶의 지혜와 교양의 아우라를 찾는 의미 깊은 시간을 갖으시기를 진심으로 기원합니다.

들어가는 글

서양철학은 탈레스 이래로 인류 역사에 커다란 발자취를 남기며 눈부신 발전을 해왔다. 소크라테스, 아리스토텔레스, 베이컨, 흄, 포이어바흐에 이르기까지……. 그런데 이 많은 철학자들의 지혜를 한 권의 책에 담는다고 하니 허세를 부린다고 비웃는 것도 한편으론 당연하다.

서양철학에 언제부터 관심을 가졌었는지 정확히 기억나지 않지만, 처음으로 서양철학을 접했던 때는 분명하게 기억한다. 대학생 시절 〈서양철학사〉 강의를 들었을 때였는데, 백발의 교수님의 조곤조곤한 목소리를 들으며 힘겹게 수업을 들었다. 매번 교수님이 유명 철학자들의 이론을 알려주실 때마다 나는 끙끙대며 나의 무식을 부끄러워했다. 그리고 다시는 서양철학 근처에는 얼씬도 하지 않겠다고 굳게 다짐했었다. 하지만 애꿎은 운명의 장난으로 나는 대학원에 들어가면서 서양철학을 전공하게 되었다. 나는 어려운 책을 끌어안고 강의를 쫓아가느라 정신없이 헤매야 했다. 이에 가끔씩은 깊은 좌절감에 빠져서 자신을 탓하기도 했다. 다행히도 이후 교수님들의 지도하에서 조금씩 서양철학에 재미를 느낄 수가 있었고, 좋아하게 되었다.

하지만 곧 또 다른 고난이 나를 찾아왔다. 바로 절대로 용납할 수 없는 철학에 대한 오해와 편견이었다. 이 시련은 대학원생이 되고 친구들과 만난 자리에서 시작됐다. 대학원 진학을 진심으로 축하해주던 친구들 중 한 명이 물었다. "그래서, 뭘 전공하는 거야?" 내가 답했다. "철학이야." 그러자 친구는 아무런 말도 하지 않았다. 하지만 나를 바라보는 친구들의 표정을 통해서 나는 그들의 뿌리 깊은 철학의 쓸모에 대한 회의적인 반응을 느낄 수 있었다.

이후 나는 철학은 고리타분하고 실생활에 도움이 안 되는 학문이라는 편견을 바로잡아야겠다는 생각을 하게 되었고, 마침내 그 기회를 잡을 수 있었다. 몇 번의 시행착오를 겪은 끝에 2007년 이 책의 전신이라 할 수 있는《누구나 아는 50개의 철학 명제들(哲學是這樣走來的: 你應該知道的)哲學史上50個經典命題)》이란 책을 출판한 것이다.

이 책은 나의 박식함을 과시하거나 자랑하기 위해서 펴낸 것이 아니다. 그저 철학자들의 사상을 쉬운 방식으로 소개해 더 많은 독자들이 서양철학의 중요 내용과 철학자들의 삶을 대략적으로 이해하고, 더불어 서양철학에 대한 오해와 편견들에서 벗어나길 바랄 뿐이다.

철학 속에 담긴 비밀을 알기 위해선 그 속으로 들어가 보는 수밖에 없다.

자, 그러니 우리 함께 여정을 떠나보자!

차례 CONTENTS

나를 찾고 싶을 때

탈레스Thales

— 물은 만물의 근원이다

인류가 새로운 사유의 시대에 들어섰음을 알리는 선언!
탈레스로부터 인류는 철학을 통해 세상을 바라보기 시작한다.

탈레스의 생애에 대해서는 별로 알려진 것이 없다. 탈레스에 대해 거의 유일하게 평가했던 아리스토텔레스의 평은 그리 호의적이지 않다. 아리스토텔레스는 그를 영리한, 아니 '닳아빠진 상인'이라고 부를 만한 인물이라고 자신의 저서에 서술해놓고 있다. 아리스토텔레스의 악평의 근거가 됐던 에피소드는 탈레스의 정확한 기후 예측에서 비롯된 상술에서부터 시작된다. 어느 날 탈레스는 날씨를 예측해보던 중 그 해 일조량이 좋아 특별히 올리브 농사가 풍작이 될 것을 알았다. 그래서 기름 짜는 기계를 모조리 사들였다가 나중에 비싼 임대료를 받고 빌려주었다고 한다. 물론 이 이야기는 탈레스가 어떤 사람인지를 짐작케 하는 풍문에 불과한 얘기일 지도 모른다. 그런데 탈레스를 '고대철학의 창시자'로 불리게 한 사건 하나만은 정확한 사실이었던 것 같다. 당시 탈레스는 정치적 사건에 관심이 많으면서 특별히 천문학과 수학에 몰두했다. 그리고 천문학에서 탈레스는 당시 사람들에게 인정을 받고 명성을 얻었다. 그리고 현대의 역사가 한 사람이 '철학이 탄생한 시간'을 정확하게 제시하게 만든 장본인으로 탈레스를 지목했으니 그 사건이 바로 그가 '일식'을 정확하게 예언한 날이었다. 즉, 탈레스는 일식이 일어날 날짜를 정확하게 계산했는데, 하늘이 그에게 은총을 베풀어 그가 예언한 날짜에 정말로 태양이 어두워지는 일이 일어났던 것이다. 그리고 일식이 일어났던 기원전 585년 5월 28일을 고대 그리스 사람들은 '철학이 탄생한 시간'이라고 부르고 있다.

세계가 유구한 역사를 지닌 서양철학 속에서 해답을 찾고자 한다면 우리는 역사를 거슬러 올라가 서양철학의 아버지인 탈레스Thales에게서 근원적인 해답을 찾아야 될 것이다. "만물의 근원은 물이다."라는 이 명제는 인간의 존재론적 질문에 대한 대답이자 또한 인류가 철학을 통해 세상을 바라볼 수 있도록 새로운 관점을 제시한 명제이기 때문이다.

탈레스는 밀레투스학파의 철학자다. 밀레투스Miletus는 이오니아 해안에 위치한 고대 그리스 도시로, 철학을 탐구하는 사람들이 모이면서 형성된 도시이다. 기원전 585년을 전후로 탈레스는 이 작은 도시에서 가장 유명한 인물이었다.

그에 대한 전설 같은 이야기들은 지금도 수많은 버전의 이야기들이 전해지고 있어서 우리는 이 이야기들을 통해서 그가 어떤 철학자였는지 조금이나마 짐작해 볼 수 있다.

박식한 지식인이었던 탈레스는 특히 자연철학에 깊은 관심을 가지고 있었다. 그는 천문학, 기하학 등을 깊이 연구했으며 처음으로 동지冬至, 하지夏至 등의 절기를 측정하고 1년을 365일로 나누었다. 자연과학을 비롯한 다양한 분야에 조예가 깊었던 그는 당대에 함께 살았던 많은 사람들의 존경을 받았다. 그러던 어느 날, 탈레스가 불쑥 기원전 585년 5월 28일에 '태양이 검게 변하는' 일식이 일어날 것이라고 예측했다. 하지만 사람들은 탈레스가 헛소리를 한다고 생각하며 믿지 않았다. 그런데 그가 예언했던 그날이 되자 정말 하늘이 어두워지면서 일식현상이 일어나는 게 아닌가. 당시 격렬한 전쟁을 벌이고 있던 메디아와 리디아는 대낮에 하늘이 갑자기 검게 변하자 놀라 전쟁을 멈추고 화해를 했다. 이로써 탈레스의 예언은 전쟁과 함께 역사에 기록되었고, 그와 동시에 그의 이름도 널리 알려지는 계기가 되었다.

이처럼 자신만의 생각에 몰두하는 사람들은 가끔씩 우스운 행동을 하기 마련인데 탈레스도 예외는 아니었다. 한번은 별자리를 관측하는 데 너무 집중하느라 발밑을 잘 살피지 않아 길 옆의 구덩이에 빠지게 되었다. 그러자 그 광경을 지켜보고 있던 하녀가 웃으며 말했다. "당신은 하늘에 무엇이 있는지 살피느라 정작 자기 발밑에는 무엇이 있는지 보지 못하는군요. 그 박식한 지식 때문에 구덩이에 빠진 셈이네요?" 그러자 탈레스는 일어나 흙을 털면서 아무 일 없었다는 듯이 태연하게 말했다. "높은 곳에 있는 사람만이 구덩이에 빠질 자격이 있는 법이지."

탈레스의 일화 중 가장 유명한 것은 그가 장사를 했던 이야기이다. 탈레스는 가난하다는 이유로 항상 부자들에게 비웃음을 받았다. 한번은 어떤 부자가 바로 면전에서 자신을 비웃자 탈레스는 화가 나서 속으로 지식이 재산을 쌓는 데 얼마나 유익한 것인지를 부자들에게 몸소 보여주겠다고 결심한다. 그러곤 봄에 밀레투스에 있는 올리브 착유기를 모두 빌렸다. 대여료가 저렴하다는 이유로 올리브기름을 짜지 않는 봄에 쓸데없이 착유기를 빌리다니, 사람들은 그가 정말 미쳐버렸다고 생각했다. 하지만 이후 올리브를 수확할 때가 되자 사람들은 비로소 그의 선견지명에 감탄할 수밖에 없었다. 애초에 그는 자신의 천문지식을 통해 그해 강수량이 많아 올리브가 풍작이 되리란 사실을 알고는 밀레투스 지역의 착유기를 몽땅 빌렸던 것이다. 이제 올리브를 수확한 사람들은 어쩔 수 없이 탈레스에게 돈을 주고 착유기를 빌려야 했다.

이로써 탈레스는 지식인들이 가난한 것은 능력이 없어서가 아니라 돈 버는 일을 하찮게 여기기 때문이란 사실을 몸소 보여주었다. 또 이를 계기로 점차 상인들은 지식인들의 지혜를 참고해야 할 필요가 있다고 생각하기 시작했다.

이처럼 서양철학의 아버지라 불리는 탈레스는 "물은 만물의 근원이다."라는 명제를 통해 '세상의 근원에 대한 질문'에 처음으로 답을 하였다. 이로써 인류는 '근원'에 대한 고민을 통해 새로운 관점으로 세상을 바라보기 시작했다. 탈레스는 만물이 모두 수분을 머금고 있으므로 물이야말로 세상을 이루는 근원이며, 세상에는 '활동능력을 가진 움직이는 영혼들'이 가득 있다고 생각했다. 물론 이와 같은 그의 주장에는 세상의 근원을 구체적인 물질형태로만 규정하는 등 현실성이 떨어지는 부분들이 보인다. 하지만 세상의 근원에 대해 의문을 제기했다는 자체만으로 분명 혁신적인 사고라 할 수 있다.

만약 철학이 '놀라움'이나 '한가로운 시간'을 통해 이루어지는 것이라면 이러한 의문 제기는 이미 '놀라움'이나 '한가로운 시간'을 통해 철학이란 열매가 결실을 맺기 시작했음을 보여주는 것이다. 왜냐면 그는 이미 '물'을 구체적인 물질형태의 '물'에서 벗어나 철학적인 의미에서 말하고 있기 때문이다. 그러므로 그는 인류가 더욱 지혜로워지는 데 지대한 공헌을 한 셈이다.

현재까지도 탈레스의 출생이나 사망에 대해서는 정확히 알 수 없다. 너무 오래 전에 살았던 인물인 데다가 인류의 지식 전달에 한계가 있기 때문이다. 허나 철학의 역사 속에서 전해져오는 이 명제를 통해 우리가 그의 모습을 조금이나마 엿볼 수 있는 이상 그가 어떻게 사망했는지는 그리 중요한 문제가 아닐 것이다.

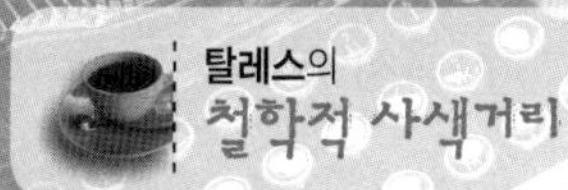

존재에 대한 근원은 어떻게 찾을 것인가?

우리는 근원을 알고 싶어 하는 마음을 지니고 있다. 무협소설에서 주인공이 친부모를 찾는 내용이나 오랜 기간 떠돌던 나그네가 고향으로 돌아가는 이야기는 모두 이러한 마음이 표현된 것이다. 그리움이나 향수는 바로 '근원'과 '뿌리'에 대한 고민 또는 생각에서 비롯된다.

그렇다면 우리가 근원을 알고 싶어 하는 이유는 무엇일까? 바로 '근원'을 찾아야만 비로소 '존재'로서의 진실한 생각을 할 수 있고, '의지'할 수 있는 근거를 마련할 수 있기 때문이다. 마치 땅의 여신인 가이아의 포근한 품과도 같은 근원에 대한 확신을 통해 우리는 살아가는 힘을 얻을 수 있다. 타향에서 만난 옛 친구가 너무나 반가운 이유도 바로 같은 '뿌리'를 가지고 있다는 공감대 때문이다.

기나긴 역사의 흐름 속에서 한 사람의 짧은 생애는 너무나도 쉽게 잊히고 만다. 하지만 탈레스 같은 철학자가 없었다면 아마도 우리는 근원의 중요성을 깨닫지 못했을 것이다.

물론 지나간 과거에 발이 묶여 후회만 해선 안 된다. 지금 이 순간에 최선을 다하며 미래를 향해 힘차게 나아가야 한다. 그리고 지나간 일들은 잊어버리지 말고 앞으로 펼쳐질 날들의 교훈으로 삼아야 한다. 자신의 '뿌리'를 명확히 알고 세상 속에서 자신의 정체성을 확립해야만 우리는 비로소 자신감을 가지고 발전해가며 계속해서 우리의 뿌리를 계승해갈 수 있다. 이렇게 하기 위해선 '세상을 바라보는 넓은 관점'과 '자신의 정체성에 대한 확신'이 필요하다.

탈레스는 현실을 뛰어넘어 철학적 사색을 통해 이 명제를 생각해냈지만 우리는 현실을 기반으로 이 명제를 생각하고 있다. 이는 철학자가 추구하는 바를 설명해준다. 철학자들은 생활 속에서 철학을 발견하고, 우리는 이러한 철학을 통해 더 나은 삶을 살아간다.

그러니 더 이상은 철학자들의 가난을 비웃지 말자. 이처럼 가난한 철학자로 인해 우리가 세상의 의미와 삶의 가치를 찾고, 더 지혜로운 생각을 가질 수 있으니!

무한한 세상을 꿈꿀 때

아낙시만드로스 Anaximandros

— 세상의 근원은 무한하다

세계 최초로 세계지도를 만든 철학자의 사자후!
세상은 실제 존재하는 물질이 아닌 다른 유형의 무한한 것이다.

지리학은 맨 처음 고대 그리스시대에서부터 시작되었다. 그리스어로 '지리(地理, γεωγραφία)'는 '땅에 대한 묘사'라는 뜻을 가지고 있다. 당시 지리학자의 눈에 지도는 지구와 세상에 대한 해석이었던 셈이다. 처음으로 지리학을 과학의 한 분야로 생각하고 지도를 제작하기 시작한 것은 고대 그리스시대이다. 세상을 탐구하던 철학자들은 처음으로 세계지도를 제작해야겠다는 생각을 하게 되었다. 그들은 지구가 얼마만큼 크며 어떠한 모습을 지녔는지 궁금해했고, 우주 속에서 지구가 정확히 어디에 있는지 알고 싶어 했다. 또 우리가 살아가는 세상의 모습을 그려내고 싶어 했다. 이러한 이유로, 역사상에 기록된 최초의 세계지도는 고대 그리스철학자에 의해 만들어졌다. 하지만 아쉽게도 현재에는 전해지지 않아 기록을 통해서만 그 모습을 유추해볼 수 있다. 이 지도에서 세상은 바다로 둘러싸여져 있었다. 유럽은 지도 위쪽(북부)에, 아시아는 지도 아래쪽(남부)에 위치해 있었다. 또 이베리아 반도, 이탈리아 반도, 그리스 반도도 지도에 다소 반영되어 어느 정도 정확성이 있었던 것으로 보인다. 이 지도에는 해안선, 강줄기, 산맥도 표현되었는데 당시 이미 알려져 있던 두 개의 큰 강인 나일 강과 다뉴브 강뿐만 아니라 유럽 북부에 자리한 산맥의 위치까지도 추측돼 그려 넣어져 있었다.

세계 최초로 세계지도를 만든 고대 그리스철학자는 바로 탈레스의 제자인 아낙시만드로스Anaximandros이다.

아낙시만드로스는 밀레투스 출신의 탈레스의 수제자로 '기원전 546년에 사망했다'는 단편적인 기록 외에 전해지는 바가 별로 없다. 이러한 아낙시만드로스에 대한 기록들은 대부분 아리스토텔레스Aristoteles의 제자인 테오프라스토스Theophrastos에 의해 전해졌다. 그는 고대철학자에 관해 상당히 많은 기록들을 남겼지만 그 기록들도 역사의 흐름 속에서 점차 소실되어 지금은 단편적인 것들만 남아 흐릿한 역사의 안개 속에서 조그마한 불빛을 반짝이고 있다.

탈레스의 철학을 이어받은 아낙시만드로스는 세상의 근원은 무한한 것(apeiron, 학술적으로 '무궁', '무한' 또는 '무한자' 등으로 번역됨)이라고 주장했다.

처음으로 '무한한 것'을 통해 '근원'이란 개념을 설명한 아낙시만드로스의 주장은 매우 중요한 지위를 가진다. 그는 세상의 근원은 물이나 원소와 같은 실제 존재하는 물질이 아니라 다른 유형의 무한한 것이라고 주장했다. 이 무한 속에서 모든 사물과 세상이 생겨난다는 것이다. 그는 이처럼 물이 만물의 근원이라는 탈레스의 주장에 동의하지 않았다. 그는 근원에 대한 해답을 세상에 존재하는 구체적인 물질에서 찾으려 하지 않고, 추상적이며 철학적인 어떤 것을 통해서 찾으려 했다. 이는 인류가 한층 더 깊은 생각을 할 수 있게 되었다는 점에서 철학사에서 그 의미가 매우 깊다고 하겠다.

아낙시만드로스의 짧지만 깊은 의미가 담긴 이 금언에 대해 지금껏 많은 토론이 있어 왔다. 이를 철학의 연구주제로 연구한 독일의 실존주의철학자 하이데거Martin Heidegger는 1946년 《아낙시만드로스의 금언Der Spruch des Anaximander》이란 글을 썼다. 이 글에 따르면 아낙시만드로스의 금언에는 최소한 세 가지의 다른 번역이 존재한다. 우선 니체Friedrich Nietzsche의 경우 다음과 같이 번역했다. "사물들은 자신이 만들어진 그곳으로 필연에 따라 되돌아가야 한다. 왜냐하면 사물들은 시간의 질서에 따라 마땅한 대가를 치르고 자신의 부정함에 대해 벌을 받아야 하기 때문이다." 반면 헤르만 딜스Hermann Diels의 경우 "그러나 사물들은 자신이 만들어진 그곳으로 필연에 따라 돌아가 소멸해야 한다. 왜냐하면 사물들은 정해진 시간의 법칙에 따라 자신들이 저지른 부정함에 대하여 서로 벌을 받고 대가를 치러야 하기 때문이다."라고 번역했다. 반면에 하이데거는 앞서 두 철학자의 논거와 달리 다음과 같이 번역했다. "그러나 그곳으로부터 사물들은 생성되고 또한 필연에 따라 그곳으로 돌아가 소멸이 이루어진다. 왜냐하면 사물들은 시간의 질서에 따라 그들의 부정함에 대해 서로 형벌과 대가를 지불해야 하기 때문이다."(위 번역문들의 경우 〈『아낙시만드로스의 금언』에 나타난 하이데거의 존재이해〉, 오희천, 현대유럽철학연구 제26집과 〈하이데거의 서양철학사론〉, 이수정, 현대유럽철학연구 제28집 논문을 참고하여 원서에 근거해 번역하였다. – 역자)

이렇듯 세 사람 모두 조금씩 다른 관점으로 아낙시만드로스의 명제를 번역하고 있다. 하지만 근본적으로 만물의 생성과 소멸에 대해서는 공통된 의견을 보인다.

또한 아낙시만드로스는 하나의 구체적인 사물이 동시에 무한할 수는 없다고 보았다. 왜냐하면 각각의 사물들이 지니고 있는 성질이 대립적이기 때문이다. 공기는 차갑고, 물은 흐르고, 불은 뜨겁다. 만약 그중에 어느 한 사물로 세상이 전부 이루어져 있다면 반대되는 성질을 가진 모든 사물들은 존재할 수 없게 된다. 이러한 사물의 대립적인 성질 때문에 그는 세상의 근원은 무한이라는 결론에 이른다. 이는 우리가 일반적으로 말하는 원소라는 개념과는 다르다. 무한한 것은 만물의 생성과 소멸의 '무한함', 그리고 그 '운명'을 결정하기 때문에 사실상 이미 필연성 또는 규율의 문제를 포함하고 있다.

아낙시만드로스는 과학에 있어서도 매우 큰 공헌을 하였다. 그는 맨 처음으로 해시계를 사용했으며, 북극성의 운행을 보고 지구의 하늘이 반구형이 아닌 완전한 구형을 이루고 있다고 생각했다. 이 때문에 일부 사람들은 그를 천문학의 기초를 다진 인물로 평하기도 한다. 또 땅의 표면이 곡선형일 것이라고 생각한 그는 남에서 북까지 곡선율이 매우 분명하다는 것을 근거로 지구는 원통형 모양을 하고 있으며 우주의 중심이라고 주장했다. 이러한 관점은 이후 자연과학의 발전에 매우 중요한 역할을 하였다.

하지만 절대 부인할 수 없는 점은 그 역시 자신이 속한 시대를 벗어나지 못했다는 점이다. 그가 말한 세상에 대한 예측들은 심지어 후세인들이 오류를 저지르는 근거가 되기도 했다. 하지만 그렇다고 해서 그를 낮게 평가해서는 안 된다. 오늘날 인류의 발전은 고대 철학자들의 이러한 추측과 사색을 발판으로 이루어진 것이기 때문이다. 그러므로 우리는 그가 제시한 명제의 잘못된 점을 비웃을 수는 있지만 그의 개척자정신을 무시하거나 부정해서는 안 된다.

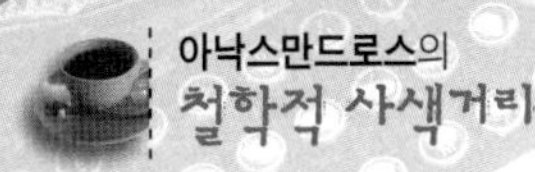

철학적 사유의 과정에 이르는 길

우리가 체감하는 현실세계가 근원을 거슬러 올라가면 보이지도 않고 느낄 수도 없는 무한에 이르게 된다는 말은 마치 무에서 유가 생겨난다는 말처럼 당혹스럽다. 이렇듯 깊이 있는 사색을 통해 도달한 철학이 인류의 생각과는 사뭇 다른 독특한 경지에 이른다는 결론은 낯설고 경이롭기까지 하다.

그래서 대부분의 사람들은 이러한 고통스런 사색의 과정을 견디지 못한다. 왜냐하면 사상은 세계의 발전과정에서 발견의 책임을 감당해야 하는 것이기 때문이다. 그래서 철학자들은 일상생활에 만족하며 살아가는 일반인들에 비해 훨씬 더 예민하고 고통스러워한다.

하지만 자신이 고통스런 사색의 과정을 견디지 못한다고 해서 부끄러워할 필요는 없다. 왜냐하면 철학자들이 도달하는 이러한 깨달음은 쉽게 이루어지지 않는 깨달음이기 때문이다. 그저 철학자들의 생각을 알고 이를 통해 세상을 깊이 이해할 수 있다면 그것만으로도 충분히 행복한 일이다.

짧은 시간 동안 더 많은 지식을 알아가는 방법은 바로 남들이 훌륭한 사람이 되기 위해 공부할 때 자신은 어떻게 하면 안정적으로 훌륭한 사람의 어깨 위에 올라탈 수 있을지 공부하는 것이다. 이는 목적을 쉽게 이루려는 잔꾀가 아니라 살아가는 데 반드시 필요한 기술이다. 고대철학자들의 근원에 대한 탐구정신을 들여다보며 우리도 '배움을 잘 이용하는 법'을 알아보도록 하자.

잘못을 깨달았을 때

아낙시메네스 Anaximenes

— 세상의 근원은 공기다

서양철학사에서 처음으로 밀도의 변화를 통해 사물의 성질을 설명한 명제.
유물주의 관점을 사용해 정신현상을 분석하는 계기가 된 고대 자연주의철학의 명제.

고대 자연철학을 탄생시킨 그리스철학자 탈레스, 아낙시만드로스, 아낙시메네스는 모두 밀레투스 섬에서 살았던 철학자들이다. 그만큼 밀레투스 출신들의 철학 경향은 '세계의 본질'을 탐구하는 데 맞춰져 있었다. 세상이 만들어진 본질을 철학용어로 '아르케'라고 하는데 탈레스는 아르케를 물로, 아낙시만드로스는 아르케를 '무한한 것'으로 상정했다. 아낙시메네스는 아낙시만드로스의 제자로 스승의 영향을 받았음은 물론이다. 그런데 그는 선대 철학자였던 탈레스나 아낙시만드로스가 주창했던 '아르케'로는 '세상의 본질'을 설명하는데 뭔가 2% 부족한 것이 있다고 생각했다. 그래서 그는 스승인 아낙시만드로스의 '무한한 것'을 기초로 하여 뭔가 확실한 세계의 본질을 궁구하였고, 결론은 세계의 본질은 '공기'라고 규정했던 것이다. 그는 앞선 자연철학자들이 주장했던 '세계의 본질'이 갖고 있는 이론적으로 다소 모호하고 분명하지 않은 견해를 극복하려면 물과 같이 뚜렷한 실체가 있고 실제의 형체와 내용을 가지고 있어야 한다고 생각했다. 그리고 이를 모두 충족시킬 수 있는 물질로 '공기'를 생각했다. 아낙시메네스는 세상의 모든 생명은 공기를 들이마시고 내쉬는 호흡을 통해 영혼에까지 다다르게 되어 존재할 수 있다고 보았다. 또한 공기의 부피가 줄어들면 바람이 되고, 부피가 넘치면 물과 땅이 되며, 부풀어 오르면 온기를 만들어 마지막엔 불이 된다고 주장했다. 아낙시메네스는 아낙시만드로스와 탈레스의 한계를 넘어서서 두 사람이 설명하지 못했던 물질의 변화과정을 공기로 설명하였다.

이처럼 진지하게 '세상의 근원은 공기'라고 말하는 고대철학자의 의미 있는 일갈에는 분명 깊은 철학적 사색이 담겨 있다. 세계의 본질은 '공기'라고 주장한 고대 자연철학자는 아낙시만드로스의 친구이자 제자인 아낙시메네스Anaximenes이다.

서양철학의 맥락에서 보면 아낙시메네스는 탈레스의 대를 이어 세 번째로 밀레투스학파를 대표하는 철학자이자 고대 자연주의철학을 완성한 인물로 일컬어진다. 그는 대략 기원전 588년에서 526년경에 살았던 것으로 전해진다. 그에 대한 기록은 많이 남아 있지 않지만 이전 철학자들에 비해서는 비교적 나은 편이다. 이러한 기록들은 우리가 그의 관점을 연구하고 이해하는 데 어느 정도 도움을 준다.

그는 탈레스와 아낙시만드로스의 관점을 종합해 세계의 근원에 대한 해답을 찾으려 했다. 그는 물은 너무 구체적이어서 세상의 근원으로 보기엔 부족하며, 무한한 것은 너무 추상적이어서 설득력이 떨어진다고 보았다. 그래서 그는 공기가 세상의 근원일 것이라고 생각했다. 공기는 자연의 기본 물질 중 하나지만 무한하고, 또 무한한 것과는 달리 구체성을 가지고 있기 때문이다. 또 그는 공기는 신에 의해서 만들어지는 것이 아니라, 오히려 신이 공기를 통해 생겨난다고 주장했다. 이처럼 '공기'는 감지할 수 있는 무형의 물질로 '물'보다는 추상적이고 '무한한 것'보다는 실체가 있어 쉽게 느낄 수 있다. 이러한 그의 관점은 최소한 운명론을 중시하고 현실을 숭상하는 그리스인들의 심리에 한 발자국 더 다가가는 것이었다.

아낙시메네스는 이러한 자신의 관점을 통해 세상의 모습을 해석하려 했다. 그는 세상의 모든 사물들은 공기가 응축되거나 희박해짐에 따라, 즉 밀도의 차이에 의해서 형성된다고 생각했다.

"공기가 희박해지면 불이 되고, 응축되면 바람이나 구름이 되

며, 더욱 응축되어 밀도가 높아지면 물, 흙, 돌이 된다. 모든 만물은 이렇게 형성된다." 그래서 그는 모든 것을 다스리는 공기가 바로 영혼이라고 보았다. 그는 다음과 같이 말했다. "우리의 영혼이 공기이다. 그것은 우리를 결합시키고, 모든 우주를 감싸고 있다.", "공기가 모여 응축되면 차가워지고, 희박해지면 뜨거워진다."

이로써 아낙시메네스는 밀레투스학파의 철학이론에 매우 귀중한 관점을 하나 더 추가하였다. 공기의 응축과 희박을 통해 세상이 이루어지는 원인을 분석하고, 차가움과 뜨거움의 대립되는 성질을 구체적인 사물의 운동 방식을 통해 설명한 것이다. 이는 스승인 아낙시만드로스의 것보다 더욱 발전된 이론이다. 서양철학사에서 그는 처음으로 밀도의 변화를 통해 사물의 성질을 구별해 설명했다. 또 '영혼은 공기'라는 그의 관점은 서양철학에서 유물주의 관점을 사용해 정신현상을 분석하는 계기가 되어 주었다.

이처럼 아낙시메네스는 한층 더 발전된 우주의 기원과 변화, 구성에 대한 이론을 내놓으며 밀레투스학파의 우주론을 완성했다. 또 이 이론을 근거로 자연철학은 우주론에서 물리학으로 옮겨가기 시작한다.

공식적으로 알려진 아낙시메네스의 이론으로는 다음과 같은 것들이 있다. ①만물의 근원은 무한한 공기이다. ②만물은 근원인 공기의 응축과 희박을 통해 생겨난다. ③공기는 응축되면 차가워지고 희박해지면 뜨거워진다. ④지구는 평평한 대지 모양이며 공기가 지탱하고 있다. ⑤별들은 천체 위에 못처럼 박혀 있으며, 펠트 모자처럼 생긴 수정체는 응축된 공기의 힘에 의해서 지구 주변을 돌고 있다. ⑥하늘은 땅과 가장 멀리 떨어져 있는 소용돌이이다. ⑦공기는 세상 전체를 감싸고 있다.

실제로 존재하는 물질인 공기가 우주의 근원이라는 아낙시메네스의 주장에는 우주가 자연스럽게 이루어졌다는 의미가 담겨 있다. 즉 신이 세상을 창조했다는 관점을 부정하는 근거가 되는 것이다. 이러한 논거를 기반으로 그가 생각한 우주의 모습은 다음과 같다.

지구는 공중에 떠 있는 평평한 접시 모양이며, 태양과 달, 그리고 행성들은 수정체 같은 것 위에 못처럼 박혀 있다. 펠트 모자처럼 생긴 수정체는 지구 위를 덮고 있으며 별들은 공기의 힘에 의해서 지구를 회전한다.

그는 다음과 같이 말했다. "사람들이 추측하는 것처럼 천체는 지구 밑에서 움직이지 않는다. 우리 머리 위에서 펠트 모자처럼 생긴 수정체가 지구 주변을 돌고 있다. 또 태양은 땅 아래로 숨는 것이 아니라 땅의 높은 부분에 의해서 가려지는 것이다."

아낙시메네스가 과학에서 이룬 업적은 무시할 수 없다. 다양한 방면에서 그는 이미 현대의 과학과 비슷한 수준의 사고를 하고 있었다. 그는 맨 처음으로 항성과 행성을 구별했으며, 우박은 비가 얼어서 생기는 것이고, 무지개는 짙은 구름에 태양광이 투사되어 생기는 것이라고 주장했다. 다만 시대적 상황의 한계 때문인지 그 또한 지구가 둥글다는 사실을 알지는 못했다. 그는 우주가 반구형의 모습이며, 우주를 가득 채운 짙은 농도의 공기가 지구를 지탱하고 있다고 생각했다. 아리스토텔레스는 《하늘에 관하여On the Heavens》에서 "만약 지구가 강제적인 힘에 의해서 현재의 자리를 유지하고 있다면 지구의 각 부분을 중심으로 모여 소용돌이 운동을 일으키게 된다.……. 우주의 모습에 대한 해석들은 모두 지구가 우주의 중심이라는 것을 설명해준다."라고 주장했다.

아낙시메네스 또한 이러한 생각을 지닌 철학자 중 한 사람이었다.

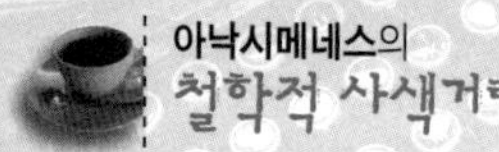

잘못을 통해서 사실에 이르는 길은?

현대과학의 수준에서 보자면 그리스철학자들의 생각은 매우 유치하고 우습다. 하지만 만약 인류 역사에 이러한 고민이 없었다면 오늘날 인류 문명이 이토록 눈부신 발전을 이루지는 못했을 것이다. 이렇듯 인류 문명은 항상 잘못된 예측에서 비롯된 독창적인 견해로 인해 발전을 이루어 왔다.

이런 측면에서 보자면 인류 역사에서 잘못된 예측이 꼭 나쁜 것만은 아니다. 하지만 그럼에도 우리는 항상 잘못을 저지르지 않으려고 애쓴다. 특히 구체적인 업무를 처리해야 할 때면 잘못을 저지르지 않으려고 전전긍긍하곤 한다. 하지만 객관적으로 보자면 잘못을 저지르지 않는 경우는 거의 없다.

그러니 문제의 핵심은 잘못을 부인하는 것이 아니라 인정하는 태도에 있다. 이성적인 태도로 잘못을 저지른 이유를 살펴보고 고칠 용기를 낸다면 우리는 분명 한 단계 더 발전할 수 있다. 인류의 모든 문명은 잘못을 끊임없이 수정하는 과정에서 발전해왔다. 오류가 없는 학설은 상상할 수 없고, 오류 없이 일궈낸 발전은 사상누각일 수밖에 없다. 그러니 "사람은 항상 잘못을 통해서 자신을 고쳐간다."는 옛 고전의 교훈을 마음속에 새겨두도록 하자.

삶의 의미를 알고 싶을 때

피타고라스Pythagoras

— 만물의 근원은 수이다

세상의 비밀을 수로 풀어내려 한 고대 자연철학자의 대표명제.
수가 모든 만물의 근원임을 주장한 신비주의철학자의 애지자(愛知者)로서의 일성.

"철학자는 지식을 사랑하고 삶의 의미와 목적을 알기 위해 헌신하며 자연의 비밀을 밝히기 위해 노력합니다."

피타고라스의 위 명제처럼 자연의 비밀을 규명하기 위해 일부 자연철학자들은 철학적 연구 과제를 '수'의 비밀을 밝히는 데서 시작하였다. 고대 이집트와 바빌로니아의 문헌에서는 직각삼각형의 길이에 대한 피타고라스의 정리와 유사한 기록들이 많이 나온다. 그리고 이 기록은 중국 최초의 천문 수학서인 《주비산경周髀算經》에도 유사한 의미로 기록돼 있다. 즉 "직각삼각형의 직각을 낀 두 변의 길이가 3과 4일 때 빗변은 5가 된다. 句三股四弦五"는 기록이 그것. 동양의 오래된 기록에서 나타나고 있는 직각삼각형의 길이에 대해 서양에서는 '피타고라스의 정리'로 정리하고 있으며 그 정리는 다음과 같다. "직각삼각형의 빗변의 제곱은 다른 두 변의 제곱의 합과 같다."

위 내용에서 언급한 정리를 제기한 사람이 바로 고대 그리스시대의 유명한 철학가이자 수학자이며 음악이론가인 피타고라스 Pythagoras이다.

사모스 섬에서 태어난 그는 어려서 이집트 등 여러 곳을 돌아다녔다. 그러다 이탈리아 남부에 위치한 크로톤Croton에 정착해 수학과 철학을 가르치면서 자신을 따르는 신도들과 함께 신비주의 색채가 강한 '피타고라스학파'를 결성한다. 이후 기원전 510년 반대세력에 의해 메타폰툼Metapontum으로 추방되고 그곳에서 생애를 마친다.

피타고라스는 당대의 철학자로서는 보기 드문, 높은 인격과 뛰어난 학식을 겸비한 스승이었다. 그가 사람들에게 가장 높이 평가받는 것 중 하나가 바로 여성에게도 지식을 가르쳤다는 점이다. 물론 이때 여성은 귀족 여성에게만 해당되는 이야기였지만, 당시의 사회적 상황에서 배울 권리에 있어서 남성과 여성은 모두 평등해야 한다는 생각 자체가 월등히 앞서가는 사고를 지닌 철학자였음을 입증하는 것이다. 그의 학파에서 십여 명의 여성학자들을 배출한 점은 다른 어느 학파에서는 볼 수 없었던 대단한 학문적 성과였음은 의심의 여지가 없다. 또 그는 사람이라면 누구나 기하학을 배울 수 있다고 생각했다. 한번은 그가 성실한 가난뱅이에게 기하학을 가르치고 싶어 했는데 상대방이 배우려 하지 않았다. 방법을 고민하던 그는 가난뱅이에게 기하학 이론을 하나씩 배울 때마다 돈을 주겠다고 제안했다. 이에 마지못해 피타고라스에게 기하학을 배우기 시작한 가난뱅이는 얼마 지나지 않아 기하학에 매우 흥미를 가지게 되었고, 오히려 자신이 돈을 줄 테니 더 많은 이론을 알려 달라고 말했다. 이로써 피타고라스는 얼마 지나지 않아 자신이 가난뱅이에게 주었던 돈을 모두 되찾을 수 있었다.

교육을 중시하고 남녀 모두에게 골고루 철학을 가르치는 것을 즐겨 했던 그는 또한 철학을 매우 중시해 학파를 결성하고 얼마 지나지 않아 철학자philosopher라는 신조어를 만들어낸다.

어느 날 올림픽 경기를 관람하던 그에게 프리우스의 레온 왕자가 물었다. "피타고라스여, 자네는 자신이 어떤 사람이라고 생각하는가?" 그러자 그가 답했다. "저는 철학자입니다." 당시에는 스스로를 이렇게 말하는 경우가 없었기에 호기심을 느낀 왕자가 재차 물었다. "철학자는 어떤 사람인가?" 그러자 그가 답했다. "누군가는 재물을 탐내고, 누군가는 권력을 얻기 위해 열중합니다. 반면 철학자는 지식을 사랑하고 삶의 의미와 목적을 알기 위해 헌신하며 자연의 비밀을 밝히기 위해 노력합니다."

피타고라스는 이처럼 세상의 비밀을 밝히기 위해 헌신한 사람이었다. 특히 그와 그의 학파는 수를 이해하기 위해 열심히 연구했다. 피타고라스는 깊이 있는 연구를 통해 자연수를 홀수, 짝수, 소수, 완전수, 제곱수, 삼각수, 오각수 등으로 구분하였다. 또 그는 수가 우주에 하나의 개념모형을 제공하고, 수량과 형상이 모든 자연물체의 형식을 결정짓는다고 보았다. 또 수는 양의 많고 적음을 가지고 있을 뿐만 아니라 기하학적인 형태를 지니고 있다고 보았다. 피타고라스는 수를 통해 자연물체의 형식과 형상을 이해했고, 수가 모든 사물의 근원이라고 주장했다. 수가 있기에 기하학의 점이 생길 수 있고, 점이 있기에 선과 면, 그리고 입체가 생길 수 있으며, 입체가 있기에 불, 물, 흙, 공기, 네 가지 원소가 생겨나 만물이 될 수 있으니 수가 만물의 근원이라는 것이다. 그러므로 자연계에 발생하는 모든 현상과 법칙은 수에 의해서 결정되며 반드시 '수의 조화', 즉 수의 관계를 따라야 한다고 주장했다.

그는 한 발자국 더 나아가 수와 물리적 현상의 관계를 분석해 증명해 보였다. 그는 세 현이 함께 내는 어떤 음과 제5 도음과 제8 도음, 이 세 현의 길이의 비가 6:4:3임을 증명했다. 또 구형이 가장 완벽한 형태이므로 지구는 완전한 구형이며 태양, 달, 행성은 모두 둥글게 회전한다고 주장했으며, 10을 가장 완벽한 숫자로 보고 하늘에서 움직이는 발광체도 열 개일 것이라고 생각했다.

그는 서양에서 처음으로 피타고라스 정리를 발견하였다. 그는 이것을 발견한 뒤 미칠 듯이 기뻐하며 황소 백 마리를 잡아다 뮤즈 여신에게 바쳤다고 한다. 그래서 피타고라스의 정리는 '황소 백 마리의 정리'라고도 불린다.

이러한 피타고라스와 그의 학파는 신비주의적 색채가 강했다. 버트런드 러셀Bertrand Russell은 "피타고라스는 역사상 가장 흥미롭고 이해하기 어려운 인물 중 한 명."이라고 말한 바 있다. 그는 공개적으로 모습을 잘 드러내지도 않았다. 또 제자들에게 수학과 철학을 가르치면서도 외부로 전파되는 것은 금했다. 그의 학파는 콩을 먹지 말 것, 쇠붙이로 불을 들추지 말 것, 큰 길로 다니지 말 것 등 매우 엄격한 규율을 지켜야 했으며, 재산을 공동으로 소유하고 함께 생활했다. 심지어 과학과 수학에서 무언가 발견하면 그것도 모두 집단의 것이 되었다. 또한 피타고라스를 신비롭게 생각해서 그가 죽은 뒤에도 모든 것들이 그에게서 비롯된다고 믿었다고 한다.

이처럼 은밀한 활동 때문에 피타고라스학파는 점차 사람들에게 두려움과 시샘의 대상이 되어 갔고, 이후 정치사건에 개입되면서 피타고라스학파는 박해를 받고 해체하게 된다. 이 과정에서 피타고라스는 여든의 나이에 폭동 속에서 암살로 생을 마친다. 이후 그리스에서 도망친 학파의 구성원들은 계속해서 피타고라스의 사상을 전파해 나갔다. 이천 여 년이 지난 지금도 그는 여전히 이탈리아 고산에 묻혀 있다.

디지털을 잘 활용하는 방법은?

디지털은 신비로움으로 가득한 분야이다. 수학과 음악은 디지털의 힘을 빌려 언어의 한계를 넘고 국경을 초월해 소통한다. 게다가 현대사회는 컴퓨터와 인터넷이 확대되면서 계속해서 디지털에 점령당하고 있는 중이다. 니컬러스 네그로폰테(Nicholas Negroponte)는 《디지털이다(Being Digital)》(커뮤니케이션북스, 백욱인 역, 2014년)에서 앞으로 이런 현상이 점차 확대될 것이라고 보았다. 이처럼 현대사회에서 갈수록 보편화될 디지털은 앞으로 개인 사생활에서부터 물질생활, 그리고 인간관계와 일상생활에 이르기까지 우리들의 삶 속에 아주 깊숙이 침투할 것이다.

하지만 그렇다고 해서 디지털에만 의존하는 건 너무나도 두려운 일이다. 예를 들어 우리의 모든 비밀이 비밀번호 하나에 의지해 보관된다면 문제가 생길 수 있다. 비밀번호가 너무 단순할 경우 비밀이 쉽게 폭로될 위험이 있고 심지어 경제적으로 피해를 볼 수도 있다. 또 반대로 비밀번호가 너무 복잡할 경우 잊어버려서 적지 않은 손해를 볼 수 있다. 이러한 의미에서 보면 디지털은 도움이 될 수도, 자신을 해칠 수도 있는 양날의 검인 셈이다.

《논어(論語)》에는 "기술자가 일을 잘하려면 먼저 자신의 도구를 잘 다듬어야 한다."는 말이 있다. 디지털은 우리의 삶을 더욱 풍요롭게 할 '도구'일 뿐이다. 그러므로 디지털의 노예가 되지 않도록 잘 활용할 필요가 있다. 사실 다른 것들도 모두 마찬가지가 아닌가? 지나친 것은 부족한 것과 같으니 적절한 정도에서 멈춰야 한다는 점은 동서양을 막론하고 삶을 살아가는 지혜이자 철학이다. 디지털의 중요성이 점점 더 강조되는 현대사회에서 피타고라스의 '수에 관한 철학적 사색'은 우리에게 새로운 의미로 다가오고 있다.

나는 왜 운이 없을까

파르메니데스Parmenides

— 모든 건 존재한다

'존재'를 유일하고 영원하며 나누어질 수 없는 것으로 본 고대 존재론의 대표명제. 파르메니데스를 시작으로 철학연구는 사유의 영역에 들어서기 시작했다.

셰익스피어William Shakespeare가 심혈을 기울여 만들어낸 햄릿Hamlet은 인문주의 사상을 형상화한 인물이다. 셰익스피어는 인간과 인류의 미래에 대해 열정과 신념을 가지고 있었다. 인간은 '고귀한 이성'과 '위대한 힘', '우아한 기품', '아름다운 몸짓'을 지닌 '우주의 정수이자 만물의 영장'이라고 생각했다. 이처럼 인문주의 교육은 그가 큰 포부를 가질 수 있도록 해주었지만 예상치 못한 변화도 가져왔다. 아무런 근심 없이 해맑았던 그의 성격이 달라진 것이다. 견실한 사랑, 진실한 우정과 같이 삶의 아름다운 이상들을 인문주의자인 그는 가질 수 없게 되었다. 그는 발전된 인문주의 사상으로 사회가 변화하길 바라면서도 한편으로 이러한 중요한 일을 자신이 감내할 수 있을까 두려워했다. 이처럼 우울함과 비통함에 휩싸인 채 방황하던 그는 자신의 심경을 대변하는 다음과 같은 명언을 쓴다. "사느냐 죽느냐 그것이 문제로다." 이로써 《햄릿》을 읽은 사람들은 저마다 자신들의 관점으로 햄릿을 이해하고 있다.

햄릿을 생각할 때면 사람들은 저마다 자신이 생각하는 우울한 덴마크 왕자를 떠올릴 뿐 '햄릿이 덴마크 왕자'라는 부분에 대해선 의문을 가지지 않는다. 하지만 고대 그리스철학자의 이론에 따르면 여기에는 문제가 있다. 왜냐하면 햄릿은 허구의 인물이기 때문이다. 햄릿을 확실히 표현하려면 "셰익스피어는 햄릿이 덴마크 왕자였다고 말한다." 더 정확하게는 "셰익스피어는 '햄릿'이라 불리는 덴마크 왕자가 있었다고 말한다."라고 해야 한다.(버트런드 러셀, 《서양철학사》, 2013년, 을유문화사, 서상복 역, 94쪽 참조.―역주) 이와 같은 관점을 가진 철학자가 바로 파르메니데스Parmenides이다.

이탈리아 남부 엘레아Elea에 살았던 파르메니데스의 활동 연대는 대략 기원전 5세기 전반으로 추정된다. 플라톤Platon의 기록에 따르면 소크라테스Socrates는 젊은 시절(약 기원전 450년경)에 한 차례 파르메니데스를 만났다고 한다. 당시 소크라테스는 혈기왕성한 젊은이였던 반면 파르메니데스는 이미 연로한 노인이었다. 역사상 이 만남이 정말 있었는지 여부는 현재 확인할 방법이 없다. 하지만 파르메니데스의 철학관점이 소크라테스와 플라톤에게 깊은 영향을 주었다는 점은 확실하다.

파르메니데스의 이론은 그의 철학시 〈자연에 대하여On Nature〉에 잘 나타나 있다. 시의 첫 부분에서 그는 낭만적이고 신비한 색채가 가득한 표현으로 여신이 주인공의 잘못된 방향을 바로잡아 주는 모습을 생동감 있게 묘사하고 있다. 그는 여신의 입을 빌려 자신의 관점을 설명하고, 시적 표현을 통해 철학이 발전해 갈 수 있는 새로운 길을 제시한다.

그는 존재에 대해 두 가지 연구 방법을 제시하고 있다. 하나는 "존재하며, 존재하지 않을 수 없다."이고 또 다른 하나는 "존재하지 않으며, 존재하지 않을 수밖에 없다."이다. 전자는 진리를 따르는 '진리의 길'이고 후자는 근본적으로 결국 아무것도 할 수 없는 '의견의 길'이다. 이러한 관점은 비교적 이해하기 어렵다. 하지만 파르메니데스는 이러한 방법을 통해 우리들에게 철학적 사유의 매력을 보여준다.

파르메니데스는 존재를 유일하고 영원하며 나누어질 수 없는 것으로 보았다. 이렇듯 영원하고 나누어질 수 없는 존재는 어떠한 다른 것으로 생겨나지도 소멸되지도 않는다. 파르메니데스는 존재에 대해 "만들어지지도 소멸되지도 않는 것"이라고 말했다. 존재는 변하지 않는 영원불멸한 것이며 그렇기에 최종적으론 '완전한 것'이다. 파르메니데스의 이러한 '완전함'을 '일자一者'라 말했다. 그가 말하는 '일자'는 무한하고 나누어질 수 없는 어떤 것이다. 이러한 주장은 근본적으로 모든 사물들은 대립하고 통일된다는 헤라클레이토스Heraclitus 주장과 완전히 반대된다.

파르메니데스가 생각하는 '일자'는 우리가 일반적으로 생각하는 신이 아니다. 그는 그것을 공간을 차지하는 물질로 생각했다. 이는 파르메니데스가 그것을 구형이라고 표현한 데서 알 수 있다. 그리고 이러한 '일자'는 나누어질 수 없으며, 모든 곳에 존재한다. 그는 이와 같은 자신의 관점을 정확히 설명하기 위해서 전문적으로 논증을 진행했다. 이는 철학사에서 논증을 통해 설명하는 방식이 뿌리를 내리는 계기가 되었다. 그 당시에 이처럼 추상적이고 포괄적인 이론을 펼칠 수 있었다는 점은 분명 깊은 의미를 지닌다.

앞에서 말한 이론에 근거해 파르메니데스는 흐리멍덩한 눈, 의미 없는 시끄러운 소리로 가득 찬 귀와 혀와 같은 감각기관에 기대지 말고 오로지 이성을 통해서만 판단해야 한다고 주장했다. 이를 통해 그는 "사유하는 것과 존재하는 것은 동일하다."라는 유명한 명제를 제시한다. 바꿔 말하자면 이성적 사유를 통해서만 존재의 진실한 의미를 파악할 수 있다는 의미이다. 인류의 인식이 발전하는데 중요한 역할을 한 이 명제는 이후 '사유와 존재는 동일하다'는 말로 요약되어 서양 이성주의철학의 핵심 표현이 되었다. 이 내용은 여기서 짧게 설명할 수 없으니 앞으로 계속해서 소개하도록 하겠다.

존재론적 철학의 측면에서 보자면 파르메니데스가 주장하는 존재는 사물의 가장 보편적인 속성에 대해 개괄하고 추상화한 존재이다. 그 보편성, 추상성, 고정성 등은 이미 이전의 철학가들이 제시한 구체적인 물질형태를 넘어선 것이었다. 이를 통해 서양철학의 연구는 사유의 영역에 들어서게 된다. 파르메니데스의 이러한 공헌은 러셀의 평가에서도 드러난다.

"파르메니데스는 형이상학적 논증을 이루어냈기 때문에 역사상 중요한 지위를 차지한다. 이러한 논증은 이후 헤겔Georg Wilhelm Friedrich Hegel을 비롯해 수많은 형이상학자들에게서 나타난다. 사람들은 종종 그가 논리를 일궈냈다고 말하는데 사실 그가 정말로 일궈낸 것은 논리를 기반으로 한 형이상학이다."

파르메니데스의 논증에는 합리적이지 못한 부분이 있다. 그래서 당시에도 많은 철학자들과 격렬한 논쟁을 벌였고 심지어 그도 이 때문에 매우 괴로워했다. 하지만 철학을 이론화하고 체계화하는 길은 이와 같은 선각자들의 고통을 통해서 시작된다.

감각으로 사물의 진정한 모습을 파악할 수 있을까?

사유와 존재의 관계에 대한 문제는 항상 인류에게 깊은 사유의 방식을 고민하게 만드는 난제였다. 감각과 사유, 감성과 이성은 다 각각의 방식으로 인류의 사유를 향상시키고 발전할 수 있도록 견인하는 역할을 해왔다.

우리는 항상 '직접 눈으로 봐야만 믿을 수 있다'는 생각을 고집하며 감각기관을 통해서만 사물의 '진정한 모습'을 발견하려 한다. 하지만 가끔씩은 자신이 '사물의 진정한 모습을 보지 못하는 이유가 본인이 바로 사물 속에 들어가 있어서'라는 당혹스런 사실을 발견할 때도 있다. 하지만 그럼에도 우리는 자신의 감각적인 체험에만 의존해 사물의 진상을 파악하려는 고집을 버리지 않는다.

하지만 감각은 종종 사람을 속이곤 한다. 형형색색의 세상의 모습들은 감각기관을 통해 우리에게 거짓된 모습을 보여주며 판단에 영향을 주고, 무모한 위험을 무릅쓰게 만든다. 그리고 그 결과는 굳이 말하지 않아도 짐작할 수 있다. 사실 파르메니데스를 시작으로 철학은 이러한 사실을 우리에게 일깨워줬다. 다만 우리가 그것을 어김없이 무시하고 잊어버렸을 뿐이다.

만약 자신이 행운아라고 생각된다면 이것 하나만은 기억해 두도록 하자. 기회는 기다리는 사람에게 찾아온다는 사실을 말이다. 또 만약 조금도 준비가 되어 있지 않은 상태에서 큰 기회를 맞이한다면 이것 하나만 주의하도록 하자. 하늘은 그냥 행운을 내려주지 않는다. 설사 행운을 내려준다 하더라도 그것이 나에게 온다는 보장은 없다. 세상에 공짜는 없다는 말은 우리가 항상 입버릇처럼 말하면서도 잊어버리는 인생의 진리이다.

현실에 안주하고 싶을 때

헤라클레이토스Heraclitus

— 사람은 같은 강물에 두 번 들어갈 수 없다

불에 대한 깊은 통찰을 보인 고대철학자의 인간정신의 고민을 담은 명제.
로고스를 세상 변화의 본질로 본 고대 유물론자의 철학적 사변.

헤라클레이토스는 에페수스ehpesus 왕가 귀족출신으로 인격과 빼어난 학식으로 옳은 원칙과 신념을 평생 굽히지 않았던 꿋꿋한 의지의 소유자라는 평가와 함께 늘 잘난 체하여 겸손한 데가 전혀 없고 알기 어려운 필치로 사람들을 골탕먹인다는 악평이 공존하는 철학자이다. 그런데 불행하게도 당시 에페수스 시민이나 피타고라스 같은 철학자마저도 헤라클레이토스의 행동을 옹호하기보다는 비판하는 사람들이 더 많았다. 그래서 그의 별칭도 스코티노스(어두운 사람)로 불려지곤 했다.

무엇보다 현대철학자인 바슐라르의 '불의 철학'이 있기 2천 년 전부터 만물의 유전을 '영원히 타는 불ever-living fire'로 파악한 헤라클레이토스의 예지력은 남다른 데가 있다고 하겠다. 고대 그리스철학자들은 저마다 '영원히 변하지 않고 움직이는 세상의 본질'을 찾기에 여념이 없었다. 앞서 밀레투스 철학자인 탈레스나 아낙시만드로스, 아낙시메네스 등이 주장한 아르케와는 달리 헤라클레이토스는 불을 세상을 움직이는 '본질'로 보았다. 그는 불은 많은 대상들에 옮겨 붙어 먹어치우듯 태워버리고, 불 그 자체인 자신의 몸으로 변화시키지만 불에 탈 수 있는 대상이 사라지면 자신도 사라지고 마는 것으로 봤기 때문에 '불'을 만물의 본질로 본 것이다. 헤라클레이토스가 보기에 만물이 쉼없이 유전流轉하는 것은 세계가 '영원히 타는 불'로 보였기 때문이다. 이러한 불의 변화과정을 통해 세상은 '오르막길'과 '내리막길'로 순환하며 우주가 존재하게 된다는 것이 헤라클레이토스의 세상 변화의 본질이다.

역사적으로 불의 발견은 인류 사회가 진보하고 발전하는 데 매우 중요한 계기가 되었다. 하지만 불에 대한 인류의 인식은 절대 여기서 멈추지 않는다. 위에서 언급한 고대 그리스 신화뿐만 아니라 철학에서도 불에 대한 깊은 통찰이 보이는데 대표적인 철학자가 바로 헤라클레이토스Heraclitus이다.

헤라클레이토스는 유명한 교역도시였던 에페수스Ephesus 출신으로 에페수스학파의 창시자이자 대표적인 인물이다. 그의 사망 시기는 정확하게 전해지지 않는다. 다만 대략 기원전 540년에서 480년까지 활동한 것으로 보인다. 그는 성격이 특이한 사람이었다. 이전의 사상가들을 거침없이 비판하며, "내가 많은 사람들과 이야기를 해봤지만 그 중에서 어느 누구도 모든 사람들에게는 자신에게 떨어진 지혜가 있다는 사실을 알지 못했다."고 말했다. 그는 내성적인 성격과 심오한 말 때문에 사람들에게 '어두운 철학자'라고 불렸다. 하지만 이런 조롱 어린 호칭에도 그의 사상이 내뿜는 휘황한 광채를 가릴 수는 없었다.

그는 일찍이 우주론, 정치학, 신학 세 가지 분야에 대한 자신의 견해를 담은 〈자연에 대하여On Nature〉란 글을 썼지만 안타깝게도 지금은 전해지지 않는다. 우리는 그저 흩어져 있는 130여 편 남짓의 단편들을 통해 은유로 가득한 그의 사상을 이해해 볼 수 있을 뿐이다.

헤라클레이토스는 은둔자적인 삶을 살았다. 원래 귀족 출신이었지만 정치에 관심이 없었고 심지어 사회에 환멸을 느껴 왕위도 포기한 채 철학연구에만 전념했다. 한 번은 주사위 놀이를 하는 아이들의 모습에 흥미를 느낀 헤라클레이토스가 아이들과 함께 놀기 시작했다. 그러자 성인 남성과 아이들이 모여 시끌벅적하게 노는 모습에 호기심을 느낀 사람들이 하나둘 주변으로 몰려들기 시작했다. 그러더니 급기야는 몰려든 사람들로 노는 게 불가능해졌다. 그러자 화가 난 헤라클레이토스가 주변 사람들을 밀치며 말했다. "별것 아닌 일에 왜들 모여들고 그래? 자네들이 참여하는 정치활동과 뭐 다를 게 있다고?"

또 그는 생명, 건강 등에도 깊은 견해를 가지고 있었다. 누군가가 그에게 "건강이 무엇이냐?"고 묻자 그는 이렇게 말했다. "만약 건강하지 못하다면 지혜가 있어도 표현할 수 없고, 교양이 있어도 보여줄 수 없으며, 힘이 있어도 싸울 수 없고, 지식이 있어도 이용할 수 없네." 이 말에 다시 "그럼 건강한 사람이 갑자기 하룻밤 사이에 쓰러지는 이유는 무엇인가요?"라고 묻자 그는 "질병과 건강은 벽 하나를 마주한 이웃과 같네."라고 답했다.

헤라클레이토스는 불을 매우 숭상했다. 당시 누군가가 세상에 대해 묻자 그는 다음과 같이 답했다. "이 세계는 모두 동일하며 어떤 신이나 인간에 의해 만들어진 것이 아니다. 세상은 이전이나 지금이나 앞으로나 영원히 꺼지지 않고 생동하는 불이다. 규칙에 따라 타오르고 꺼지기를 반복한다." 이처럼 신이 세상을 창조했다는 '창조론'을 부정하는 그의 주장에는 불을 훔친 프로메테우스와 같은 혁신적인 생각이 담겨 있다. 그의 철학에서 신은 항상 '로고스logos'라는 말로 대체된다. 그는 세상은 신의 뜻에 따라서 존재하는 것이 아니라 '로고스'에 의해서 끊임없이 움직이고 변화한다고 보았다. "모든 만물은 항상 변화하며 결코 멈춰 있지 않는다."는 말은 그가 바라본 세상의 본질을 간략하게 요약해준다.

헤라클레이토스는 세상은 끊임없이 움직인다는 생각을 기초로 하여 대립되는 힘들의 투쟁과 통일을 운동 변화의 원칙으로 보며 초보적인 변증법을 제시하였다. 이처럼 그가 제시한 수많은 사상들은 오늘날까지도 여전히 지혜의 불빛을 밝히고 있다. 예를 들어 "선과 악은 같다.", "신에게는 모든 것이 아름답고 선하고 공정하지만, 인간들은 어떤 것은 공정하다고 생각하고 어떤 것은 공정하지 않다고 생각한다.", "오르막길과 내리막길은 같다.", "태양은 날마다 새롭다." 등이 지금도 지혜의 불빛으로 빛나고 있다. 이러한 그의 명제들 중에서도 가장 유명한 것은 바로 "사람은 같은 강물에 두 번 들어갈 수 없다."이다.

헤라클레이토스는 흐르는 강물과 인간, 그리고 만물들은 모두 끊임없이 움직이고 변화하기 때문에 사람이 같은 강물에 두 번 들어갈 수는 없다고 보았다. 두 번째로 강을 찾았을 때는 이미 '그 강물과 사람 모두 변한 상태'이기 때문이다. 그래서 소크라테스는 헤라클레이토스를 '흐르는 사람'이라고 불렀다. 이 명제를 통해서 우리 또한 무한한 흐름을 분명하게 느낄 수 있다. 바로 이러한 의미에서 헤라클레이토스는 "우리는 같은 강에 들어가면서 들어가지 않는다. 또 존재하면서 존재하지 않는다."라는 유명한 말을 남겼다.

헤라클레이토스의
철학적 사색거리

우리가 날마다 새롭게 마주해야 할 것은?

태양은 날마다 새롭다. 옛말에 "진실로 하루를 새롭게 하고 날마다 새롭게 하며 또 날로 새롭게 하라."는 말이 있다.

세상이 항상 새롭다는 말에는 두 가지 뜻이 담겨 있다. 희망적인 시각에서 보면 우리는 날마다 새로워지는 세상 속에서 자신의 노력으로 새로운 변화와 성과를 쟁취할 수 있다. 하지만 반대로 부정적인 각도에서 보면 우리는 끊임없이 변화하느라 영원히 마음의 안식을 얻을 수 없다. "창업하기는 쉽지만 유지하긴 어렵다."라는 말이 있다. 창업할 당시에는 마주하는 모든 것들이 새롭고 변화한다는 사실을 알지만, 유지할 때는 이 점을 잊어버리기 때문이다.

그렇기에 우리는 혁신을 외치며 적극적인 자세로 희망적인 것들을 끊임없이 찾고 발견해야 한다. 혁신은 삶의 활력을 유지하는 비결이자 계속해서 노력해야 할 정신이다. 그러니 소극적으로 받아들이기보다는 자발적으로 나아가도록 하자.

지금부터 시작해야 한다. 이 문장을 읽고 있는 지금도 세상과 우리는 또다시 새롭게 변화하고 있으니!

과연 신은 있을까

프로타고라스Protagoras

— 인간은 만물의 척도다

세계에서 처음으로 스스로를 '지자(智者)'라 칭한 사람의 인간에 대한 명제.
최초의 소피스트로 '최초'라는 수식어가 늘 따라다녔던 철학자의 한마디.

프로타고라스는 그리스 북동쪽의 아브데라에서 태어났지만 평생 그리스 전역을 돌아다니며 사람들을 가르쳤다. 기록이 없어 언제인지 정확히 짚어서 말할 수는 없지만 어떤 시기에 그는 아테네로 가서 통치자 페리클레스의 고문관이 되었다. 그리고 기원전 444년에 페리클레스가 프로타고라스에게 식민지 투리오이Thurii의 헌법을 써달라고 의뢰했지만 그가 이에 응했는지는 알 수 없다. 프로타고라스는 불가지론(인간은 신을 인식할 수 없다는 종교적 인식론)자였기 때문에 일부 학설에 의하면 그의 저서들이 공개적으로 불태워졌다는 설도 있다.

프로타고라스는 금전적인 여유가 있는 사람에게 법과 수사학을 강의했다. 그의 가르침은 주장의 정당함을 밝히기보다 소송에서 이기려고 논쟁하는 실질적인 문제에 관한 것이었지만, 그는 자신의 가르침이 철학과 밀접한 관계가 있다고 확신했다. 프로타고라스에 따르면, 모든 논거에는 두 가지 측면이 있는데 둘 다 똑같이 타당할 수 있다는 것이다. 그는 "논거에는 가치가 없어도 그 논거를 지지하는 사람들을 설득하면 최악의 소송이라도 이길 수 있다."고 주장한다. 이런 식으로 그는 신념은 주관적이기 때문에 그 가치의 척도는 바로 그 관점이나 견해를 가진 인간이라고 여긴다. 당시 법과 정치학 분야에서 흔했던 이 추론의 방식은 철학에서는 새로운 것이었다.

프로타고라스는 기원전 481년경 그리스 북동부 아브데라Abdera에서 태어났는데 이곳은 데모크리토스Democritos의 고향이기도 하다. 그는 아낙사고라스Anaxagoras, 데모크리토스, 소크라테스와 동시대 사람으로 소크라테스보다 조금 먼저 태어났다. 프로타고라스에게는 항상 최초라는 수식어가 따라다닌다. 그는 최초로 소피스트(Sophist: 지혜로운 자)라는 명칭을 사용했으며, 처음으로 사람들을 가르쳐 수업료를 받았다. 그가 각지를 돌아다니며 강연을 열면 사람들은 강연을 듣기 위해 수업료를 지불해야 했다. 이에 어떤 사람이 그에게 "왜 돈을 받는 것이냐?"고 묻자 그는 당당한 목소리로 말했다. "지식이 무지보다 가치 있기 때문이지."

프로타고라스는 비교적 소박한 삶을 살았던 인물로 경력도 간단하다. 한마디로 그는 평생 동안 과학연구에만 열중했다. 또 그는 당시 아테네의 정치가 페리클레스Perikles와 친구 사이였다. 전하는 말에 따르면 두 사람은 투창경기에서 투창으로 사람을 죽였을 경우 그 사건의 원인은 경기의 주관자가 아니라 창을 던진 사람으로 보아야 한다는 점을 놓고 하루 종일 논쟁을 벌였다고 한다.

그는 주로 사람들에게 변론술과 수사학을 가르쳤다. 그는 정성들여 긴 연설과 문답법을 잘 준비했다. 플라톤의 〈프로타고라스〉에는 다음과 같은 말이 적혀 있다.

"프로타고라스는 연설을 매우 잘할 뿐만 아니라 질문을 받으면 간결하게 요점만 대답하네. 또 물어볼 때도 상대방의 답변을 침착하게 기다리는데 이런 재능을 두루 겸비한 사람들은 흔치 않지."

"당신은 모든 글자가 다 들어갈 정도로 한도 끝도 없이 길게 연설할 수도 있고, 또 간결하게 요점만 이야기할 수도 있다고 하더군요."

이처럼 각지에 파편처럼 분산되어 있는 기록들을 하나하나 모아서 우리는 달변가였던 한 소피스트의 그림자를 엿볼 수 있다.

그가 직접 쓴 《진리에 대하여》, 《신에 대하여》 등의 작품은 모두 현재 전해지지 않는다. 다만 플라톤, 아리스토텔레스, 섹스투스

엠피리쿠스Sextus Empiricus 등과 같은 후세의 사람들이 기록해 놓은 자료들을 통해 그의 사상을 미루어 짐작해 볼 뿐이다. 이러한 기록들 중에서 후세에 가장 큰 영향을 끼친 것은 바로 '인간은 만물의 척도다.'라는 명제이다.

프로타고라스는 다음과 같이 말했다. "인간은 만물의 척도다. 존재하는 것들에 대해서는 존재한다는 척도이고 존재하지 않는 것들에 대해서는 존재하지 않는다는 척도이다."

이와 같은 그의 명제는 감각을 통해 인식해야 한다는 것을 전제로 한다. 그는 사물은 인간의 감각을 통해서 파악되는 것이며, 감각은 모든 지식의 근원이라고 생각했다. 그래서 지구상의 모든 생물 중에서 오직 사람만이 지식의 기준을 판단할 수 있다고 보았다. 사람은 각자 자신의 감각을 통해서 사물을 판단하고 지식을 얻는다. 이러한 그의 관점에 대해 학자들은 그가 말하는 인간이 구체적으로 개인을 말하는 것인지 아니면 넓게 인류를 말하는 것인지에 대해서 논쟁을 벌인 적이 있다. 오늘날에는 그가 주로 개인의 관점에서 문제를 이야기한다고 보고 있다. 이러한 한계성은 그가 자신이 속한 시대를 벗어나지 못했다는 사실을 보여주는 것이다.

이 명제를 바탕으로 프로타고라스는 국가의 형성에 대해 묘사했다. 그는 사람은 기술과 지혜를 가지고 있으므로 인간과 동물은 다르며, 도시국가는 신이 창조하거나 자연적으로 생겨난 것이 아니라 인간이 자신을 보호하려는 본능에 의해서 생겨난 것이라고 보았다. 이러한 관점은 후세에 깊은 영향을 끼쳤다.

프로타고라스는 신의 존재에 대해 의심하는 태도를 보인다. 그는《신에 대하여》에서 다음과 같이 말했다. "나는 신에 관해서는 아무것도 모른다. 그들이 존재하는지 아니면 존재하지 않는지 알 수 없다. 왜냐하면 수많은 것들이 신에 대해 아는 걸 방해하고 있기 때문이다. 더구나 이 문제는 너무나 애매모호한데 비해 인간의 수명은 지나치게 짧다."

프로타고라스가 한 이 말 때문에 이후 페리클레스는 정치무대에서 내려와야 했으며 프로타고라스도 벌을 받아야 했다. 정적들로부터 '신을 부정했다'는 죄목으로 고발당한 그는 저서들이 모두 불태워지는 수모를 당하고 아테네에서 추방당한다. 이로써 그는 역사적으로 정부 당국에 의해서 저서들이 불태워진 최초의 인물이 되었다. 이후 그는 아테네를 떠나 시칠리아 섬으로 가던 도중에 배가 난파되어 익사했다고 전해진다.

인간은 만물의 척도인가?

매우 많은 철학자들이 신과 인간의 관계에 대한 해답을 찾기 위해 노력해 왔다. 하지만 이 문제에 대한 생각과 인식은 인류의 발전과 함께 많은 우여곡절을 겪어야 했다.

인류 사회가 형성되었을 초기에 인류는 의심할 바 없이 약한 존재였다. 그 시기 인간은 '진노한 신이 내리치는' 천둥번개 소리에 깜짝 놀라 바짝 엎드렸고, 사나운 맹수들의 위험에서 벌벌 떠느라 '인간이 만물의 척도'라느니 주인이라느니 하는 생각을 할 수가 없었다.

이후 인류는 발전의 발전을 거듭하면서 얼마 안 가 자신들이 자연을 지배했다는 생각을 하게 되었다. 이렇듯 인간의 힘으로 대자연을 극복하게 되면서 세상은 더 이상 신비롭지 않았다. 심지어 일부 지역에서 자만에 취한 사람들은 욕심을 채우기 위해 자연을 이용하기 시작했다. 이처럼 교만한 인간들의 탐욕의 결과로 우리들은 감당할 수 없는 대가를 치르면서 비로소 원래부터 인류의 힘이 그렇게 크지 않았다는 사실을 깨달았고 천인합일의 조화 사상이 이 관계를 해결하는 최상의 선택임을 알았다.

이러한 의미에서 "인간은 만물의 척도다."라는 명제는 긍정적인 의미와 부정적인 의미를 모두 지니고 있다. 긍정적인 의미에서 보자면 인간은 자신의 존재 가치를 의식하고 있다. 어디까지나 인류가 인식한 뒤에야 만물의 의미가 비로소 드러나게 된다는 것이다. 반면 부정적인 의미에서 보자면 이러한 관점은 위험하다. 스스로 만물의 척도라 생각하면 자신을 반성하고 되돌아보는 계기를 잃을 수 있기 때문이다. 더구나 자만에 빠져 제멋대로 행동한 결과로 뼈저린 후회를 하며 심지어 '선조들의 업적을 무너뜨리고 후세인들의 길을 막는' 죄인이 될 수 있다. 이러한 상황을 피하려면 반드시 매번 자신을 되돌아봐야 한다. 우리는 그저 제한된 의미에서 자연을 통제할 수 있을 뿐이다.

로마클럽(Club of Rome)은 과거 경제성장으로 야기된 환경 오염, 자원 고갈 등의 문제들이 인류에 심각한 위협이 될 것이라는 '성장의 한계'를 주장한 바 있다. 이러한 주장은 비록 당시에는 적극적으로 받아들여지지 못했지만, 오늘날 돌이켜보면 상당한 시사점을 주고 있다. 현대 도시의 철근콘크리트 건물들이 시골 풍경을 대신한 이후 우리는 신선한 공기와 푸른 하늘, 흰 구름을 그리워하게 되었다. 바로 '만물의 척도'라는 교만해진 인간이 외면해서는 안 되는 현실이다.

내가 누구인지 모를 때

소크라테스Socrates

— 너 자신을 알라

아테네의 젊은이들을 자신의 주변으로 끌어들인 현자(賢者)의 명언!
아테네의 문제를 놓고 논쟁하면서 젊은이들의 유익한 친구가 되어준 철학자.

소크라테스는 기원전 469년 아테네에서 조각가인 아버지와 산파술을 업으로 하던 어머니 사이에서 태어났다. 그는 처음에는 아버지를 따라 조각 일을 하다가 보병에 편입되기 전까지 철학을 공부했다고 전해진다. 그는 펠로폰네소스 전쟁에 참전하여 공을 세운 후 아테네로 돌아와 잠시 동안 정치학에 몰두했다.

소크라테스는 아테네에서 곧 유명한 인물이 되었다. 전해지는 이야기에 따르면, 그의 한 친구가 델포이의 아폴로 신전에 가서 세상에서 가장 현명한 사람이 누구인지 물어보았다. 그랬더니 신전의 여사제가 "지금 아테네에는 소크라테스보다 더 현명한 사람은 없다."는 신탁을 전했다. 이 사실을 듣고 놀란 소크라테스는 그 사실이 틀렸음을 입증하기 위해 아테네에서 가장 박식하다는 사람들을 찾아갔다. 하지만 그 사람들은 하나같이 자신이 많이 알고 있다는 사실만 자랑스럽게 얘기하였다.

여기서 우리는 소크라테스가 박식한 사람들의 지식에 의문을 갖는 데 사용한 방법에 주목할 필요가 있다. 그는 아무런 선입견 없이 누군가의 관점을 선택해 박식한 사람에게 단순히 질문을 던지면서 그 사람의 논거에서의 모순과 지식 사이의 차이를 드러나게 해서 스스로 자신의 무지를 깨닫게 해주는 방법의 논증법을 펼쳤다. 소크라테스는 사고의 시작을 도와주는 그 과정을 그의 어머니의 산파술에 비유했다. 이 토론을 통해 소크라테스는 아폴로 신전의 신탁이 옳았음을 깨달았다. 그것은 바로 그가 지식이 많아서가 아니라 그가 아무 것도 모른다고 공언했기 때문에 아테네에서 가장 현명한 사람이었던 것이다. 소크라테스는 델포이의 신전 입구에 새겨진 '네 자신을 알라'는 비문을 중요하게 여겼다. 소크라테스에게 지식을 얻는 것의 시작은 바로 자신의 무지의 한계를 깨닫고 모든 선입견을 없애는 데서 시작되는 것이기 때문이다. 그런 다음에야 진리를 알아낼 희망이 생길 수 있었다.

이처럼 아테네에서 가장 지혜로운 철학자가 바로 소크라테스

Socrates이다. 그리고 인구에 회자되는 성격 사나운 부인이 바로 악처로 소문난 그의 아내 크산티페이다. 소크라테스의 철학은 후세에 깊은 영향을 끼쳤다. 더구나 그가 말한 "너 자신을 알라."는 명제는 아직까지도 여전히 동서고금을 통틀어 우리들의 심금을 울린다.

고대 그리스에서 소크라테스는 변론을 잘하기로 유명했다. 제자 플라톤이 쓴 《국가》에 소크라테스가 설전하는 장면이 기록되어 있다. 기록에 따르면 소크라테스는 계속해서 질문함으로써 상대방이 결국 스스로 모른다고 고백하게 만드는 데 뛰어난 재주가 있었던 것 같다. 이와 같은 '소크라테스의 문답법'은 매우 도전적인 시도였다. 소크라테스는 항상 대로에 서서 지나가는 행인들과 스스로 자신을 정확히 아는지에 대해서 논쟁을 벌였다. 많은 사람들이 그를 굴복시키려고 시도했지만 결국 그의 논점에 자신이 굴복해야 했다.

이와 같은 '영혼의 산파술'로 소크라테스 주변에는 많은 추종자들이 생겨났다. 현재까지 전해지는 기록에 따르면 그는 매우 못생겼다고 한다. 소크라테스를 본 크세노폰Xenophon은 그를 다음과 같이 묘사했다. "사티로스 연극에 등장하는 실레노스보다도 더 못생겼다.", "대머리에 넓적한 얼굴을 가졌으며, 눈언저리가 푹 꺼지고 눈빛은 굳어 있었다. 게다가 코는 술에 취한 것처럼 빨개서 외모만 보면 유명한 철학자라기보다는 술꾼 같았다."

이와 같은 묘사에 대해서 윌 듀런트Will Durant 교수는 "소크라테스를 생동감 있게 표현했다."고 평가했다. 더구나 소크라테스는 걸음걸이도 우아하지 못했다. 그는 오리처럼 불뚝 튀어나온 배를 내밀고 고개는 쳐든 채 뒤뚱뒤뚱 걸었다. 또 항상 남루한 옷을 입고 맨발로 이곳저곳을 돌아다녔다. 하지만 이런 볼품없는 모습에도 수많은 젊은이들이 그를 찾아왔다. 그는 그들과 다양한 문제에 대해 격렬한 논쟁을 벌이며 정신적 지도자이자 유익한 친구가 되어 주었다. 소크라테스의 경우를 보면 사상과 지혜를 추구하는 데 외모는 그리 중요하지 않다는 걸 알 수 있다.

하지만 주변에 사람들을 끌어들이는 매력으로 인해 소크라테스는 목숨을 잃는다. 70세가 되던 해에 '신을 모독하고 젊은이들을 타락시킨다.'는 죄명으로 고소를 당한 그는 아테네의 민주주의 제도에 의해서 '독배를 마시라.'는 판결을 받는다. 이에 젊은 제자들은 그가 도망칠 수 있도록 도왔지만 그는 '악법도 법이다.'라는 말을 남기고 끝내 독배를 마시며 자신의 방식으로 결백을 증명하려 하였다. 그는 마지막으로 다음과 같은 유언을 남겼다고 한다. "크리톤, 의술의 신 아스클레피오스에게 닭 한 마리를 빚졌으니 기억해 두었다가 갚아주게." 이후 그의 몸은 차갑게 굳어갔다. 그렇게 그의 육체는 떠났지만 한평생 철학에 헌신한 그의 불굴의 정신은 세상에 남았다.

"너 자신을 알라."라는 명제는 소크라테스 사상의 핵심이다. 그는 지식을 구하는 건 인간의 본성이자 사명이며 더욱이 이를 통해 아테네 민주제도의 고질병을 치료할 수 있다고 보았다. 또 인간이 지식을 구하려면 먼저 반드시 자신을 알고 내면의 원칙을 세워야 한다고 생각했는데, 바로 이러한 원칙을 '덕성德性'이라고 불렀다. 소크라테스는 덕성은 사람들마다 모두 지니고 있는 인간의 본성이라고 보았다. 하지만 이성을 통제해야만 자신의 덕성을 드러낼 수 있으며, 선을 행할 수 있다고 여겼다. 이렇듯 이성의 통제는 주로 자신의 한계를 아는 것을 통해 이루어진다. 그렇기에 자신이 여전히 부족하다는 것을 알고 더 많은 지식을 쌓아 자신의 덕성을 드러낼 필요가 있다. 후세에 깊은 영향을 끼친 "지식이 곧 미덕美德이다.", "반성하지 않는 삶은 가치가 없다." 등의 말들은 모두 사람들이 자신의 한계를 깨달아야 한다는 의미로 소크라테스가 한 말들이다.

하지만 그렇다고 해서 자신의 한계를 깨닫는 데만 만족해서는 안 된다. 자신의 무지함을 깨닫고 나서는 지식을 구하는 과정에서 가치를 발견하고 자신의 덕성을 드러내야 한다. 만약 이렇게 하지 않는다면 어둠 속에서 '진리'를 찾는 것과 같아서 거짓된 지식들만 얻게 될 뿐이다. 예를 들어 '정의', '국가', '선' 등과 같은 개념들에 대한 이해가 모두 여기에 해당된다.

자신이 모른다는 것을 알려면?

지적인 말투로 누구에게나 막힘없이 말해서 '무슨 일이든 다 아는 사람'으로 통하는 사람이 있었다. 하지만 사실 사람들은 그 사람의 속임수에 속고 있을 뿐이었다. 그는 다른 곳에서 들은 말들로 다른 사람들에게 믿음과 숭배를 받았지만 정작 자신은 그게 무슨 뜻인지 알지 못했다. 이렇게 남들을 속이는 행동은 성공할 경우엔 좋겠지만 실패할 경우엔 비웃음거리가 되고 만다. 그래서 이런 방법은 겸손한 척하는 위선자의 모습이라고 예전부터 하찮게 여겨져 왔다. 《논어》에는 "아는 것을 안다고 하고 모르는 것을 모른다고 하는 것이 정말로 아는 것이다."라는 말이 있다. 이 말과 소크라테스의 말은 서로 닮은 구석이 있다.

자신이 모른다는 것을 알려면 우선 겸손하고 성실한 태도를 가져야 한다. 모르는 것은 모른다고 하고, 어느 정도 알면 그 정도만 안다고 말해야 한다. 일부러 전문가인 척, 똑똑한 척 꾸며서 말을 과장하거나 상대를 속여선 안 된다. 자신의 무지함을 인정하는 것이 훨씬 성숙한 태도이다. 아인슈타인(Albert Einstein)은 이를 매우 구체적인 비유로 설명했다. "우리의 지식은 원과 같아서 지식의 영역이 넓어질수록 원의 둘레도 점점 늘어나 모르는 것도 더 많아지게 된다." 이 점을 안다면 우리는 비로소 모르는 것들을 만나도 당황하지 않고 침착하게 대처할 수 있다.

소크라테스는 자신의 무지의 정도를 깨우친 후에는 모르는 상태에 멈추어 있어선 안 된다고 주장한다. 자신의 무지함의 정도를 안 뒤에는 모든 노력을 쏟아 부어 모르는 부분을 알아가야 한다. 자신의 무지함을 알고 고쳐나가는 것은 성장하는 것이지만 무지함 속에서 안주하는 건 도태되는 것이기 때문이다.

루소(Jean Jacques Rousseau)는 "인간은 자유롭게 태어났지만 어디에서나 쇠사슬에 묶여 있다."라고 말한 바 있다. 속박에서 벗어나기 위해 노력해 소크라테스의 명제를 몸소 증명해보자. 이러한 노력을 통해 우리는 세상에서 가장 총명한 사람이 될 수 있을 것이다!

누군가 나에게 돌을 던질 때

제논Zēnōn
— 날아가는 화살은 정지해 있다

아리스토텔레스가 '변증법의 창시자'라 부른 제논의 역설법.
제논의 논증방식과 변론기술은 후세 철학에 논리적 사고의 발전을 촉진시켰다.

제논은 우연히 철학을 하게 된 사람이었다. 그는 원래 성공한 상인이었다. 어느 날 그는 붉은 천을 싣고 가다가 배가 난파되는 바람에 아테네의 서적상인의 집에 머물렀는데, 그곳에서 주인이 철학책을 읽는 것을 보았다. 이것이 계기가 되어서 제논도 철학을 하게 되었는데, 그 이후로 그는 배가 난파되는 일을 '유익한 장치'라고 부르곤 했다. 제논은 철학에서 많은 것을 성취했다. 고대의 증인 한 사람은 그에 대해서 이렇게 보고한다. "그는 언제나 사물의 바탕을 파고드는 열렬한 탐구자였다."

제논과 제자들의 만남의 장소는 화가 폴리그노토스가 벽화를 그린, 기둥이 늘어선 홀이었다. 그렇기 때문에 그의 학파는 '스토아(기둥이 줄지어 늘어선 건물 형태)'라는 이름을 얻었다. 이 또한 특징적인 일이다. 쾌락의 사도인 에피쿠로스가 정원에서 모임을 가졌다면, 쾌락의 적대자이며 의무의 사람인 제논은 엄격하고 진지한 건축물의 보호 안으로 들어갔기 때문이다.

제논Zēnōn은 엘레아Elea에서 태어났다. 그의 구체적인 생애에 대해선 자세히 전해지지 않고 있지만 현재 남아 있는 자료에 근거해 보면 대략 기원전 490년부터 430년 사이에 활동했던 것으로 보인다. 그가 쓴 《자연에 대해서》는 현재 단편적인 기록들만 전해지고 있다. 파르메니데스의 제자이자 양아들이었던 그는 파르메니데스의 철학관점을 옹호하는 데 주력했다. 그는 다음과 같이 말했다. "나는 어떤 거창한 목표도 없고 다른 사람들을 속이려 하는 생각도 없다. 사실 내가 이러한 논증을 하는 진정한 목적은 파르메니데스를 비난하는 사람들로부터 그의 관점을 옹호하기 위해서이다."

제논은 파르메니데스의 '존재는 움직이지 않는다.'는 관점을 증명하기 위해 4가지의 역설을 제시했다. 아리스토텔레스의 《물리학Physics》에 기록된 바에 따르면 제논의 역설은 '이분법의 역설Dichotomy paradox', '아킬레우스와 거북이의 역설Achilles and the tortoise paradox', '화살의 역설Arrow paradox', '경기장의 역설Stadium paradox'이다. 여기서는 이 중에서 두 가지 역설을 다뤄보기로 하자.

아킬레우스와 거북이의 역설: 아킬레우스는 호메로스의 서사시 《일리아스Ilias》에 나오는 달리기를 잘하는 영웅이다. 제논은 만약 거북이가 아킬레우스보다 앞에서 출발한다면 아무리 빨리 달리는 아킬레우스라도 엉금엉금 기어가는 거북이를 영원히 따라잡을 수 없다고 주장했다. 그가 이처럼 일반적인 상식과 다른 주장을 하는 근거는 무엇일까? 그는 다음과 같이 논증한다. 아킬레우스가 거북이를 따라잡으려면 먼저 거북이가 출발한 지점에 도착해야 한다. 하지만 그가 그 지점에 도착했을 때 거북이는 이미 더 앞에서 기어가고 있다. 그리고 또 아킬레우스가 거북이가 있던 곳에 다다르면 거북이는 이미 더 앞에서 기어가고 있으니, 둘의 거리가 좁혀질 수는 있어도 제로가 될 수는 없다. 그러므로 아킬레우스는 거북이를 따라잡을 수 없다.

화살의 역설: 날아가는 화살이 어째서 멈춰 있다는 것일까? 제목만 봐서는 언뜻 이해가 되지 않는다. 하지만 제논은 여기서도 논리적으로 자신의 관점을 논증한다. 만약 자신과 대등한 공간을 차지하고 있는 물건이 정지해 있다고 한다면, 날아가는 화살은 순간마다 자신과 대등한 공간에 머물러 있으니 정지해 있는 셈이다. 그러므로 화살은 날아가면서도 움직이지 않는 상태에 있다. 만약 시간을 순간으로 나눌 수 없다면 화살도 움직일 수 없는 상태가 된다. 왜냐하면 화살이 날아가는 즉시 시간도 나눌 수 있게 되기

때문이다. 이렇듯 시간을 여러 순간으로 나누어서 화살이 날아가는 찰나의 순간을 본다면 화살은 공간 내에 멈춰 있는 상태이다. 그러므로 날아가는 화살은 움직이지 않는다.

이처럼 제논은 당시 사람들에게 매우 큰 난제를 안겼다. 당대 철학자들은 자신의 경험과 상식에 따라 제논의 역설을 쉽게 부정할 수는 있었지만 그의 모순이 담고 있는 의미가 너무 깊고 오묘해 쉽사리 단정해서 그렇지 않다고 부정하기가 어려웠다. 전해오는 이야기로는 디오게네스Diogenēs의 제자가 그에게 제논의 관점을 어떻게 반박할 수 있느냐고 물었다고 한다. 그러자 키니코스학파Cynics, 犬儒學派의 대표 철학가였던 디오게네스가 아무런 말없이 방 안을 들어갔다 나왔다. 그래도 제자가 이해하지 못하자 그는 짜증을 내며 말했다. "제논은 운동이 존재하지 않는다고 말했는데 내가 지금 그의 오류를 증명해 보이지 않았느냐?" 하지만 철학적 논리로 제논의 역설이 터무니없고 이치에 맞지 않다는 걸 증명해 보이지 않는다면 이 문제는 본질적으로 해결될 수 없다. 제논은 앞의 '아킬레우스와 거북이의 역설'과 '화살의 역설'을 통해서 시간과 공간은 무한히 나누어질 수 있다는 점을 주장하며, 철학적 관점에서 파르메니데스의 이론을 옹호했기 때문이다.

이처럼 어찌 보면 괴변과 황당한 논리로 일관해 괴팍한 사람처럼 보일 수 있는 제논은 사실은 고상한 인품에 정치적 양심을 지녔던 사람이었다. 그는 이전에 엘레아의 독재자 네아르코스에 맞서 반란을 모의했으나 붙잡히고 만다. 네아르코스가 공범자가 누구냐고 따져 묻자 그는 네아르코스의 친구들이 모두 공범자라고 말하며 독재자는 민심을 잃을 수밖에 없다고 예견했다. 하지만 그래도 네아르코스가 집요하게 공범자가 누구냐고 묻자 그는 다음과 같이 말했다. "나와 함께 모의한 공범자는 바로 너 자신이다!" 이 말 한마디로 제논은 결국 목숨으로 대가를 치러야 했다. 그 당시 그의 나이는 60세 정도로 추정된다.

스승인 파르메니데스의 철학을 옹호하기 위해 이루어진 제논의 역설은 고대 그리스철학 발전에 의미 있는 영향을 끼쳤다. 이에 아리스토텔레스는 그를 변증법의 창시자라고 불렀다. 사물 내면의 모순에 대해 다룬 그의 역설은 변증법의 발전을 이끌며 후대 철학자들의 사상의 뿌리가 되어 논리적인 사고의 발전을 촉진시켰다.

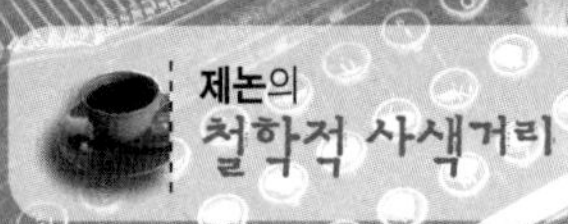

자신의 생각을 더욱 가치 있게 펼친다는 것은?

서양철학사에서는 두 명의 제논이 존재한다. 한 명은 우리가 앞에서 다룬 엘레아의 제논이고, 또 다른 한 명은 이보다 좀 늦은 시기에 활동한 키티온의 제논(Zeno of Citium)으로 스토아학파(Stoicism)의 창시자이다. 두 명 모두 뛰어난 업적을 남긴 철학자다. 우리가 앞에서 다룬 엘레아의 제논이 남긴 몇 가지 역설들은 사람들에게 많은 주목을 받아 왔다.

만약 누군가가 나에게 돌을 던진다면 어떻게 행동해야 할까? 재빨리 피해야 할까? 아니면 저 돌은 영원히 나와 부딪치지 않을 거라고 믿어야 할까? 만약 우리가 이렇게 현실적인 관점에서 제논의 역설을 받아들이려 한다면 우리는 디오게네스와 같은 잘못을 저지를 수밖에 없다. 철학의 매력은 '이치를 밝히는' 것이지 '현실에 부합'한지를 따지는 데 있지 않기 때문이다.

문제는 어디에 있는 것일까? 철학자가 터무니없는 이야기를 꾸며내고 있는 것일까? 아니면 우리의 눈이 우리를 속이고 있는 것일까? 또는 두 가지 모두 원인인 것일까? 만약 우리가 이러한 의문에 빠진다면 우리는 철학의 정상궤도에서 벗어나게 된다.

철학은 궤변이 아니다. 더욱이 철학자는 자신의 관점을 궤변을 통해 세우지 않는다. 철학의 가치는 순수한 논리적인 사고를 통해 사물의 옳고 그름을 구분하는 데 있다. 그렇기에 끊임없이 반문하고 고민하며, 세상을 더욱 분명히 알고 자신의 정체성을 확립하기 위해 노력해야 한다. 제논의 역설에 대한 해답은 사실 별로 중요하지 않다. 중요한 것은 제논의 역설을 해석하는 과정을 통해서 자신의 생각을 더욱 가치 있게 만드는 데 있다.

수레바퀴 같은 인생

엠페도클레스Empedocles

— 서로 같은 것을 통해 본다

엠페도클레스의 만물 4원소 순환론의 기본명제.
철학자, 예언자, 과학자의 면모로 그리스시대를 이끌어간 철학자의 일갈.

엠페도클레스의 철학이 만들어지기까지 우리는 그의 남다른 생애에 대해 주목할 필요가 있다. 그가 세상을 어떻게 생각했는지에 대한 깊은 혜안은 그가 쓴 《속죄의 노래Katharmoi》에 잘 나타나 있다. 이 책에 의하면 고대 그리스인들은 인간은 신과는 달리 죽음을 면할 수 없는 존재지만, 그래도 영혼은 죽지 않고 여러 가지 생물로 옮겨가 다시 태어난다는 윤회전생輪廻轉生 사상을 믿었다고 한다. 엠페도클레스도 까마득한 옛 전생에 지은 죄를 보속하기 위해 여러 차례 삶을 되풀이하고 있다는 의식을 지녔다고 했다. 그래서 그는 많은 사람에게 선행을 베풀어 그들의 숭앙을 받으려 했고, 죽을 때도 활화산 에트나 산 정상에 올라가 분화구 속에 몸을 던져 죽었다.

죽음 앞에서 인간은 신 앞의 죄인처럼 숙연해지게 되어 있다. 죽음을 바라보거나, 생각하는 순간부터 인간은 나약한 존재로 죄인이 된다. 하지만 죽음의 한계가 육체와 정신의 분리로 초연해지면, 죽음은 영혼의 회귀일 뿐이다. 엠페도클레스는 철학자의 영혼을 통해 본질을 바라보았고, 그 본질을 통해 죽음으로 다가갔다. 죽음은 단지 존재의 사라짐이 아니고, 현실의 수면상태에서 깨어나는 것이다.

엠페도클레스의 사상은 신과 인간의 관계처럼 서로 상반된 입장을 취하고 있다. 그가 남긴 두 개의 시를 보면, 그리스 밀레투스 철학자들처럼 자연철학에 대한 합리적인 사고력과 판단력을 가지고 있다. 하지만 정신적인 측면에서는 영혼에 있어서 자신을 신이라고 말하는 등 전혀 다른 사고를 가졌다. 인간이면서도 신이 되고자 했던 엠페도클레스는 죽음으로 마감되는 인간의 한계를 극복하고자 이중적 태도를 취했다.

고대 그리스의 철학자 엠페도클레스Empedocles는 당대 현자賢者의 조건에 대해 고민한 시대의 예언자였다.

그는 시칠리아 섬 아크라가스의 귀족 집안에서 태어났다. 그의

생애는 신화적인 색채로 가득하다. 항상 철학자, 예언자, 과학자 등 다양한 모습으로 나타난 그를 정확하게 표현할 단어는 없다. 이에 사람들은 그를 다음과 같이 평가했다. "시인의 낭만, 철학자의 냉철함, 종교인의 경건함, 학자의 이성을 모두 합쳐놓은 인물이다.", "그리스시대를 이끌어간 철학자이자 시인이다. 또 민주주의 정치가, 생리학의 창시자, 종교적 지도자, 도시국가의 개혁자이다." 이처럼 당대의 존경과 찬사로 일관된 평가를 받던 그였기에 자신에 대해 너무 과신한 탓일까. 그는 자신이 신이라고 주장하며 사람들에게 비웃음을 당하기도 했다. 또 일찌감치 정치 무대에 뛰어들었지만 정치와는 어울리지 않는 사람이었다.

그리스철학에서 최초의 다원론자로 불리는 엠페도클레스의 사상은 종합적이고 과도기적인 모습을 보인다. 소멸하지도 변하지도 않으면서 세상을 구성하는 존재가 여러 개라고 생각한 그는 세상이 기본 원소들로 인해 구성된다고 주장했다. 그는 이러한 원소들을 '뿌리'라고 불렀다.

그는 4명의 신의 이름을 빌려 기본 원소인 물, 불, 흙, 공기가 만물의 근원임을 설명했다. "우선 만물의 네 가지 뿌리에 대해서 들어보게. 만물을 창조하는 제우스, 생명을 불어넣는 헤라, 그리고 눈물로 만물의 생명의 강을 적시는 아이도네우스와 네스티스."

그는 이 4원소를 영원히 불변하는 '존재'라고 보고, 모든 '뿌리'는 단독의 객체이며 '하나'라고 주장했다. 그러면서 많은 '뿌리'들이 여러 가지 비율로 뒤섞여 하나가 되면 사물이 생겨나고 분해되면 사물이 사라진다고 보았다. 이처럼 세상은 하나를 이루기도 하고 다수로 나누어지기도 하면서 영원히 순환한다는 게 엠페도클레스의 다원적 존재순환론이다.

이러한 4원소는 '사랑'과 '미움'을 통해서 결합되고 흩어진다. 조화의 힘인 '사랑'은 4원소들을 결합시켜 사물을 만들어내며, 분열의 힘인 '미움'은 4원소들을 분리해 소멸시킨다. 항상 동등한 힘으로 대립하는 사랑과 미움은 번갈아가며 우위를 점하고, 이에 우주만물은 생성과 소멸을 반복하며 끊임없이 순환한다. 이와 같은 생각은 엠페도클레스 사상의 기초가 되었으며 후세에 중요한 영향을 미쳤다.

'서로 같은 것을 통해 바라본다.'는 관점도 이러한 '4원소'를 바탕으로 생겨났다. 엠페도클레스는 생겨난 모든 사물들에는 방출물 aporroai이 존재한다고 주장했다. 이러한 방출물은 감각기관에 접촉해 들어가 감각이 생기게 하는 물질이다. 하지만 방출물과 감각기관의 통로가 들어맞지 않을 경우엔 방출물이 감각기관에 들어갈 수 없어 감각이 생기지 않는다. 그는 감각은 방출물이 딱 들어맞는 감각기관의 통로에 들어갈 때만 생긴다고 보았다. 그래서 그는 "공기를 통해서 신성한 공기를 보고, 불을 통해서 어둠 속 불을 보며, 사랑을 통해서 사랑을 보고, 미움을 통해서 참혹한 미움을 본다."고 주장했다. 그리고 지식과 감각은 동일하거나 최소한 밀접하게 관계가 있다고 보았다.

또 그는 혈액에는 모든 원소가 매우 잘 혼합되어 있기 때문에 인간은 혈액을 통해 생각한다고 주장했다. 지금의 현대의학의 관점에서 보면 터무니없는 주장이지만 당시의 시대적 상황에서는 분명 혁신적인 주장이었다.

엠페도클레스는 과학에도 상당한 공헌을 하였다. 그는 공기는 일종의 독립된 실체라는 것을 발견했으며, 또 '물잔에 줄을 달아 돌리면 물이 쏟아지지 않는다.'는 사실을 통해 원심력을 발견했다. 천문학 방면에서는 달은 태양의 빛에 반사되어 빛을 내며, 이는 태양도 마찬가지라고 생각했다. 게다가 그는 일식은 달이 태양과 지구 사이에 위치해서 일어나는 현상이라는 사실을 알고 있었다. 이 밖에도 이탈리아 의술학파의 창시자이기도 한 그는 플라톤과 아리스토텔레스에게 많은 영향을 주었다. 이에 일부 학자들은 그가 과학과 철학에 두루 영향을 미친 인류 문명 발달에 큰 공헌을 한 인물이라고 평가하기도 한다.

엠페도클레스의 죽음에는 여러 가지 이야기들이 전해지는데 일반적으로 다음의 이야기가 받아들여지고 있다. 그는 사람들이 자신을 신으로 대우해주길 바랐다. 이에 그의 제자들과 경쟁자들에게 자신이 신임을 증명해 보이기 위해서 에트나 화산 입구에서 뛰어내려 허무하게 생을 마감했다. 하지만 이 일은 오히려 사람들의 비웃음거리가 되고 말았다. 기원전 1세기 로마 시인 호라티우스Quintus Horatius Flaccus는 《시학Ars Poetica》(문예출판사, 천병희 역, 2002년)에서 그의 죽음에 대해 다음과 같이 풍자했다. "시인들에게 자살할 권리를 누리게 해주어야 한다. 그들을 억지로 구하는 것은 살인이나 다름없다. 그(엠페도클레스)의 자살이 처음은 아니다. 그리고 설사 그를 구해 보았자 그는 정상인이 되지 못할 것이며 죽고 싶다는 마음을 버리지도 못할 것이다. 또 그가 어떻게 해서 시를 썼는지 명확히 아는 사람도 없지 않는가." 하지만 자신이 신임을 증명하기 위해서 너무나도 쉽게 자신의 목숨을 내던진 것은 일반적인 상식으로는 도무지 이해되지 않는다.

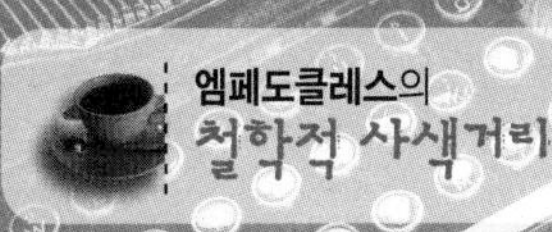

좋은 집단과 나쁜 집단의 차이

사람들은 끼리끼리 어울리며 무리를 이룬다. 한 가족이 아니면 한 집 안으로 들어가지 않는다. 한 사람의 품성을 보면 주변의 친구들을 알 수 있다. 이와 비슷한 말들은 매우 많은데 모두 '집단'의 중요성을 일깨우는 말들이다.

하지만 이러한 극단적인 성격의 '집단'은 오히려 위험하다. 예를 들어 '패거리', '파벌주의' 등 극단적인 성격을 지닌 일부 '집단'에서는 안 좋은 모습이 펼쳐지기도 한다. 이에 요즘에는 '집단'이 미치는 영향에 주목하며 전문적으로 연구하는 학자들도 생겨났다.

극단적인 집단이 생기는 원인은 바로 '집단'에 대한 이해가 서로 달라서이다. 자연에서 인간은 자연 속에서 살아가는 하나의 '집단'일 뿐이지만, 사회에서는 좋고 나쁨, 선과 악, 남과 여, 적과 나 등 여러 기준으로 서로를 구분 짓기 때문이다.

그렇다면 어떻게 해야 비교적 합리적으로 '집단'을 이룰 수 있을까? 이 질문의 해답은 과거 공자의 말에서 찾을 수 있다. "군자는 평온하고 너그러우며, 소인은 항상 근심으로 가득하다." 군자가 될지 소인이 될지는 본인의 선택에 달려 있다.

너와 내가 다르다고 느낄 때

아낙사고라스 Anaxagoras

— 서로 다른 것을 통해 본다

서양철학 최초로 물질을 넘어 정신의 실체를 밝힌 철학적 명제.
원자론과 유물론의 선구자인 아낙사고라스의 씨앗 우주만물론.

사과는 여우가 될 수 없고, 코끼리는 앵두가 될 수 없다. 사과와 여우나 코끼리와 앵두는 모두 근본적으로 생김새와 성분이 다르다. 따라서 어떠한 환경 속에서도 하나의 사물은 다른 사물이 될 수 없다. 우리가 사는 지구에서 생명체에 대한 이 논리는 어떠한 조건에서도 변할 수 없는 사실이다. 서로의 다름은 요소의 성질 자체로부터 결정되기 때문에 같은 것이 될 수 없다.

지금은 쉽게 초등학생이라도 말할 수 있는 상식이지만 이 논리를 2천년 전 고대사회에서 거침없이 주장했던 사람이 있었다면 어

떠했을까? 아마도 요즘 말로 머리가 이상한 '미친 놈' 취급을 받지 않았을까? 그런데 진짜 2천년 전에 사람들 앞에서 자신 있게 그런 논리를 주장하고 다녔던 사람이 있었다. 그의 이름은 아낙사고라스Anaxagoras! 그는 세계를 이루는 수많은 생명체들은 각각의 종자spermato를 가지고 있다고 말했다. 모든 생명체의 탄생과 소멸은 이 종자의 영향을 받는다. 이처럼 종자를 통해 세계의 생명성이 끝없이 연장되는 것은 누스Nous의 무한한 운동 때문이라고 그는 먼 옛날 이미 수많은 사람들에게 떠들고 다녔다. 마치 예수가 광야에서 "회개하라 천국이 가까웠느니라." 하고 외쳤던 것처럼 말이다.

아낙사고라스는 무한한 우주는 누스가 지배하고 있기 때문에 우리들은 누스를 파악하고, 알아챌 수 있다고 보았다. 고대철학자 플라티누스Plotinus도 누스를 만물의 1자로부터 유출된 기능으로 보았으며, 스토아학파에서는 이러한 누스를 창조적 로고스와 동일시했다.

위 이야기에 담긴 깊은 철학적 의미는 고대 그리스시대 다원론을 대표하는 철학자 아낙사고라스의 사상을 통해서 해석할 수 있다.

아낙사고라스는 기원전 500년경 이오니아Ionia 지역의 클라조메나이Clazomenae에서 태어났다. 아테네로 간 그는 철학을 가르치며 당시 저명한 정치가였던 페리클레스perikles와 친밀하게 교류하면서 페리클레스의 친구이자 스승, 그리고 정치적 지지자가 된다. 하지만 이후 페리클레스가 세력을 잃게 되면서 그 역시 신을 공경하지 않는다는 죄목으로 벌금을 물고 아테네에서 추방당한다. 아테네에서 추방당한 뒤 그는 고향 이오니아로 돌아와 밀레투스 식민지인 람프사코스Lampsacus에서 살다가 여생을 마쳤다. 그의 묘비에는 다음과 같은 말이 새겨졌다. "우주만물을 연구한 철학자 아낙사고라스가 이곳에 누워 있다."

아낙사고라스는 어떠한 구체적인 물질이나 원소가 세상의 근원이라는 당대 철학적 결론에 만족하지 못하면서 이에 대응하는 씨앗spermata이란 개념을 제시했다. 씨앗을 통해 광활한 세상이 이루어진다는 것이다. 그는 '씨앗'이 만물을 이루는 가장 기본적인 원소라고 생각했다. 각양각색의 형태, 색깔, 냄새를 가지고 있는 씨앗이 결합되어 세상의 모든 만물을 구성한다. 또 그는 사물의 생성과 소멸은 씨앗의 결합과 분리를 통해서 이루어지며, 이러한 다양한 씨앗들은 독립적인 존재가 아니라 혼합되어 있다고 보았다. 이 때문에 씨앗으로 구성된 세상의 모든 사물들도 서로 독립될 수 없고, 어떠한 것도 다른 것으로부터 분리될 수 없다. 뜨거운 것은 차가운 것에서 분리될 수 없고 하얀 것은 검은 것에서 분리될 수 없다. 그렇기에 뜨거움은 차가움으로 변할 수 있고, 흰 눈은 검은 물로 변할 수 있으며, 음식을 통해서 머리카락, 혈관, 근육 등이 자랄 수 있다. 그는 또 사물의 성질은 그 사물을 이루고 있는 씨앗의 성질에 의해서 결정된다고 보았다. 씨앗은 무한하고, 씨앗들의 결합과 분리도 무한하다. 그러므로 사물의 성질과 종류 역시 무궁무진하게 변화할 수 있다. 이처럼 아낙사고라스는 '씨앗'이란 개념을 통해 세상을 해석했다.

또 아낙사고라스는 스스로 움직일 수 없는 '씨앗'을 결합시키고 분리시키는 힘이 바로 '누스(nous: 이성)'라고 보았다. 서양철학사에서 그는 처음으로 '누스'라는 개념을 통해 물질을 넘어 정신의 실체에 대해 이야기했다. 그는 우주는 무궁무진한 씨앗들이 혼합되어 이루어진 것이며, 씨앗들은 누스의 작용으로 일어난 회전운동으로 인해 혼합된다고 보았다. 이러한 회전운동은 처음에는 작게 시작했다가 점차 커지며 성긴 것과 촘촘한 것, 뜨거운 것과 차가운 것, 어두운 것과 밝은 것, 건조한 것과 축축한 것이 나누어진다. 그리고 촘촘한 것, 차가운 것, 축축한 것, 어두운 것이 결합해 대지가 되고, 성긴 것, 뜨거운 것, 밝은 것은 먼 곳으로 흐트러지며 우주의 질서가 확립된다.

이러한 인식을 기초로 그는 "서로 다른 것을 통해 본다."고 주장했다. 그는 감각은 대립적인 것들에 의해서 생긴다고 보았다. 뜨거움과 차가움은 뜨겁거나 차가운 것이 함께 있을 경우 느낄 수 없다. 이건 단 것과 쓴 것 역시 마찬가지이다. 우리가 감각현상을 느낄 수 있는 원리는 한편이 '결여'되어 있기 때문이다. 그래서 뜨거움은 차가움을 통해, 짠 것은 싱거운 것을 통해, 쓴 것은 단 것을 통해 알 수 있으며, 눈에 보이는 것들은 어둠 속에 가려진 것들로 인해 드러나게 된다. 이처럼 감각은 대립적인 것들에 의해서 생겨난다고 주장한 그는 감각의 역할을 긍정하는 동시에 그 부족함도 인지하고 있었다. 이에 감각에만 의지해서는 절대 진리에 도달할 수 없다고 주장했다. 분명 이러한 관점은 그의 세상의 근원에 대한 관점과 일맥상통한다.

또 그는 자신의 관점을 몸소 실천하는 사람이었다. 누군가가 그에게 "죽음을 어떻게 느낄 수 있습니까?"라고 묻자 그는 다음과 같이 답했다. "추위를 통해서 더위를 느낄 수 있고, 괴로움을 통해 즐거움을 느낄 수 있고, 어둠을 통해 밝음을 느낄 수 있지. 마찬가지로 삶을 통해서 죽음을 느낄 수 있다네."

그리스철학사에서 보기 드물게 원자론과 유물론을 펼치며 선구적인 철학활동을 한 아낙사고라스는 자신의 사상을 통해 자신의 가치를 증명해 보이며 당대 사람들로부터 많은 존중을 받았다. 그의 업적은 대략 세 가지로 나누어 볼 수 있다. 첫째, 그는 처음으로 외지에서 아테네로 철학을 들여온 사람이다. 아테네에서 뿌리를 내린 그의 철학은 이후 소크라테스, 플라톤, 아리스토텔레스 등 많은 철학가들에게 깊은 영향을 주었다. 두 번째, 그는 처음으로 명확하고 공개적으로 정신인 '누스'를 주장해 이후 철학에 새로운 관점을 제시했다. 세 번째, 그는 처음으로 추상적인 물질인 '씨앗'을 통해서 세상의 근원을 설명하며 자연철학이 사물 내부의 구조에 대해 더욱 깊이 있는 연구를 할 수 있도록 기반을 마련했다. 지금의 관점에서 보아도 그의 선구적인 업적들은 감탄할 만하다.

또한 그는 현실을 달관하는 모습도 가지고 있었다. 그가 아테네에 있었을 당시 멀리 이오니아에 있던 아들이 병으로 죽고 만다. 하지만 그는 아들의 사망소식에도 친구들과 이야기를 하며 평상시와 다름없는 모습을 보였다. 그러면서 그는 친구에게 다음과 같이 말했다. "나는 아들이 태어나는 그날 이미 그 애가 죽을 거라는 걸 알고 있었네." 이러한 그의 모습은 아내가 죽자 대야를 두드리며 노래를 불렀다는 장자의 모습을 떠오르게 한다.

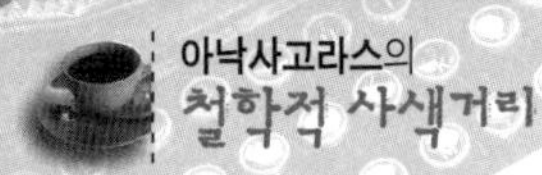

자신을 정확하게 아는 것만이 철학의 지혜를 터득하는 길

비교하지 않으면 구별 짓지도 않는다. 모순의 대립은 항상 필연적으로 존재한다. '원수'는 바로 이런 상황을 대표하는 단어이다.

'원수'와 싸울 때 '반드시 상대방을 이기겠다.'는 각오로 여러 고민을 하며 다양한 계획을 세우지만 두 사람 모두 손해를 보며 끝이 나는 경우가 대부분이다. 한마디로 '너무 영리하게 굴다가 제 목숨을 잃는 꼴이니' 이 얼마나 비참한 일인가!

그러니 상대방에게 날을 세우며 단순히 공격하려 하거나 또 아예 모르는 사람처럼 무시하지 말아야 한다. 하지만 그렇다고 천진난만하게 '적과 친구가 될 수 있다'는 생각을 해서도 안 된다.

우리는 '적을 통해서 자신을 아는 법'을 배우고 서로 대립하는 부분에서 자신에게 필요한 게 무엇인지 발견할 수 있어야 한다. 또 자신의 현재 위치를 둘러보고 자신의 실재 가치를 냉정하게 분석할 줄 알아야 한다. 이처럼 자신을 아는 건 철학의 지혜이자 세상을 살아가는 방법이다.

철학이란 무엇일까

플라톤 Platōn

— 철학자가 왕이 되어야 한다

진정한 철학자가 국가를 통치해야 이상국가가 된다는 플라톤 이데아론의 핵심명제. 플라톤에 와서 서양은 처음으로 철학아카데미에서 본격적인 철학 교육을 했다.

박식한 대학자가 어느 날 강을 건너려 배를 탔다. 그가 뱃사공에게 물었다. "자네 글을 아는가?" 뱃사공이 모른다고 답하자 그가 말했다. "그럼 자네의 목숨은 4분의 1이 줄어든 셈이네." 그러곤 득의양양해진 학자는 다시 물었다. "자네 과학이 뭔지 아는가?" 또 뱃사공이 모른다고 하자 그가 말했다. "그럼 자네 목숨은 또 4분의 1이 줄어든 셈이야." 학자가 계속해서 다시 물었다. "그럼 철학이 뭔지 아는가?" 뱃사공이 별사람 다 보겠다는 듯 학자를 쳐다보며 모른다고 하자 그는 자만한 표정을 지으며 말했다. "자네는 이제 목숨이

4분의 1밖에 남지 않은 셈이군!" 그러던 중 강 중턱에 이르렀을 때 갑자기 불어 닥친 돌풍에 배가 뒤집히고 말았다. 뱃사공이 허우적거리는 학자를 보며 물었다. "선생님은 수영을 하실 줄 아십니까?" 이에 겁에 질린 학자가 허우적대며 못한다고 대답하자 뱃사공이 말했다. "그럼 선생님은 이제 모든 목숨을 잃게 되셨군요!"

위 이야기에서 대학자의 최후가 어떻게 되었을 지를 짐작해 보는 것은 어렵지 않다. 그보다 이 일화에서 우리는 학문은 정말 중요한 것이지만 그렇다고 해서 자신을 과시하는 데만 사용해선 안 된다는 교훈을 얻게 된다. 그렇다면 학문은 어떻게 활용해야 할까? 한번 고민해 볼 필요가 있는 문제이다. 고대 그리스시대에 철학자가 왕이 되어야 한다는, 즉 '철인 군주론'을 주장한 사람이 있었다. 저명한 사상가이자 철학가이며 소크라테스의 수제자였던 플라톤Platōn이다.

플라톤의 본명은 원래 아리스토클레스Aristokles였으나 이마가 넓고 체격이 건장해 체육 선생님으로부터 플라톤으로 불리게 되었다고 한다. (그리스어로 Platus은 '평평하다', '넓다'는 의미를 가지고 있다) 그는 기원전 427년에 명문가 집안에서 태어났다. 그의 아버지인 아리스톤Ariston은 아테네의 마지막 군주인 코드로스Codros의 후손이었고, 어머니인 페릭티오네Perictione는 솔론Solon의 후손이었다. 명문가의 든든한 배경을 가진 플라톤은 어려서부터 완벽한 교육을 받으며 성장했고, 이는 그가 뛰어난 철학자가 되는 밑거름이 되어 주었다.

20대 무렵부터 플라톤은 소크라테스의 가르침을 받기 시작한다. 이후 소크라테스가 죽었을 때 그의 나이가 스물여덟이었으니 10여 년을 스승과 함께한 셈이다. 플라톤은 소크라테스의 철학에 매료되었을 뿐만 아니라 그의 인격에 큰 감동을 받았다. 그는 평소에 서슴없이 소크라테스를 '내가 만나본 사람들 중에서 가장 지혜롭고 정직하며 고상한 사람'이라고 평가했다. 소크라테스가 죽은 뒤 그는 아테네를 떠나 다양한 지역을 여행한다. 그리고 기원전 387년 아테네 서북쪽에 아카데미Akademie 학원을 세운다. 이 학원은 서양에서 최초로 세워진 고등 학원이었다. 오늘날에도 서양의 고등 학술 기구를 아카데미Academy라고 부르는데 바로 여기서 기원한 것이다. 그의 학원은 이곳에서 약 100년 동안 유지되다 기원전 86년 로마제국의 장군 술라Lucius Cornelius Sulla Felix가 아테네를 공격하면서 강제로 도시 중심으로 옮겨갔다. 그리고 서기 529년에 동로마제국 황제인 유스티아누스 1세Justinian I의 명령에 의해서 폐교된다. 플라톤은 이곳에 수학자와 자연과학자들을 한데 모아놓고 사상을 가르치게 하였다. 이곳의 학생들은 10년 동안은 수학을, 5년 동안은 철학을 배우며 총 15년 동안 공부해야 했다. 아카데미를 통한 체계적인 철학 교육으로 플라톤은 그리스의 인재 양성에 매우 큰 공헌을 한다.

다방면에 걸쳐 뛰어난 지성을 겸비했던 플라톤은 고상하고 지혜가 많았던 인물이라고 전해진다. 어느 날 한 귀족이 플라톤에게 조롱하듯이 말했다. "오늘 누군가 나에게 세상에서 자네가 가장 뛰어난 인물이라고 알려주더군." 이 말에 플라톤은 슬퍼하며 아무런 말도 하지 않았다. 플라톤의 뜻밖의 반응에 놀란 귀족이 그에게 화가 난 것이냐고 물었다. 그러자 플라톤이 말했다. "화는 나지 않네. 그저 멍청한 사람에게 칭찬을 받아 슬플 뿐이지." 이에 귀족은 아무런 말도 하지 못했다.

철학에 대한 플라톤의 열정과 집념은 높이 평가할 부분이다. 그리고 이 점으로 인해 그는 말년에 후학들의 존경을 받으며 큰 명성까지 누리며 후세의 철학에 상당한 영향을 끼쳤다. 그의 제자 아리스토텔레스는 플라톤을 "비열한 사람은 감히 칭찬할 자격조차 없는 사람."이라고 말했다. 또 에머슨Ralph Waldo Emerson은 플라톤과 그의 대표 저서 《국가Politeia》에 대해서 이렇게 말했다. "플라톤이 철학이고, 철학이 플라톤이다.", "모든 도서관이 불타도 괜찮다. 왜냐면 그 모든 가치가 이 책 안에 담겨 있기 때문이다."

플라톤의 수많은 철학 명언 중에 "철학자가 왕이 되어야 한다."는 주장은 철학에 대한 플라톤의 관점을 가장 잘 설명해 준다. 그는 사람의 영혼은 이성, 기개, 욕망 세 부분으로 구성되어 있다고 보았다. 또 국가를 구성하는 계층은 지혜, 용감함, 절제의 세 가지 덕성을 통해서 통치자, 무사, 생산자 등 세 개의 계층으로 나누어진다고 생각했다. 이렇듯 각자 사람들이 자신의 덕성에 맞는 계층에서 본연의 임무를 다할 때 국가가 정의로워질 수 있다고 보았다. 그렇다면 통치자로서 적합한 자질은 무엇일까? 이 질문에 플라톤은 다음과 같이 답한다. "진정한 철학자가 국가를 통치하지 못하거나 국가의 통치자가 어떠한 기적으로 진정한 철학자도 되지 못했는데 통치자가 되었다면 인류의 죄악은 영원히 멈추지 않을 것이다."

철학자에 대해 플라톤은 각별한 애정을 가지고 있었다. 어느 제자가 그에게 철학자란 어떤 사람이냐고 묻자 그는 비유를 들어 설명했다. "동굴에서 사는 죄수는 그저 동굴 속 그림자를 통해 세상을 이해하지. 그는 동굴을 나온 뒤에야 비로소 진정한 세상을 볼 수 있네. 철학자란 바로 진정한 세상을 깨달은 뒤 다른 죄수들을 위해서 다시 어두운 동굴 속으로 들어가는 사람이네." 이것이 플라톤의 '동굴 비유'이다. 이러한 덕성을 지닌 철학자를 양성하기 위해서 플라톤은 '이념론'을 기초로 한 방대한 철학체계를 완성했다.

그리고 기원전 347년 편안히 눈을 감은 그는 반평생 동안 모든 노력을 쏟아 부었던 자신의 학원에 묻혔다. 그렇게 세상에 깊은 영향을 주었던 대 철학자는 여든 살의 나이로 편안하게 인생을 마쳤다.

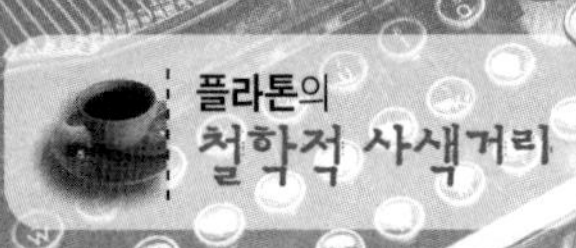

철학은 과연 무엇인지에 대한 근본적인 질문들

플라톤은 "철학자가 왕이 되어야 한다."는 자신의 주장이 실현되는 날은 오지 않을 거라고 생각했다.

철학은 고대엔 '과학의 과학'으로 불리며 모든 분야의 왕으로 '군림'해 왔다. 하지만 이후 다른 분야의 학문들이 발전하면서 철학의 왕좌는 흔들리기 시작했고, 끊임없이 의혹과 질문을 받아야 했다. 중세에 이르러서는 신학의 노예로 전락해 신의 존재를 증명하는 도구로 취급받았고, 급기야 현대에 와서는 모더니즘 학자들에게 사형을 선고받으며 '사망' 또는 '종말'이라는 수식어를 받게 되었다.

철학을 대하는 이러한 모습들에는 공통적으로 하나의 태도를 감지할 수 있다. 바로 철학 자체에 대한 판단이 사라졌다는 점이다. 그렇다면 철학은 도대체 무엇일까?

철학은 바로 철학이다. 설령 철인 군주론을 외친 플라톤조차 철학으로는 자신의 생계를 유지할 수 없었더라도 말이다. 마찬가지로 설령 철학을 '심판'했던 사람들조차 어쩔 수 없이 철학의 방식을 이용해 생각하고 판단하고 질문하고 선언했을지라도……. 오랜 기간 동안 철학은 철학자에 의해서 삶을 벗어난 적도 없었고, 또 과격한 사람들의 비난을 피해 삶에서 자취를 감춘 적도 없었다. 우리는 항상 소소한 일상 속에서 마음을 울리는 지혜와 깨달음을 느껴 왔다.

철학은 철학을 통해서 바라봐야 진정한 모습을 볼 수 있다. 그 사랑스런 모습은 우리의 마음을 움직이고 그 진실된 모습은 우리들을 감동시키고, 그 생동하는 모습은 우리들을 흥분시킨다. 철학은 과연 무엇일까? 철학은 그 무엇도 아닌 그저 철학일 뿐이다!

우주와 인간을 생각할 때

데모크리토스Democritos
— 우주는 원자와 허공으로 이루어져 있다

그리스 최초의 백과사전식 지식을 갖춘 철학자의 원자에 대한 일성!
그의 원자론에 신이 끼어들 자리는 없다.

인류가 '원자'라는 말을 한 이후로 현대물리학에서 '원자'는 폭탄이 되기도 하고 에너지원이 되기도 했다. 무엇보다 현대물리학을 논할 때 아인슈타인이나 스티븐 호킹 박사가 펼쳤던 '우주의 모습'에서 그 단초를 제공했던 논지는 바로 '원자'였다.

기원전 6세기부터 철학자들은 우주가 어떤 근본물질에서 생성됐는지를 고찰하기 시작했다. 기원전 5세기에 그리스 아브데라 출신의 데모크리토스와 레우키포스Leucippus는 당시 철학자들의 유행답게(?) 만물의 원리를 탐구하면서 앞서거니 뒤서거니 '원자론'을 주장하였다. 고대의 원자론은 단순하다. 즉, 만물은 아주 작고 나눌 수 없으며, 또한 변화할 수 없는 입자로 구성되어 있다는 게 논지의 핵심이다. 그들은 이를 원자(atom, 원자라는 말은 그리스어로 '더 이상 나눌 수 없는 것'을 의미하는 '아토모스(attomos)'에서 유래되었다.)라고 불렀다.

데모크리토스와 레우키포스가 고안한 이 원자론은 신의 개념에 전혀 의존하지 않고 우주에 관한 완전한 기계론적 관점을 최초로 제시했다. 또한 이 이론은 특히 17세기부터 20세기 과학에 혁명을 일으킨 원자론에 이르기까지, 물리과학의 발전에 중요하다고 입증된 근본적인 물질의 특성을 알아냈던 것이다.

소크라테스보다 한 살 많았던 데모크리토스Democritos는 기원전 460년경에 트라키아 지방의 아브데라에서 태어났다. 이곳은 당시 무역이 번성하면서 각지에서 몰려든 상인들로 도시 전체에 활력이 넘쳤다. 이러한 환경 속에서 성장한 데모크리토스는 다양한 문화를 접하며 방대한 지식을 쌓게 된다. 어린 시절 그는 페르시아 점성가의 제자가 되어 신학과 천문학 방면의 지식을 배우며 동양 문명에 깊은 관심을 가졌다. 그리고 성인이 된 이후 아테네에서 철학을 배운 뒤 십여 년 동안 이집트, 바빌로니아, 인도 등 여러 곳을 여행한다. 그는 이집트에서 5년간 머물면서 기하학을 공부했고, 나일 강 상류의 관개 시스템도 연구했다. 또 바빌로니아에서는 수도자에게 별자리와 일식을 예측하는 방법을 배웠다. 이처럼 다양한 경험을 쌓으면서 그는 차츰 백과사전식 지식을 쌓아 갔다.

그는 매일 자신의 골방에 틀어박혀 열심히 공부하고 연구했다. 한 번은 그의 아버지가 그의 방에 소를 데리고 들어갔는데도 너무 집중해 있는 나머지 알아차리지 못했다고 한다.

그렇게 오랜 기간 여행을 한 뒤 마침내 고향으로 돌아온 그는 도시 집정관 일을 맡는다. 그렇게 업무로 바쁜 와중에도 그는 철학과 자연과학에 대한 연구를 놓지 않았다. 그는 총 52편에 달하는 책을 저술하며 자연철학, 윤리학, 논리학, 인식론, 심리학, 물리학, 수학, 천문, 지리, 생물학, 의학, 정치, 법률, 군사, 문학, 수사학, 음악, 그림과 기술 등 수많은 영역의 지식을 다루었다. 그는 원뿔, 각뿔, 구체 등의 부피를 계산하는 방법을 발견했고, 논리학의 발전에도 중요한 공헌을 하였다. 현재의 시선에서 보면 당시의 과학은 너무나도 미개한 수준이다. 하지만 그럼에도 그가 이처럼 다양한 영역에서 확실한 성과를 이뤄냈다는 점은 분명 천재적인 학구열로 일군 대단한 학문적 성과라고 인정할 만하다.

그렇지만 당시 사람들은 그를 인정하지 않았다. 왜냐면 그가 각지를 여행하느라 아버지가 물려준 막대한 재산을 모두 탕진했을 뿐만 아니라 하루 종일 이해할 수 없는 어려운 글을 쓰면서 집 안에 틀어박혀 동물의 시체나(?) 해부하고 있었기 때문이다. 이 모습에 사람들은 그가 미쳤다고 생각했다.

결국 그는 물려받은 재산을 탕진했다는 이유로 아테네 시민에게 고발을 당한다. 당시 법에 따르면 아버지의 재산을 탕진한 자식은 모든 권리를 박탈당한 채 도시에서 추방당하며 죽어서도 고향에 묻힐 수 없었다. 하지만 영리한 데다 말솜씨도 좋았던 그는 사람들을 설득하기 위해 자신이 쓴 《대우주》란 글을 법정에서 읽었다. 이를 통해 무죄를 받아낸 그는 장려금과 자신의 모습이 새겨진 동상을 상으로 받았다. 또 그가 109세의 나이로 세상을 떠나자 사람들은 국장으로 장례도 치러주었다.

박물학博物學적 지식을 인류에 남긴 데모크리토스가 이룬 최대의 업적은 바로 원자에 대한 인식이다. 이전에 원자론은 과학이론이라기보다는 그저 철학적인 추측에 지나지 않았다.

데모크리토스는 우주에는 원자(Atom: 아톰)와 허공(Kenon: 케논) 말고는 아무것도 존재하지 않는다고 주장했다. 그는 우주에 항상 존재하고 있는 원자들은 생성되거나 소멸되지 않으며, 어떠한 변화에 의해 결합되고 분해될 뿐이라고 보았다. 이처럼 무한한 원자는 모두 다양한 형태를 가지고 있다. 모든 사물들이 각각의 다른 모습을 가지고 있는 이유도 사물을 구성하는 원자의 수량, 형태, 배열이 모두 다르기 때문이다.

이러한 이론을 근거로 그는 천체의 변화에 대해서도 설명했다. 원자가 부딪치면서 일어나는 소용돌이로 인해 비교적 큰 원자들은 중심으로 이동하고 비교적 작은 원자들은 바깥 허공으로 밀려난다. 중심에 있는 큰 원자들이 둥근 형태로 결합되어 지구가 생겨나며, 비교적 작은 물, 공기, 불 원자는 공간에서 지구를 둘러싸고 소용돌이치게 된다. 또 지구 바깥의 허공으로 밀려난 원자들은 회전으로 인해 마르게 되고 결국에는 불이 붙어 각각 천체가 된다.

이처럼 유물론의 색채가 가득한 데모크리토스의 원자론에서 신을 위한 공간은 존재하지 않는다. 그는 영원한 원자와 허공을 제외하고 다른 불멸의 신은 존재하지 않는다고 생각했다. 그는 심지어 사람의 영혼 또한 가장 활동적이고 정밀한 원자로 구성되어 있으며, 그렇기에 영혼 또한 일종의 물체라고 주장했다. 그러므로 원자가 분리되면 물체가 소멸되듯이 영혼도 당연히 소멸된다고 보았다.

또 그는 감각을 통한 인식과 이성을 통한 인식을 구분해 감각의 인식을 보완하는 기재로 이성의 인식을 강조했다. 즉 감각을 통한 인식은 가장 초보적인 단계이므로 모든 사물을 인식할 수 없고, 원자와 허공을 인식할 수도 없다고 보았다. 이러한 감각을 통한 인식은 가장 미세한 영역에서는 볼 수도 들을 수도 냄새를 맡을 수도 없으므로 더욱 정교한 이성을 통한 인식의 도움이 필요하다고 봤다. 그는 이처럼 감각을 통한 인식을 '불확실한 인식', 이성을 통한 인식을 '진리의 인식'이라고 불렀다. 이러한 그의 관점은 당시에는 일반적으로 받아들여지기 힘든 것이었다.

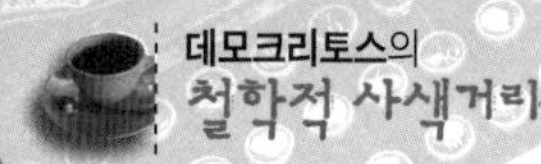

천재의 추측은 우리의 인식을 어디까지 발전시켰나?

현대과학의 발전으로 인류는 이미 원자에 대해서 깊이 인식하고 있다. 하지만 만약 데모크리토스와 같은 천재의 추측이 없었다면 우리의 인식은 이 정도까지 발전하기 힘들었을 것이다. 이처럼 거인들의 어깨 위에 서서 함께할 수 있다는 것은 인류의 영광이다.

하지만 아쉽게도 대부분의 사람들이 이러한 영광을 알지 못한다. 그래서 일부 청년들이 철없이 세월을 낭비하는 모습을 보면 정말 안타깝다. '서늘한 가을'이 되어서야 비로소 따스했던 봄날을 그리워한들 이미 늦은 뒤이기 때문이다. 그런 의미에서 끊임없이 지식을 쌓기 위해 노력한 데모크리토스의 삶은 지금의 청년들에게도 충분한 교훈을 준다.

물질적 속박에서 벗어나고 싶을 때

디오게네스Diogenēs

— 햇빛을 가리지 마시오

물질의 속박에서 벗어나 정신의 본질을 추구한 철학자의 핵심명제.
진정한 철학자의 탈속한 자세를 보여주는 한마디.

《이솝우화》에는 다음과 같은 재미있는 이야기가 실려 있다. 고대 그리스시대에 한 가난한 철학자가 여행을 하고 있었다. 그런데 여행 도중에 홍수로 강이 범람해 강변에서 발이 묶이게 되었다. 헌데 그곳에는 매일 사람을 등에 업고 강을 건너는 사람이 있었다. 그는 어쩔 줄 몰라 하며 강변에서 서성이는 철학자의 모습을 보곤 그를 업고 강을 건넜다. 덕분에 강을 건널 수 있었던 철학자는 고마운 마음에 무엇이든 보답을 하고 싶었지만 가진 게 없었다. 가난 때문에 제대로 보답하지 못하는 자신의 처지를 한탄하고 있던 중 그 사람이 또 다른 사람을 업고 강을 건너갔다 오는 모습을 보았다. 유심히 그 장면을 지켜보던 철학자가 무슨 생각이 났던지 자리를 박차고 그에게 다가가 아무렇지도 않다는 듯 말했다. "방금 전 일을 내가 굳이 고마워할 필요는 없겠군. 자네는 누군가를 업고 강을 건너야만 하는 괴벽을 가진 사람일 뿐이니까."

이 말을 한 철학자가 바로 고대 그리스시대 키니코스학파를 대표하는 철학자이자 서양철학사에 독자적인 업적을 남긴 디오게네스Diogenēs이다.

기원전 404년 디오게네스는 소아시아 지역 흑해 연안에 위치한 시노페Sinope에서 태어났다. 이후 아테네에 간 그는 소크라테스의 제자인 안티스테네스Antisthenes에게서 철학을 배우기 시작한다. 이로써 그는 키니코스학파의 철학자로서 기나긴 여정을 시작한다.

소크라테스의 제자인 안티스테네스는 스승의 절제하고 금욕하던 정신과 끊임없이 사람들을 가르치던 태도를 본받아 실천했다. 그는 매우 검소한 생활을 하며, 가난한 제자들은 무료로 가르쳤다. 이러한 그의 철학은 '키니코스학파'라 불렸는데 '키니코스'란 너무 검소하고 거칠게 생활해 '개와 같다'는 의미로 불려진 학파 명칭이다. 그리고 이러한 철학을 몸소 실천한 사람이 바로 디오게네스다.

안티스테네스는 제자에게 상당히 엄격한 스승이었다. 이 때문에 대부분의 제자들이 견디지 못하고 떠났지만 남다른 집념을 가졌던 디오게네스만은 끝까지 그의 곁에 남았다.

디오게네스는 스승의 가르침을 몸소 실천했다. 그는 스스로를 '개'라고 말하면서 낡아 헤진 옷을 입고 격식에 얽매이지 않은 채 자유롭게 살았다. 자유로운 영혼의 철학자답게 그의 삶에 대한 재미있는 일화들이 인구에 회자되었다. 그는 커다란 나무통 안에서 살았는데 가진 것이라곤 올리브 나뭇가지, 낡은 망토, 구걸할 때 쓰는 밥주머니, 색이 바랜 이불이 전부였다고 한다. 원래는 그릇도 가지고 있었는데 어느 날 아이가 두 손을 모아 물을 떠 마시는 걸 보고는 "저 아이가 나를 가르치는구나."라고 말하고는 그릇을 버렸다고 한다. 디오게네스는 몸소 행동을 통해서 자신의 철학을 주장해 보였다.

당시 아테네인들은 분명 대단히 관용적인 사람들이었다. 그렇기에 디오게네스처럼 구걸하며 사는 사람도 자신의 철학을 펼칠 수 있지 않았을까. 그는 남들의 시선 따위는 신경 쓰지 않는 사람이었다. 그는 대낮에도 등불을 들고 거리를 돌아다녔는데, 이를 궁금히 여긴 어느 사람이 "왜 등불을 들고 다니는 거요?"라고 묻자 "나는 사람을 찾고 있소."라고 대답했다고 한다. 또 한 번은 올림픽경기를 지켜보던 관중들이 우승한 사람에게 열렬히 환호하는 모습을 보곤 "그는 그저 모든 노예들을 이겼을 뿐이야."라고 말했다고 한다. 하지만 그럼에도 아테네 사람들은 그를 존중했다. 한 청년이 디오게네스가 사는 나무통을 부셔버리는 사건이 일어났을 때에도 아테네인들은 채찍으로 청년에게 벌을 주고는 그에게 새 나무통을 만들어 주었다.

이처럼 이해할 수 없는 기행을 일삼던 그는 아테네의 통치자였던 알렉산더 대왕에게도 인정을 받았다. 아리스토텔레스의 제자였던 알렉산더 대왕이 직접 그를 찾아간 것이다.

하지만 디오게네스는 그에게 복종하지 않았다. 알렉산더 대왕과 그를 따르는 신하들이 그가 머무는 나무통에 왔을 때 그는 여전히 자신의 일을 할 뿐 아테네의 정복자인 그를 상대해주지 않았다.

알렉산더 대왕이 "내가 누구인지 아는가?"라고 묻자 디오게네스는 대왕을 무시한 채 고개도 들지 않았다. 그러자 알렉산더 대왕이 말했다. "나는 알렉산더 대왕이네." 이 말에 그는 헝클어진 머리를 들어 올려 무심한 듯 그를 힐끗 보고는 다시 자신의 일을 했다. 알렉산더 대왕은 상당히 무안했지만 그럼에도 애써 공손한 태도를 유지하며 말했다. "하고 싶은 게 무엇인가? 말해보게, 무엇이든 내가 들어주겠네." 그러자 디오게네스는 다시 고개를 들어 큰 소리로 말했다. "아무것도 필요 없으니 햇빛이나 가리지 마시오!"

디오게네스는 이후 배를 타고 여행하던 중 해적을 만나 붙잡혀 노예 시장에 팔려 가게 되었다. 상인이 그에게 무엇을 할 줄 아냐고 묻자 그는 "다른 사람을 다스릴 줄 아오."라고 대답했다. 재미

있는 사실은 정말로 그의 재능을 알아본 사람이 있었다는 것이다. 바로 코린트에 사는 크세니아데스였다. 그는 디오게네스에게 자신의 집을 관리하는 일과 아들을 교육하는 일을 맡겼다. 최선을 다하는 디오게네스 덕분에 집안일은 질서정연해졌고 아들도 점차 훌륭하게 자랐다. 이로써 그는 그 집에서 존중을 받으며 편안히 노년을 보낼 수 있었다. 하지만 그의 친구들은 그가 노예가 되었다는 사실에 견딜 수 없었고, 어떻게든 신분을 회복시켜주고 싶어 했다. 그는 그런 친구들을 오히려 꾸짖으며 다음과 같이 말했다. "철학자는 노예 신분이더라도 의사가 환자를 다루듯이 다른 사람을 다스릴 줄 아는 법이네." 그리고 그는 정말로 그런 삶을 살았던 인물이었다. 그의 주인은 항상 "이렇게 뛰어난 천재가 우리 집에 오다니"라고 말하며 감탄을 했고, 그는 평범한 노예와 달리 자신의 능력을 인정받으며 살 수 있었다.

디오게네스는 이 집에서 평안하게 노년을 보낸 뒤 키니코스학파의 가르침에 따라 적절한 시기라고 생각될 때 자살로 생을 마쳤다. 그리고 이후 크세니아데스의 아들이 그의 장례를 정중히 치러주었다.

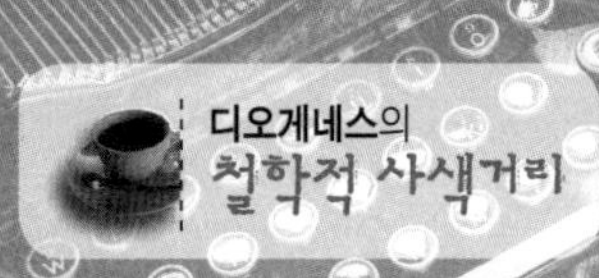

나다운 삶을 가꿔가기 위한 최소한의 소유는?

'인생에서 가장 중요한 것은 무엇일까?' 많은 사람들이 끊임없이 논쟁을 벌이는 질문이다.

물질주의자들은 성공해 행복을 쟁취하려면 집, 돈, 직장, 자동차, 배우자, 이 '다섯 가지 조건'을 이루어야 한다고 주장한다. 그리고 심지어 이 중에서 하나 또는 몇 개를 이루기 위해서 자신과 주변 사람들에게 상처를 입히거나 수단과 방법을 가리지 않아도 된다고 생각한다. 하지만 이런 모습이 올바른 삶의 태도일 수는 없다.

물질이 삶의 기본조건이라는 것은 부인할 수 없는 사실이다. 우리는 디오게네스처럼 살아가는 데 기본적으로 필요한 물질마저도 과감히 포기한 채 살아갈 수는 없다. 하지만 살아가는 데 꼭 필요한 기본적인 물질 조건은 그리 대단치 않다. 물질이 삶에 필요한 모든 요소들을 능가하거나 대신하지는 않는다. 그렇기에 합리적인 범위를 넘어 과도하게 물질에 집착할 필요는 없다.

디오게네스의 '나의 햇빛을 가리지 마시오'와 같은 정신세계는 물질의 속박에서 벗어나 가장 본질적인 존재에 대한 물음을 통해 인간의 가치를 생각하는 경지라 할 수 있다. 그리고 이러한 정신세계를 지닌 사람이 바로 사상가이다. 일반 사람들은 이러한 정신세계에 이르는 것을 삶의 방향으로 삼고 노력해야 한다.

한번 곰곰이 생각해 보자. 만약 부자가 되는 대신 건강을 잃어야 한다면? 좋은 자리에 오르는 대신 우정을 잃어야 한다면? 조건이 좋은 상대와 결혼을 하는 대신 사랑을 잃어야 한다면? 육체적 쾌락을 얻는 대신 공허한 마음을 가져야 한다면? 이와 같은 성공을 우리는 과연 성공이라고 말할 수 있을까?

물질적인 이득을 따지기 전에 먼저 자신의 햇빛을 찾는 것이야말로 가장 아름다운 삶의 태도일 것이다.

아리스토텔레스Aristotle

― 모든 인간은 태어나면서부터 알고 싶어 한다

삼단논법의 기본적인 시작을 알리는 명언.
지식에 대한 갈망과 탐구로 철학의 지평을 넓힌 선구자의 한마디.

아테네 젊은이들에게 올바른 철학 교육을 가르치기 위해 아테네에 아카데미 학원을 차린 이는 플라톤이었다. 플라톤은 이 성스러운 아카데모스 숲에 있는 자신의 아카데미에서 학생들 무리에 둘러싸여 그들과 열심히 토론을 했고, 그 무리에서 가장 열심히 토론에 임했던 학생이 바로 아리스토텔레스였다. 당시 열일곱 살이던 아리스토텔레스는 이 모임에 들어가서 열렬히 책을 읽었다. 얼마나 열심히 책을 읽었는지 스승인 플라톤은 그에게 '책 읽는 사람'이라는 별명까지 지어주었다. 당시 아리스토텔레스는 스승에 대한 존경심으로 가득 차 있었고 평생 이런 마음을 유지했다. 그는 나이가 들어서는 플라톤에 대해서 사람들이 함부로 칭찬해서는 안 되는 사람이라고 말했고, 플라톤을 신이라고까지 말했다. 그런데 언제부턴가 아리스토텔레스는 늙어 가는 플라톤이 가르치는 모든 것에 동의하지는 않았다. 애제자였던 아리스토텔레스의 자신을 향한 비판에 플라톤은 조용한 체념으로 그를 바라보았다. 그리고는 "아리스토텔레스는 망아지 새끼들이 제 어미에게 하듯이 내게 발길질을 했다."고까지 제자를 원망하기도 했다. 이런 갈등은 플라톤이 죽은 다음에 비로소 공공연하게 드러났다. 플라톤은 애제자인 아리스토텔레스가 아닌 그보다 훨씬 덜 중요한 다른 사람을 아카데미의 새로운 대표로 임명했다. 이에 화가 난 아리스토텔레스는 아테네를 떠나 소아시아의 왕에게 새로운 피난처를 얻었다.

고대 서양철학사의 큰 줄기로 기록되는 소크라테스–플라톤–아리스토텔레스Aristotle의 계보는 서로가 스승과 제자의 관계로 상대의 학문을 존경하고 비판하면서 자연스럽게 고대 그리스철학을 살찌워 갔다. 그 중에서도 플라톤과 아리스토텔레스의 애증의 시간들을 후세 사람들은 흥미로운 시선으로 바라보곤 한다.

기원전 384년에 아리스토텔레스는 트리키아의 스타게이로스Stageiros에서 태어났다. 그의 아버지는 마케도니아 왕실의 의사였지만 비교적 이른 나이에 세상을 떠나고 만다. 열여덟 살이 되던 해에 플라톤의 아카데미에 입학한 아리스토텔레스는 이후 플라톤이 세상을 떠날 때까지 이곳에 머무른다. 아카데미에서 아리스토텔레스는 악동 모범생이자 어디로 튈지 모르는 말썽꾸러기 학생이었다. 그는 항상 플라톤과 관점 차이로 언쟁을 벌였다. 당시 플라톤은 이미 예순이 넘은 노인이었고 아리스토텔레스는 혈기왕성한 젊은이였다. 주변 사람들은 화기애애하다가도 순식간에 얼굴을 붉히며 언쟁을 벌이는 두 사람의 모습을 이해할 수 없었다. 언쟁이 끝나고 나면 그는 항상 "스승님을 좋아하지만 내 진리가 더 좋다."고 말했다고 한다.

플라톤이 세상을 떠난 뒤 아리스토텔레스는 아테네를 떠나 세계 곳곳을 돌아다니며 지식을 쌓으면서 연구를 계속한다. 그러던 중 기원전 343년 마케도니아에서 왕자의 스승이 되어 달라는 초청을 받고 가게 되는데 이 왕자가 바로 알렉산더 대왕이다. 당시 알렉산더 대왕은 하루 종일 사나운 말을 길들이는 데 정신이 팔려 있는 성격이 난폭하고 오만하며 자유분방한 13살 소년이었다. 아리스토텔레스는 혈기왕성한 왕자를 교육하는 데 최선의 노력을 기울였다. 이런 그를 보고 한 그리스 학자는 다음과 같이 말한 바 있다. "알렉산더는 자신의 아버지를 공경하는 것만큼 아리스토텔레스를 공경했다. 그는 친아버지에게 생명을 받았고 또 다른 아버지인 아리스토텔레스에게 삶의 예술을 배웠다." 이러한 사실은 알렉산더 대왕이 아리스토텔레스에게 보낸 편지에서 "저는 권력이

나 영토보다는 지식으로 승리를 얻고 싶습니다."라고 한 말에서 명확히 드러난다.

12년 뒤 알렉산더 대왕이 영토 확장을 위해 원정을 떠날 때 아리스토텔레스는 아테네로 가서 아폴론신전 근처에 리케이온Lykeion이라는 자신의 학원을 세운다. 이곳에서 그는 산책을 하면서 학술문제를 토론하고 연구하는 새로운 방식으로 제자들을 교육했다. 산책하면서 토론하는 이들의 학문연구 방식을 후대 사람들은 '소요학파'라고 불렀다. 아리스토텔레스의 학원은 플라톤의 아카데미보다 실제적인 것을 더 중요시 했으며 어려운 난제를 연구하는 데 더욱 집중했다. 또 다방면의 자료들을 수집하고 시도하며 탐색하는 것을 철학연구의 태도로 삼았다. 독일 작가 막스 크루제Max Kruse는 아리스토텔레스를 다음과 같이 재미있게 묘사하고 있다. "아리스토텔레스는 다리가 가늘고 배는 불룩 튀어나왔으며 머리는 반들반들 벗겨진 데다 눈은 근시였다. 게다가 말을 더듬어서 제자들은 종종 그의 말투를 흉내내면서 비웃기까지 했다. 이 위대한 철학자는 외모에 상당히 신경을 썼고 미식가였으며 올리브기름을 넣어 데운 욕조에서 목욕하는 걸 즐겼다."

그럼에도 불구하고 아리스토텔레스는 존경받는 스승이었다. 제자들은 그와 함께 토론을 하며 항상 새로운 것들을 깨달았다. 한번은 한 제자가 아리스토텔레스와 함께 산책을 하던 중 물었다. "스승님, 마음에 질투를 품고 있는 사람은 어째서 항상 괴로워하는 것입니까?" 그러자 아리스토텔레스는 잠시 생각에 잠겼다가 이내 대답했다. "왜냐면 스스로 좌절하면 괴로울 뿐만 아니라 다른 사람의 성공도 바라봐야 하기 때문이지."

그는 자신의 작품을 통해 후세에 많은 공헌을 하였다. 그가 생전에 남긴 천여 편이 넘는 방대한 저서들 중 47편은 현재에도 여전히 전해지고 있다. 이와 같은 그의 저서들에는 논리학, 생물학, 천문학, 심리학, 철학, 윤리학, 정치학, 언어학 등 거의 모든 분야의 지식이 다루어져 있다. 특히 아리스토텔레스가 자신만의 독창적인 방법으로 연구한 삼단논법은 후대 논리학에·큰 영향을 주었다.

"모든 인간은 태어나면서부터 알고 싶어 한다."는 말은 아리스토텔레스의 대표저서인 《형이상학Metaphysica》의 첫머리에 등장한다. 그는 자신의 대표저서인 《형이상학》을 다음과 같이 소개했다. "여기서 토론하고자 하는 주제는 바로 사람들이 말하는 지혜라는 것의 원인과 원리에 대해서이다. 그러므로 앞에서 말했듯이 유경험자는 감각을 가지고 있는 사람보다 더 지혜롭고, 기술자는 유경험자들보다 더 지혜로우며, 기술자보다 감독자들이 더 지혜롭다. 그리고 이론적인 학문들이 제작관련 학문보다 더 지혜롭다. 그러므로 지혜는 어떠한 원리와 원인에 대한 학문임이 분명하다."

여기서 그는 지식을 감각, 기억, 경험, 기술, 지혜 다섯 가지 등급으로 나누었다. 또 지혜를 탐구하는 일은 '자연학을 먼저 배운 다음'에 해야 하는 것이라고 보았다. (그의 저서 《형이상학》은 원래

직역하면 '《자연학 뒤에ta meta ta physica 연구해야 할 학문》'이란 뜻으로 철학연구에 명확한 방향을 제시하고 있다.)

알렉산더 대왕의 스승이었던 그의 화려한 경력은 결국 파국으로 치닫는 원인이 된다. 기원전 323년 알렉산더 대왕이 병으로 죽자 순식간에 반 마케도니아 운동이 일어나는데 아테네는 이 운동의 중심지였다. 아리스토텔레스는 알렉산더 대왕의 스승이라는 이유로 운동주의자들로부터 정치 공격의 첫 번째 대상으로 몰려 '신을 모독했다'는 죄명으로 고발을 당한다. 그는 소크라테스와 같은 비극을 피하기 위해 아테네를 떠나 에우보이아 섬으로 도망친다. 그렇게 마르크스가 '고대의 가장 위대한 사상가'라고 일컬었던 그는 아테네를 떠난 다음해에 두려움과 불안감 속에서 눈을 감는다.

지식에 대한 갈망을 어떻게 채울까?

지식에 대한 갈망과 탐구는 마치 오랫동안 불리는 애달픈 사랑노래처럼 인류 역사의 영원한 주제이다.

하지만 알고자 하는 본성을 실현하기란 마음먹은 것처럼 쉽지 않다. 주로 다음과 같은 두 가지 상황이 빌어질 수 있기 때문이다.

우선 경제적 상황이 좋지 않아 배움의 기회를 얻지 못하는 경우이다. 배우고 싶어도 기회를 얻지 못하는 사람들이 우리 주변엔 의외로 많다.

또 한편으론 많은 재산이 있음에도 알고 싶어 하는 본성을 잃어버려 배우지 않는 경우이다. 이런 사람들은 과시용으로 진열해둔 양장본 책처럼 지식을 장식품으로만 취급한다. 심지어 여전히 '공부하느니 일을 해 돈을 버는 게 낫다'는 생각을 가진 사람들이 있다. 이들의 주장을 언뜻 들으면 경제상황을 고려해 합리적인 결정을 내린 것 같지만 사실은 알고 싶어 하는 본성을 잃은 것일 뿐이다.

물론 대부분의 사람들은 지식과 지혜가 자신을 성장시킬 수 있는 방법이라는 사실을 알고 있다. 이들은 부자가 되어도 좋지만 가난하게 사는 것도 나쁘지 않다고 생각한다. 알고자 하는 본성을 지켜가며 지식을 쌓아가는 사람들에게 세상은 여전히 의미가 있고 지식은 그만큼의 가치를 지니고 있기 때문이다.

욕망에 사로잡힌 밤

에피쿠로스Epikuros
— 쾌락은 행복한 삶의 출발점이자 종점이다

행복한 삶의 비법을 제시한 쾌락주의자의 자기 고백!
"철학은 영혼의 질병을 치료하는 약"이라는 즐거운 철학자의 인생해법.

에피쿠로스는 당대 시민들에게 가장 잘못 이해된 철학자 중의 한 사람이었다. 그런 영향으로 그에 대한 평가는 호불호가 명확하게 갈린다. 에피쿠로스를 혹평하는 사람들에게 그는 지나치게 먹고 마시는 것을 밝힌 정신나간 괴짜이자 밤의 연회에서 정신 못 차리게 향락에 빠진 호사가로 평가된다. 반면 그의 학생들과 후세의 제자들은 이러한 스승의 이미지에 맞서 에피쿠로스의 절제를 찬양했다. 그는 학교 모임에서는 오직 이따금씩만 포도주를 마실 뿐이고 보통은 물로 만족했다고 한다. 형편이 힘들 때는 단순한 콩요리만 먹었다는 게 그들의 중론이다. 에피쿠로스가 사람들에게 부정적인 인상을 준 것은 당시로서는 금기시됐던 창녀들과의 활발한 편지 교환 때문이라는 설도 많다. 그와 창녀들이 나눈 편지 중 일부는 아직도 단편적으로 남아 있는데, 그가 이런 여성들에게까지 매우 상냥하게 말을 했다고 비난을 받는다. 줄여서 말하자면 에피쿠로스에 대해서는 하나도 좋은 소리를 들을 수 없다. 로마시대의 엄격한 스토아철학자인 에픽테투스는 그를 한마디로 '방탕한 사람'이라고 불렀다.

그런데 가만히 보면 그를 비난하는 쪽이나 변명하는 쪽이나 공통적으로 그를 오해할 만한 구석이 하나 있다. 그건 바로 그가 시대의 위기를 극복하려고 한 방식 때문이다. 그는 후기 그리스시대에 인간이 삶의 의미에 대해 갈피를 잃은 상황에서 행복을 삶의 본질로 여겼다. 그러면서 삶의 고통을 피하는 방법은 행복뿐이며 그 중에서도 쾌락이 행복으로 가는 최선의 길이라고 주장한다. 그런데 여기서 우리는 에피쿠로스의 쾌락주의철학을 잘못 이해하고 있다. 에피쿠로스는 이렇게 말한다. "쾌락이 행복한 삶의 기원이며 목적이다." 그런데 그가 말하는 쾌락이란 육체적 향락이라는 의미로만 이해되어서는 안 된다. 물론 그는 육체적 향락도 거부하지는 않았지만 진정한 쾌락은 무엇보다도 더욱 섬세한 정신의 환희를 지향한다고 했다. 즉 대화, 음악 듣기, 미술품 관찰하기, 특히 철학하기 등이 그가 시도한 진정한 쾌락을 찾는 방법이었다.

'즐거움에도 비결이 있을까?'라는 질문에 대부분의 사람들은 그런 건 없다고 생각할 것이다. 하지만 철학자 에피쿠로스Epikuros의 글에는 즐거움의 비결이 담겨 있다.

에피쿠로스는 기원전 341년 사모스 섬에서 태어났다. 그의 부모님들은 모두 아테네 시민이었고, 에피쿠로스는 시민의 의무인 병역을 다하기 위해 열여덟 살 때 아테네에 갔다. 그리고 이후 소아시아에서 데모크리스토철학을 접하게 된다. 대략 서른여섯 살 쯤에 그는 아테네에 작은 정원을 구입해 학원을 세워 에피쿠로스 학파를 결성했다. 이 학파는 그가 세상을 떠나기 전까지 줄곧 아테네에서 활동한다. 그의 학원은 외부와 단절된 작은 정원 안에 있었기 때문에 사람들은 그를 '정원의 철학자', 그리고 그의 학파를 '정원학파'라고 불렀다. 정원 입구에는 다음과 같은 글이 적혀 있었다. "어서 오시게 낯선 이여, 이곳에서 편안히 생활하시게나. 이곳에서 쾌락은 최고의 선이네." 또 학원 입구에는 항상 모든 사람들이 함께 이용할 수 있도록 빵과 물이 준비되어 있었다.

그는 3백여 편에 달하는 저서를 남겼다. 그는 《사랑에 대하여》, 《음악에 대하여》, 《공정한 교역에 대하여》, 《인생에 대하여》(총 4권)과 《자연에 대하여》(총 37권) 등의 저서들을 통해서 매우 광범위한 영역의 주제들을 다루었다. 하지만 계속되는 재난으로 그의 작품은 대부분이 사라지고 말았다. 현재는 3통의 편지와 일부 단편적인 기록들만이 남아 있을 뿐이다. 우리는 이러한 단편적인 기록들을 통해 그의 쾌락주의의 아주 작은 부분만 이해할 수 있음이 안타까울 뿐이다.

에피쿠로스의 학설 중 가장 특이한 점은 쾌락을 가장 높이 평가했다는 것이다. 그는 인생의 의미 중에서 쾌락이야말로 최고의 선이므로 쾌락 없이는 선할 수 없다고 생각했다. "우리는 쾌락을 행복한 삶의 출발점이자 종점이라고 생각한다. 이에 우리는 쾌락을 가장 고상하고 선천적인 선이라고 주장한다. 우리가 무언가를 선택하거나 피하려고 할 때 쾌락은 출발점이 된다. 그러므로 우리의 목적은 쾌락을 얻는 데 있다.", "만약 맛의 쾌락, 사랑의 쾌락, 아름다운 소리를 듣는 청각의 쾌락, 아름다운 모습을 보면서 느끼는 시각의 쾌락을 모조리 없애 버린다면 선이 무엇인지 알 수 없게 된다."

하지만 이러한 즐거움이 육체적인 쾌락을 말하는 것은 아니다. 그는 다음과 같이 말했다. "우리가 쾌락이 최종 목표라고 말할 때 그것은 방탕한 육체적인 쾌락이 아니다. 편견에 사로잡힌 무지한 사람들이 고의로 왜곡해 말하는 그런 쾌락이 아니다. 우리가 말하는 쾌락은 육체적으로 고통이 없고 영혼이 자유로운 상태를 말한다. 쾌락적인 삶은 끊임없이 계속되는 폭음이나 육체적인 즐거움 또는 생선과 고기로 가득한 호화로운 식탁 앞에서의 탐식이 아니다. 그것은 모든 선택과 절제의 원인을 탐구하고 영혼을 불안하게 만드는 생각들을 떨칠 줄 아는 건전한 정신이다." 그는 죽음이야말로 가장 떨쳐버려야 할 생각이라고 보았다. 이에 "죽음은 아무 것도 아니다. 우리가 살아있는 동안에는 죽음은 다가오지 않는다. 그리고 죽음이 다가왔을 때 우리는 더 이상 존재하지 않는다."고 말했다.

그는 자신의 관점을 명확히 하기 위해서 인생의 욕망을 세 가지 유형으로 나누었다. 첫 번째는 자연적이면서 살아가는 데 꼭 필요한 욕망으로 우정, 자유, 생각(걱정의 주된 원인인 가난, 질병, 죽음, 미신과 관련된), 음식, 비바람을 피할 거처, 의복과 같은 것들을 말한다. 두 번째는 자연적이지만 필요하지 않은 욕망으로 넓은 집, 개인 욕실, 맛있는 음식, 하인과 같은 것들을 말한다. 그리고 마지막으로 자연적이지도 않으면서 필요하지도 않은 욕망으로 명성이나 권력 같은 것들을 말한다. 그는 이처럼 필요하지 않은 욕망에 굴복하지 않고 자연적인 욕망만을 추구하는 것이 바로 쾌락을 이루는 비결이라고 보았다.

에피쿠로스는 이러한 비결을 몸소 실천한 인물이었다. 그와 그를 따르는 사람들은 아테네의 상업관계에서 벗어나 소박하지만 독립적인 생활을 해나갔다. 그들은 주택 옆 정원에서 함께 먹을 야채를 길렀고, 호화롭거나 풍성하지는 않았지만 맛있고 영양가 있는 식사를 했다. 이러한 소박한 생활은 그들의 삶에 걸림돌이 되지 않았다. 왜냐하면 아테네의 세속적인 가치관에서 벗어난 그들에게 경제상황은 더 이상 자신을 평가하는 기준이 되지 않았기 때문이다. 에피쿠로스의 학원은 남녀 모두에게 공평했고 노예까지도 편견 없이 받아들였다. 그들은 모두 함께 생활하며 쾌락에 이르는 방법을 배웠다. 그래서 에피쿠로스 학원은 항상 관계가 돈독하기로 유명했다. 물론 에피쿠로스 자신도 소박하게 생활했다. 그는 작은 집에서 매우 간소한 음식을 먹었고, 술은 마시지 않았다. 빵과 야채, 올리브뿐이어도 만족했다. 그는 친구에게 보낸 편지에서 "치즈를 보내주게. 연회 때 풍성하게 먹고 싶으니."라고 말했다. 이는 그가 쾌락을 추구해 난잡한 입맛을 가지고 있다고 매도했던 사람들의 주장과는 매우 상반되는 내용이다.

무엇보다도 에피쿠로스는 진정한 쾌락에 이르는 방법으로 철학과 학습의 가치를 매우 중요시 생각했다. 누군가가 그에게 철학이 무엇이냐고 물었을 때 그는 "철학은 영혼의 질병을 치료하는 약이다."라고 답했다. 또 누군가가 철학을 배우기 좋은 시기가 언제냐고 묻자 그는 "청년은 너무 이르지 않는 시기이고 노년은 너무 늦지 않은 시기이다."라고 답했다. 물론 이러한 가치관 또한 쾌락과 관련이 있다. 그는 "모든 선의 근원은 위장과 관련된 쾌락이며 지혜와 문화 또한 이와 관련이 있다."라고 말했다.

현대의 자연주의 미니멈라이프와 흡사한 격조 높은 에피쿠로스의 쾌락주의는 당시에는 많은 비난을 받아야 했다. 하지만 이후 많은 철학자들에게 깊은 영향을 미쳤다. 그를 존경하며 높이 평가한 사람들 중에는 뉴턴Isaac Newton, 갈릴레오 갈릴레이Galileo Galilei,

토마스 홉스Thomas Hobbes, 루소와 같은 유명한 과학자, 정치 이론가들이 포함되어 있다.

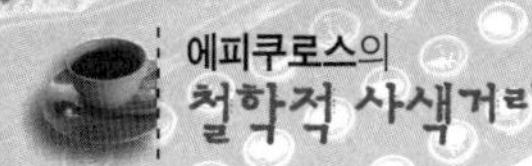

진정한 즐거움을 어떻게 찾을 것인가?

우리는 즐거움을 느낄 때 그것이 어느 순간 사라져버릴 수 있다는 사실은 잊어버리곤 한다. 그렇게 무절제하게 즐기는 사이에 즐거움은 마치 흘러가는 시간처럼 우리들의 손가락 사이로 흩어져 사라지고 만다. 이후 즐거움은 항상 다른 사람의 손아귀에 쥐어져 있고, 자신에게 남겨진 것은 조급함, 걱정, 우울한 감정들뿐이다. 그렇기에 즐거움이 스쳐지나간 자리에 남겨진 '우울한 시간'들은 더욱 길게 느껴진다.

하지만 이렇게 늘 조급하게 쫓기는 삶에서 벗어나지 못한다면 스스로를 더욱 고통스럽게 만들 뿐이다. 이 문제를 해결하는 가장 좋은 방법은 스스로 즐거워질 수 있는 방법을 찾는 것이다. 사실 곰곰이 생각해보면 어쩔 수 없는 일을 완벽하게 처리하려고 애쓰는 과정에서 불행해지는 경우가 많다. 속담에 '열 가지 중에서 아홉 가지 일은 완벽할 수 없다.'는 말이 있다. 찬란한 태양 빛을 놓치게 된 뒤 주변을 둘러보면 달빛과 별빛으로 은은하게 빛나는 또 다른 풍경을 볼 수 있다. 이는 어쩔 수 없는 차선의 선택이 아니라 '또 다른 새로운 하늘'이다.

진정한 삶은 간단하고 소소한 일상 속에서 이루어진다. 그러니 '일상' 속에서 즐거움을 찾도록 하자. 한 줌의 풀, 한 그루의 나무, 한 송이의 꽃으로도 충분히 몸과 마음이 즐거워지고 영혼이 맑아질 수 있다. 즐거움을 찾는 과정에서 싫은 것을 발견한다면 그것도 좋다. 아이들에게 '스스로 즐겁게 체험할 줄 알아야 한다'고 조언해 주듯이 우리 역시 스스로 체험해 봐야 한다.

이처럼 세상을 향한 의문을 통해서 이룬 에피쿠로스의 즐거움이나 평범함 속에서 찾은 우리들의 즐거움이나 본질상으론 같은 것이다.

친구가 필요할 때

키케로 Marcus Tullius Cicero

— 우정은 미래에 밝은 희망을 비춰준다

평생의 친구에게 쓴 진정한 우정에 관한 헌사!
로마의 빛나는 문장가의 주옥같은 명언.

카니니우스 레빌루스는 로마 공화국 역사상 가장 단명한 집정관이다. 그는 집정관의 자리에 오르고 겨우 하루만에 죽음을 맞았다. 이후 연설에서 어느 정치가가 그를 이야기하며 조소 섞인 말투로 말했다. "그는 국가를 수호하느라 심지어 임기 내내 잠도 자지 않았네." 그의 말을 듣던 청중 중 누군가가 불만스런 말투로 말했다. "당신은 한 번도 그를 찾아가지 않았지요!" 그러자 이 정치가는 태연한 말투로 답했다. "내가 그를 찾아가지 않았다고 누가 말하던가? 나는 그를 찾아가려 했다네. 그런데 뜻밖에도 죽음의 신이 나보다 먼저 그를 찾아갔어."

로마 청중 앞에서 이처럼 냉소적한 연설을 한 사람이 바로 고대 로마시대 가장 뛰어난 정치가이자 사상가인 키케로Marcus Tullius Cicero이다. 그는 당시에 로마공화국의 총독을 역임하고 집정관의 자리에까지 올랐으며, 유명한 철학자이자 산문가이기도 했다.

기원전 106년 1월 3일 키케로는 로마에서 동남쪽에 위치한 라디움의 아르피눔Arpinum에서 태어났다. 그의 할아버지는 도시의 명사였으며 아버지는 진보적인 사상을 지닌 로마 기사였다. 어려서부터 총명했던 그는 부친을 따라 로마로 이주해 글을 배우면서 시에 흥미를 가지게 되었다. 이후 군대생활을 거친 뒤 변호사가 된 그는 최종적으로 자신의 뛰어난 말재주와 사상으로 대중들을 사로잡는다. 비록 당시 권력자와 여러 차례 갈등을 겪어야 했음에도 불구하고 그는 자신의 재능을 십분 발휘해 사람들의 존경을 받는 정치인이 되었고, 기원전 63년 마침내 로마 집정관의 자리에까지 오른다. 그는 카틸리나의 역모사건을 성공적으로 진압하면서 '국부'라는 칭호를 받게 되었는데, 이때가 바로 그의 삶이 최고점에 이른 시기였다. 하지만 이후 카이사르Gaius Julius Caesar와 대립하게 되면서 그의 운명은 곤두박질치기 시작한다. 추방명령을 받은 이후 그는 더 이상 정치 무대에서 이전과 같은 영향력을 행사할 수 없게 되었다. 결국 그는 정치 투쟁의 희생양이 되어 기원전

43년 권력자에 의해서 잔인하게 살해당한다.

하지만 후세 사람들은 키케로의 굴곡진 정치이력보다 그가 남긴 저서들을 통해서 그를 뛰어난 문예가로 기억하고 있다. 그는 상당히 많은 저서를 남겼는데 수사학, 철학, 정치학 등 다양한 분야를 넘나드는 주옥같은 문장을 남겼고 논술, 수필, 대화, 연설, 편지 등 다양한 형식의 명문을 남겼다. 후세에 큰 영향을 끼친 저서로 우리가 기억하는 그의 빛나는 저작은 다음과 같다. 《국가론De Republica》, 《법에 대하여De Legibus》, 《노년에 대하여De Senectute》, 《우정에 대하여De Amicitia》, 《의무론에 대하여De Officiis》, 《명예에 대하여De Gloria》, 《부루투스Brutus》, 《연설가에 대하여De Oratore》, 《신의 본성에 관하여De Natura Deorum》, 《목적에 대하여》, 《위안Consolatio》, 《호르텐시우스Hortensius》, 《아카데미아Academica》, 《투스쿨룸 대화Tusculanae Disputationes》, 《창의성에 대하여》, 《점술에 대하여De Divinatione》, 《토피카Topica》, 《최고선악론De Finibus Bonorum Et Malorum》, 《운명에 관하여De Fato》 등등.

보석같은 키케로의 저서들을 통해서 우리는 그가 얼마나 힘 있는 어조로 대중들을 설득해 갔는지 알 수 있다. 여기서 인용한 명제인 "우정은 미래에 밝은 희망을 비춰준다."는 말 또한 그의 《우정에 대하여》에서 나오는 말이다.

《우정에 대하여》는 《라일리우스Laelius》라고도 불리는데 기원전 44년에 평생의 친구인 아티쿠스에게 선물하기 위해 쓴 책이다.

대화 형식으로 이루어진 이 책에서 그는 우정의 성격, 기원, 장점과 친구를 선택하는 기준에 대해서 비교적 체계적으로 이야기하고 있다. 또 우정을 위해 지켜야 할 규칙이나 우정과 미덕 그리고 나이, 성격, 취미 등에 대해서도 다루고 있다. 그는 우정은 신이 인간에게 내려준 가장 좋고, 즐거운 것이라고 생각했다. 또 인간의 본성에 가장 부합하는 것이므로 제일 높이 숭상해야 하는 것이라고 보았다. 이러한 우정은 본성의 충동에서 출현하며 우정 사이에는 우호와 애정이 있다. 또 미덕은 우정의 기초로, 우정을 기르고 보호해 준다. 이에 그는 "한 사람의 진정한 친구는 또 다른 자신이다."라고 말했다.

여기서 주목해야 할 점은 그가 우정과 물질적 이득에 대해 전문적으로 다루고 있다는 점이다. 그는 우정에는 좋은 점이 매우 많다고 보았다. "우정은 의심할 여지없이 모든 것을 능가한다. 우정은 미래에 밝은 희망을 비춰 우리들이 힘과 자신감을 가질 수 있게 해주기 때문이다." 이처럼 우정에는 좋은 점이 많지만 만약 물질적인 것과 연관될 경우에는 깨져버리고 만다. 그렇기에 진정한 우정은 보답을 요구하거나 받아서는 안 된다. 우정은 마음에서 우러나는 것으로 즉, 본능에서 우러나오는 사랑의 감정이다. 이러한 의미에서 우정이 가진 여러 가지 미덕은 우정에 따른 자연적인 결과이어야 하지 목적이 되어서는 안 된다.

키케로는 우정을 지켜나가는 방법에 대해서도 언급했다. 예를 들어 그는 우정에는 한 가지 규칙이 있어야 한다고 주장한다. 바로 친구에게 나쁜 일을 해달라고 요구해선 안 되며, 만약 요구를 받더라도 들어주어서는 안 된다는 것이다. "이 규칙은 다른 부도덕한 일들에도 그렇지만 특히 반국가적인 범죄에서는 더욱 그렇다." 이에 근거해 키케로는 단호한 어조로 다음과 같이 자신의 입장을 밝혔다. "우리는 우정을 위해서 한 가지 규칙을 지켜야 한다. 바로 친구에게 좋은 일만을 부탁하고 또 친구를 위해서 좋은 일만을 해주는 것이다." 이 밖에도 그는 우정을 지키는 철칙에 대한 짧지만 굵직한 일설을 가한다. "우정에는 또 한 가지 유용한 규칙이 있어야 한다. 바로 친구의 중대한 일을 방해해서는 안 된다." 이와 같은 우정을 위한 규칙들은 분명 '어떠한 상황에서든 도와주는 것이 친구 간의 의리이다'라는 말보다 더 본받을 만하다.

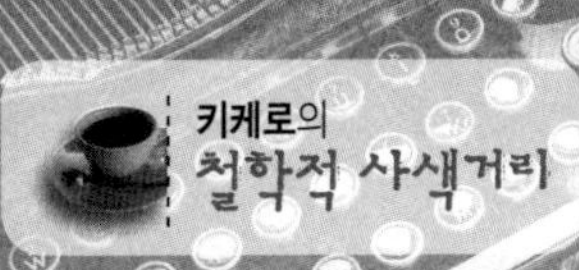

진정한 친구를 사귄다는 것은?

우정과 사랑은 모두 신성한 감정이고 영원한 화제이다. 하지만 두 가지에는 분명한 차이점이 있다. 용서할 수 없는 죄를 지은 죄인이 하는 사랑이라도 그것이 진실하다면 사람들은 그 사랑에 공감할 수 있다. 하지만 같이 나쁜 짓을 저지르는 친구들과의 우정에는 공감할 수 없다. 그저 나쁜 짓을 일삼는 패거리들로만 보일 뿐이다.

키케로는 우정은 이득을 위한 목적이 되어서는 안 되며, 또 자신과 나누어 질 수도 없는 것이라고 주장했다. 그리고 공자는 일찍이 '세 가지 유형의 해로운 친구'와 '세 가지 유형의 이로운 친구'가 있다고 말한 바 있다. 즉, 친구는 내가 어떤 사람인지 말해주는 거울이자 그림자인 셈이다.

그러므로 친구를 사귈 때는 반드시 신중해야 한다. 그래야 우리는 비로소 향기로 가득한 방에서 더욱 아름다운 성품을 가꿔나가며, 나쁜 친구들과 어울리며 악행을 저지르는 일을 피할 수 있다.

또 이 점은 바꾸어 말할 수도 있다. 자신 또한 친구의 그림자이기 때문이다. 그렇기에 친구에게 친구로서 거리낌 없이 잘못된 점을 말해주고, 때로는 엄격하게 지적해줄 필요가 있다. 그리고 친구의 이러한 지적을 받아들일 수 있는지, 또 내가 친구에게 해줄 수 있는지 여부는 진정한 친구를 판단하는 중요한 기준이 된다.

마음이 산란할 때

루크레티우스 Lucretius Carus

— 진정한 부는 평온한 마음으로 단순하게 사는 것이다

로마시대 홀로 맹렬히 싸웠던 철학자의 마음의 평화를 찾는 한마디.
라틴문학을 성숙시켰던 위대한 철학자이자 시인의 지혜롭게 사는 방법.

생명을 주는 베누스여
당신은 조용히 움직이는 별 무리 아래
배들이 오가는 바다와
곡식이 여무는 땅에 충만한 생명을 채워 주십니다.
왜냐하면 당신으로 인하여 모든 생물들이 끊임없이 태어나
당신으로 인하여 태양빛을 보니까요.
여신이시여. 당신이 나타나면
세차게 부는 바람과 거대한 구름은 모두 도망을 갑니다.

그리고 당신을 위하여 교묘한 재주를 부리는 대지는 향기로운 꽃을 피워내고

당신을 위해 평온한 바다는 미소를 지으며

고요한 하늘도 당신을 위해서 찬란한 빛을 쏟아냅니다!

위의 시는 고대 로마시대 유명한 시인이자 철학자였던 루크레티우스Lucretius Carus의 《사물의 본성에 대하여De rerum natura》에 실린 구절이다.

루크레티우스는 대략 기원전 99년에서 기원전 54년 전후에 활동한 것으로 보인다. 그는 로마공화국 말년에 활동한 가장 유명한 철학자이자 시인이었다. 데모크리토스의 물질주의와 에피쿠로스의 윤리관을 계승한 그의 철학에는 에피쿠로스학파의 모습이 온전히 드러난다. 이러한 그의 철학에서 가장 높이 평가되는 점은 오랜 노력을 통해 탄생한 《사물의 본성에 대하여》란 철학시이다. 인류 문명의 소중한 유산으로 온전히 보전되어 온 이 시는 역사적으로나 문학적으로나 그 가치를 인정받고 있다.

루크레티우스가 철학에서 이룬 업적은 몇 가지 방면에서 두드러진 성과로 나타난다.

우선 그는 다양한 일상 또는 경험적인 사실에 근거해 원자론의 기본 관점을 증명함으로써 에피쿠로스의 물리학을 더욱 풍성하게 살찌웠다. 그는 자신의 시를 통해서 "원자와 허공 말고는 아무것

도 존재하지 않는다."는 관점을 재차 강조하고 있다. 이러한 그의 관점을 대략적으로 소개하자면, 모든 게 혼재해 있던 초기 만물은 아무런 형태도 없었다는 것이다. 그는 만물이 형성된 과정을 다음과 같이 설명했다. "각기 다른 형태를 가진 크고 작은 원자들이 운동을 통해 점차 하나둘씩 결합해 가면서 물, 불, 공기, 흙이 만들어졌고, 이를 기본으로 다시 태양, 달, 행성과 항성이 형성되었다. 이렇게 무한한 우주에 새로운 세계가 탄생하면서 과거의 세계는 흩어졌다. 또 대기에서 최초의 안개가 흩어져 나와 점차 차가워지면서 대지가 만들어졌다. 지진이 발생하는 이유는 신이 울부짖어서가 아니라 땅 밑에 있는 기체가 팽창하면서 발생하는 것이고, 번개와 천둥도 신의 호흡이니 목소리 같은 허무맹랑한 비과학적인 모습이 아니라 구름이 모이고 충돌하면서 생겨나는 자연스런 현상이다. 또 비는 주피터신의 은혜가 아니라 땅에서 증발된 물이 다시 모여 내리는 것이다. 신체에서 각 부분은 우리의 사용에 맞춰 생겨난 것이 아니라 저절로 생겨난 뒤에 용도가 만들어졌다. 원자 또한 어떠한 계획이나 방법에 따라 배열되지 않는다. 원자들은 어떠한 목적도 없이 제각각 운동한다. 무한한 시간과 공간 속에서 무수히 많은 원자들은 각각의 다양한 방식에 따라 흩어지고 모이며 각기 다른 사물을 만들어낸다. …… 아주 오래 전 생물이 탄생하기 시작한 시기에 기이한 생물들이 매우 많이 생겨났다. …… 다리가 없거나 손이 없거나 입이나 얼굴이 없는 등 …… 그들은 자신의 종족을 유지하길 바랐지만 그럴 수 없었다. 그들의 존재를 인정하지 않은 자연이 그들이 먹이를 찾지 못하게 하고, 번식을 하지 못하게 했기 때문이다. …… 이로써 매우 많은 동물들이 번식을 하지 못하고 사라져 갔다. ……. 자연에게 '보호'받지 못한 생물들은 다른 생물들의 공격에 자취를 감출 수밖에 없었다."

다음으로 그는 원자론을 바탕으로 당시 성행하던 미신을 체계적으로 비판했다. 그는 인간의 영혼Anima은 일종의 원기라고 주장했다. "그것은 매우 정교하고 온몸에 퍼져 있어 신체 모든 부위에 생명력을 불어넣어 준다. 영혼은 몸과 함께 성장하고 함께 늙는다. 그래서 몸이 죽으면 영혼의 원자 또한 흩어진다. 생명은 자유로운 형식이 아니라 일종의 책무이다. 우리가 생명과 에너지를 모두 소진하는 것은 성대한 연회에 초대받아 실컷 즐기고 떠나는 손님과 같은 이치이다. 그렇기에 죽음은 두려워할 것이 못 된다. 우리가 죽음을 두려워할 때 그것은 비로소 두려움으로 변한다. 또 세상에 내세라는 것은 없다. 지옥은 무지하고 싸우기 좋아하는 탐욕스런 사람들이 만들어낸 말일 뿐이며, 천국은 총명한 사람의 조용한 사당일 뿐이다."

올바른 신앙생활에 대해 그는 다음과 같이 말했다. "진정한 경건함은 머리에 덮어 쓴 베일에 있지 않다 …… 신전에서 맹목적으로 엎드려 숭배하는 것에도 있지 않으며 …… 재단 위에 뿌려지는 짐승의 피에도 있지 않다. 이보다 더 중요한 것은 냉정하게 사물을 판단하는 것이다. …… 영광은 마음의 공포, 우울함과 함께할 수 없다. 오히려 자연의 법칙에 위배될 뿐이다.”

이 밖에도 신이 세상을 창조했다는 이론에 반대하기 위해 루크레티우스는 생물 진화와 문명 기원에 대한 자신의 생각을 매우 자세하게 설명했다. 그는 고대 인류학적 관점에서 인류 문명이 발전할 수 있었던 이유에 대해 다음과 같이 주장했다. “사회조직은 인류가 자신들보다 강한 맹수들과 싸워 이길 수 있게 해주었고 덕분에 인류는 생존할 수 있었다. 인류는 나무의 마찰을 통해 불을 발견하였고, 손동작을 발전시켜 언어를 만들었으며, 새의 울음소리를 통해 노래를 배웠다. 또 야생동물을 길들여 활용했고, 법률과 혼인을 통해 스스로를 길들였다. 인류는 별자리를 관찰해 시간을 측정하고 항해를 하였다. 역사는 국가와 문명의 기원, 발전, 멸망의 과정이다. 이러한 역사는 매번 변화하는 풍속, 도덕, 법률, 예술 등 문명의 유산을 다음 문명에게 전달해 왔다. 마치 이어달리기의 선수처럼 생명의 횃불을 전달해온 것이다.”

마지막으로 윤리적 측면에서 루크레티우스는 미덕에 대해 다음과 같은 관점을 가지고 있었다. “미덕은 신에 대한 공포도 아니고 즐거움에 대한 회피도 아니다. 그것은 이성이 이끄는 각종 감각기관의 조화로운 운동에 있다. 진정한 재산은 간단하고 평온한 마음을 가지는 것이다.”

이와 같은 초연함이 루크레티우스가 가진 이상이었다. 그는 다음과 같이 말했다. "결혼은 좋은 일이지만 너무 지나친 사랑은 이성적이고 맑은 마음을 완전히 파괴시킨다. 정욕의 유혹에 사로잡히면 결혼과 국가 그리고 문명은 근간을 잃게 된다."

루크레티우스에 대해서 한 서양철학 전문가는 다음과 같이 평가했다. "루크레티우스는 그 당시 시대의 흐름 속에서 홀로 맹렬히 싸웠던 인물이다. 또 그는 위대한 철학자이자 시인이었다. 그와 이후의 키케로, 카툴루스Gaius Valerius Catullus, 베르길리우스Publius Vergilius Maro를 통해서 라틴문학은 성숙해질 수 있었다." 라틴문학이 인류 문명에 중요한 역할을 했던 점을 고려해 볼 때 우리는 이 신비롭고 전설적인 인물을 소홀히 평가할 수 없다.

마음의 평화를 유지하는 방법은?

루크레티우스의 명제와 "마음이 평화로워지면 자연스럽게 서늘해진다(心靜自然凉)"는 옛말에는 같은 이치가 담겨 있다.

마음의 평화를 유지하는 건 쉬운 일이 아니다. 오랜 시간 수행한 고승도 가끔씩은 어지러운 세상 속에서 스며드는 작은 잡념에 수행에 어려움을 겪기 마련인데, 하물며 우리와 같은 평범한 사람이 마음의 평화를 유지한다는 게 그리 쉬운 일이겠는가.

그러니 마음의 평화를 유지하는 것을 일종의 경지나 지혜로 보기보다는 추구하고 동경해야 할 대상으로 여겨보자. 어지러운 세상 속에서 명예에 집착하며 살기보다는 마음을 비우고 살아가는 자세가 필요하다. 욕심이 우리의 생각을 점령하지 못하도록 하며, 다른 사람의 기준으로 자신을 판단하지 않는다면 그것만으로도 자기만의 마음의 평화를 유지할 수 있다.

예전에 중년이 되면 마음이 평화로워진다는 광고 문구가 있었다. 하지만 사람마다 성장하는 단계는 모두 다르다. 그러니 중년이 되어서도 마음의 평화를 찾지 못했다고 좌절하지 말고 자신만의 평화를 유지하는 방법을 깨우쳐 행복한 삶을 스스로 만들어가도록 해보자.

삶의 진리가 궁금할 때

아우구스티누스 Aurelius Augustinus

— 인간의 영혼 속이야말로 진리가 머무는 집이다

신을 찾는 형이상학적 철학의 근본을 깨우치는 명언.

철학으로 기독교 신앙을 논증하고 신의 길로 인도하는 교부철학자의 증언.

인생에는 예상치 못한 순간에 갑자기 만나는 즐거움도 있지만 걱정을 통해서만 얻을 수 있는 즐거움도 있습니다. 배가 고프지 않다면 음식을 먹는 즐거움을 느낄 수 없습니다. 또 술주정뱅이는 짜고 떫은 음식을 먹고 입안이 불편해지면 술을 마셔 입안을 씻어내는 것만으로도 크게 만족해합니다. 약혼한 뒤에 바로 결혼을 하지 않는 관습 또한 마찬가지입니다. 이럴 경우 신랑은 신부를 그리워했던 시간만큼 더욱 사랑해주게 됩니다.

수치스럽고 비열한 즐거움이든, 인정받은 합법적인 즐거움이든 마찬가지입니다. 가장 진실한 우정 역시 이러합니다. 죽었다가 다시 살아난 사람, 잃었다가 다시 찾은 사람도 마찬가지입니다. 어떠한 상황이건 근심이 깊을수록 즐거움 또한 크게 다가옵니다.

이 글은 로마시대 교부철학을 집대성한 아우구스티누스Aurelius Augustinus의 명작인 《고백록Confessions》에 담긴 내용이다.

아우구스티누스는 354년 11월 13일 북아프리카 타가스테(지금의 알제리 수크아라스)에서 태어났다. 이 지방은 당시 로마의 영토였다. 아우구스티누스의 아버지는 평범한 로마 시민으로 기독교를 믿지 않았지만, 어머니는 독실한 기독교 신자였고 그에게 매우 깊은 영향을 주었다. 그는 출세하길 바라는 아버지의 바람에 따라 일곱 살 때 마타우라로 가서 문법을 배운 뒤에 카르타고에서 수사학을 공부했고, 여기서 키케로의 철학에 깊은 관심을 갖게 되었다. 이후 열아홉 살이 되었을 때 본격적으로 철학에 빠져들어 플라톤과 아리스토텔레스의 철학을 깊이 연구했고, 마니교Manichaeism를 믿게 되었다. 하지만 이후 자신의 사상이 기독교와 더 부합한다는 사실을 깨닫고 기독교로 귀의한다. 이때부터 진정한 그의 신앙생활이 시작된다. 기독교로 귀의하기 전 방탕하게 살아왔던 아우구스티누스는 기독교로 귀의한 이후 지난 세월을 반성하며 새로운 삶을 시작한다. 391년 그는 히포(알제리 지역)에서 사제가 된 뒤 395년에 이곳의 주교가 된다. 이때부터 그는 기독교를 전파하는 데 전념하며 많은 업적을 남기게 되었고, '위대한 교부', '뛰어난 성인', '신의 사자', '서양의 지도자' 등으로 불리게 되었다.

아우구스티누스는 생전에 많은 작품을 저술한 철학자로, 초기 기독교의 라틴 교부들 중 가장 많은 저서를 남겼다. 427년에 그의 수정을 거친 저서들은 이미 93종에 이르렀으며 이 밖에도 많은 서신과 전도 어록 등이 전해진다. 그 중에서 대표작으론 《고백록》과 《신국론De civitate Dei》 등이 있으며, 이 밖에도 《아카데미아학파 반박Contra Academicos》, 《독백Soliloquia》, 《자유의지론De libero arbitrio》, 《참된 종교De vera religione》 등의 작품들이 당대와 후세 기독교철학에 많은 영향을 끼쳤다. 그는 이러한 저서들을 집필하며 자신의 철학체계를 확립해 갔다.

아우구스티누스철학의 목적은 철학을 통해 기독교 신앙을 논증하고 이로써 사람들을 신의 길로 인도하는 것이었다. 그는 인간은 모든 걸 의심할 수 있지만 유일하게 생각하는 자신에 대해서는 의심할 수 없다고 생각했다. 이를 바탕으로 그는 진리가 진실한 이유는 그것이 인간의 인식이나 생각의 결과여서가 아니라 그 자체로 절대적인 진리이기 때문이라고 주장했다. 여기서 그가 말하는 '절대적인 진리'는 바로 신을 말한다. 그러므로 철학의 임무는 형이상학적인 진리의 근원을 찾는 것이며, 인간의 이성의 역할은 진리를 만들어내는 것이 아니라 진리를 발견해내는 데 있다. 이에 그는 "외부에서 찾지 말라, 너 자신에게로 돌아가라. 인간의 영혼 속이야말로 진리가 머무는 집이다."라고 말했다.

그는 생동감 넘치는 표현으로 인간이 내면의 진리를 찾는 과정을 실감나게 묘사했다. "나는 내면에 들어가 영혼의 눈으로 – 비록 매우 희미하지만 – 바라볼 수 있게 되었습니다. 영혼의 눈을 통해 변치 않는 영원한 빛을 바라보았습니다. 이 빛은 육신의 눈으로 볼 수 있는 평범한 빛이 아니었습니다. 밝게 사방을 비추는 강렬한 빛도 아니었습니다. 이 빛은 결코 그런 빛이 아니었습니다. 완전히 다른 빛이었습니다. 기름이 물 위로 떠올라 분리되거나 하늘이 땅을 덮는 것과 달리 이 빛은 내 생각 안에 있었습니다. 이 빛은 내 위에 있었습니다. 왜냐하면 이 빛이 나를 창조했기 때문입니다. 저는 아래에 있었습니다. 왜냐하면 빛이 나를 창조했기 때문입니다. 진리를 아는 사람은 이 빛을 알고 있습니다. 이 빛을 아는 사람은 영원을 알고 있습니다. 사랑을 가진 사람만이 그것을 알 수 있습니다." 여기서 그는 신을 영원과 동일시하며, 신은 인간이 이성을 통해 이르러야 할 최종 목적지로 규정하고 있다. 그는 이처럼 신앙과 삼위일체론을 통해서 신앙만으로는 신을 인식할 수 없다는 자신의 관점을 증명해내려 했다.

한편 그는 인류 역사는 신의 의지와 구원계획에 따라서 발전해 온 과정이라고 보았다. 또 교회와 세속의 국가를 나누어 교회는 선을 통해 통치하는 '신의 국가'의 표본이며 세속의 국가는 악을 통해 통치하는 '인간의 국가'라고 주장했다. 그가 주장한 "교회가 국가보다 높은 지위에 있다."는 명제는 이후 중세시대에 교황과 황제의 권력 대립이 일어나는 시발점이 되었다.

430년 5월에 반달족이 히포를 포위한 뒤 같은 해 8월 28일에 아우구스티누스는 병으로 세상을 떠났다. 그는 그렇게 상당한 분량의 완성도 높은 이론체계를 남겨둔 채 계속해서 전도와 설교를 위해 또 다른 세상으로 떠나갔다. 그리고 신을 경외하고 따르며 살아온 그의 삶과 불굴의 정신은 지금까지 오래도록 전해지고 있다.

인간의 영혼이 머무는 진리의 세계는?

당시 교회세력의 대변인의 입장에 서 있었던 아우구스티누스의 관점은 현재 우리의 입장과 상당한 차이가 있을 수밖에 없다. 그리고 이러한 관점들을 완전히 무시하지는 않더라도 언급하길 좋아하지 않는 사람들이 많다.

하지만 객관적인 시선에서 분석해 봤을 때 그의 사상에는 주목할 만한 부분이 많이 있다. 그리고 만약 우리가 온전히 그의 사상에만 주목한다면 진리를 쉽게 발견할 수도 있다. 아우구스티누스는 "인간의 영혼 속이야말로 진리가 머무는 집이다."라는 말을 통해서 우리가 진리를 쉽게 찾을 수 있도록 지름길을 알려주고 있다. 이러한 부분을 무시한 채 무조건 비판만 하는 건 옳은 태도가 아니다.

그러므로 설사 그의 관점이 우리와 다르더라도 제대로 알려 하지 않고 먼저 색안경을 쓰고 외면해서는 안 된다. 이처럼 우리들에게 깨달음을 주는 사상들은 모두 인류 문명이 이룬 보물이자 인류 사상의 성과이다.

발견하려는 마음을 가진 사람만이 기나긴 지혜의 강에서 자신을 발전시킬 물줄기를 찾을 수 있다.

에리우게나Johannes Scotus Eriugena

— 신앙은 이성을 따라야 한다

진정한 이성의 힘을 주창한 시대를 앞서간 용감한 명제.
중세시대의 진정한 철학자의 인간의 주체의지에 대한 확신.

카롤링거 르네상스Carolingian Renaissance는 8세기 전후로 유럽에서 발생한 문화운동으로 중세 역사에서 매우 중요한 위치를 차지한다. 공고한 봉건제도의 필요성과 서유럽 기독교문화를 통일하기 위해 일어난 이 운동은 '유럽의 첫 번째 각성'이라 불린다.

카롤링거 르네상스는 여러 가지 중요한 성과를 이루어냈다. 첫째, 기독교 교리와 종교활동에 대한 기본적인 규범이 만들어지기 시작했다. 샤를마뉴Charlemagne 대제 시기 《성경》의 라틴어 번역본이 통일되어 번역되었는데, 이는 나중에 완성판으로 여겨져 통용

되었다. 두 번째, 초보적인 교육시스템이 출현하기 시작했다. 전문적인 교육기구인 종교학교나 인류의 지식과 문헌을 수집하는 도서관이 생겨났다. 셋째, 카롤링 서체라는 소문자를 만들어냈다. 이로써 각 지역의 민족 언어가 규범화되는데 어느 정도 도움이 되었고, 오늘날 영어, 프랑스어, 독일어, 스페인어에서 이와 같은 흔적을 찾아볼 수 있다. 넷째, 군주가 학문을 장려하는 풍토가 생겨났다. 당시 성직자들은 샤를마뉴 대제의 지원과 격려 속에서 라틴문자를 배우고 종교서적과 고대문헌을 연구하였다. 즉 샤를마뉴 대제를 통해서 게르만문화와 고전문화 그리고 기독교문화가 처음으로 함께 융합될 수 있었다.

'카롤링거 르네상스' 시기에 어느 아일랜드인이 자신만의 독창적인 방법으로 중세철학의 새로운 발전의 길을 제시했다. 바로 '중세철학의 아버지'로 불리는 에리우게나Johannes Scotus Eriugena이다.(러셀은 요하네스 스코투스 에리우게나가 아닌 그냥 요하네스 스코투스Johannes Scotus라고 불러야 한다고 주장하지만 여기서는 일반적인 방식을 따라 에리우게나라고 부르겠다.)

에리우게나의 일생에 대한 자료는 많이 전해지지 않는다. 산별적인 자료들을 통해서 그가 800년경에 태어났으며, 이후 843년경에 샤를 2세(Charles II: 대머리왕 샤를이라고도 불리며 샤를마뉴 대제의 손자다. 그가 다스린 서프랑크 왕국은 현재 프랑스의 원형이 되었다.)의 초청을 받아 프랑스 파리에서 강의를 하였고 이후 궁정학교의 교장이 되었다는 사실 정도만 알 수 있을 뿐이다. 그는 샤를 2세의 강력한 지원 아래 중세시대에 처음으로 완전한 철학체계를 완성한 인물이다. 그가 쓴 《예정론De Praedestination》, 《자연 구분론De Divisione Naturae》과 같은 저서들은 당시에 상당한 파장을 일으켰다.

기독교철학 역사에서 에리우게나는 처음으로 "신앙은 이성을 따라야 한다."고 주장했던 인물이다. 당시 교부철학은 신앙이 이성보다 높기 때문에 이성은 반드시 신앙을 따라야 한다고 주장하고 있었다. 심지어 일부 교부철학자들은 "진정한 철학은 진정한 종교이고, 진정한 종교는 진정한 철학이다."라고까지 주장하며 신앙의 역할을 강조했다. 하지만 에리우게나의 경우 신앙을 부정하지는 않았지만 신앙이 이성보다 위에 있다는 생각에는 동의하지 않았다. 그는 "진실하고 완전한 지식에 이르기 위해선 그리스인들이 철학이라 불렀던 학문을 통해서 부지런히 만물의 최종 경로를 탐구해야만 한다."고 말했다. 이처럼 에리우게나는 비록 성경과 교부들의 권위를 부정하지는 않았지만 철학과 이성의 역할을 더욱 중요하게 생각했다. 신앙의 우세가 강요되던 시대에 그는 결연하게 만약 철학과 종교, 이성과 신앙 사이에 충돌이 빚어지면 이성을 따라야 한다고 주장했다. "권위는 진정한 이성에서부터 생겨나지만 반대로 진정한 이성은 권위에서부터 생겨나지 않는다. 이성으로 확실히 증명되지 않은 모든 권위는 상당히 약할 수밖에 없다. 하지만 진정한 이성은 자신의 힘에 기대기 때문에 어떠한 권위의 지지도 필요치 않다."

자연에 대한 관점에서도 에리우게나는 그 당시 사람들과 상반되는 견해를 내놓았다. 그는 "자연은 '모든 존재하는 것과 존재하지 않는 것을 가리키는 보편적인 명칭'이며, '영혼은 영혼의 힘이 미치는 모든 사물을 이해하거나 초월하는 것'"이라고 주장했다. 에리우게나는 우선 자연을 네 단계로 구분했다. 첫 번째는 창조되지 않고 창조하는 자연이다. 존재하는 것과 존재하지 않는 것의 근원으로 신을 말한다. 두 번째는 창조되었으면서도 창조할 수 있는 자연이다. 수많은 창조의 원인으로 신의 정신 안에 있는 모든 이념을 말한다. 세 번째는 창조되었으면서 창조할 수 없는 자연이다. 시간과 공간에서 생겨나고 인식되는 존재로 신의 이념을 통해 이루어진 세상의 모든 만물을 말한다. 네 번째는 창조하지도 않고 창조되지도 않는 자연이다. 모든 사물의 최종 목적지인 신을 말한다. 이렇듯 신에 의해서 창조된 만물은 또다시 신에게로 돌아간다. 신이 창조한 만물은 신의 일부일 뿐이며, 신은 모든 존재의 본질이다. 그렇기에 모든 자연은 신에 의해서 통일된다. 이러한 관점을 설명하기 위해서 에리우게나는 또다시 존재하는 것과 존재하지 않는 것을 다섯 가지 방식으로 나누어 설명하며 인간을 특수한 존재라고 말했다. 그는 심지어 천당과 지옥은 구체적인 장소가 아닌 그저 사람의 마음 상태를 말하는 것일 뿐이라고 주장했다.

이러한 에리우게나의 관점은 교회의 정통적인 입장과 상당히 대립되었고, 결국 교회가 그를 박해하는 직접적인 원인이 되었다. 교회는 종교회의를 통해 에리우게나를 비난하며 그를 처벌하기 위해 샤를 2세를 압박했지만 실현되지는 못했다. 하지만 이후 샤를 2세가 죽은 뒤 에리우게나의 삶이 어떻게 되었는지는 명확하지 않다.

박해 속에서도 에리우게나의 철학은 역사 속에서 사라지지 않고 지금까지 전해지며 후세인들에게 많은 영향을 주었다. 헤겔은 중세시대 진정한 철학은 에리우게나에서부터 시작되었다고 말했다. 또 엥겔스는 "그의 학술은 당시로써는 매우 대담한 시도였다. 그는 '영원한 저주'를 부정했을 뿐만 아니라 심지어 악마에 대해서도 같은 주장을 했다. 이는 범신론에 매우 근접한 것이었다."라고 말하며 그의 철학을 높이 평가했다. 당시 시대적 배경을 고려해 볼 때 에리우게나의 이와 같은 주장은 매우 대담하고 앞서간 시도였다. 그렇기에 "9세기에 가장 경탄을 자아내는 인물"이라는 러셀의 평가는 그의 사상에 대한 가장 합당한 평가라 할 수 있다.

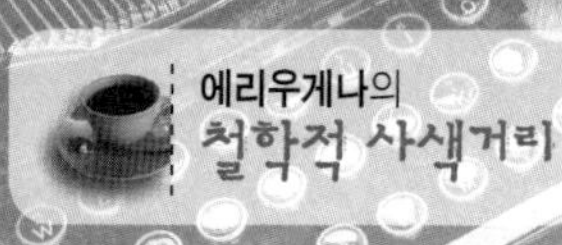

신앙과 이성의 균형 잡힌 조화는?

신앙과 이성은 원래부터 대립하는 관계는 아니었다. 하지만 중세라는 특수한 시대에 접어들면서 신앙과 이성 중 무엇을 우선시하느냐의 문제는 개인의 태도나 생각을 판단하는 기준이 되었고, 이로 인해서 핍박받거나 목숨을 빼앗기는 경우가 생겨났다.

중세시대에 이러한 문제가 생긴 원인은 단순히 신앙 때문만은 아니었다. 그보다는 자신의 신앙만을 유일한 기준으로 삼아 다른 사람을 판단했기 때문이었다. 그들은 서로 힘을 모아 보편적인 사랑 또는 자비라는 가면 아래서 자신과 다른 의견을 가진 사람들에게 참혹한 일들을 벌였다.

믿을 수 있는 권리를 박탈할 수 없는 것처럼 믿지 않는 권리 또한 존중받아야 한다. 신앙은 우리가 추구하는 모든 영역을 넘어서는 존재가 아니다. 종교가 숭상하는 신앙, 과학이 강조하는 이성, 철학이 중시하는 사변, 역사가 추구하는 진실은 사회적으로나 학술적으로 모두 동등하게 존중받아야 한다. 분야마다 중요시하는 관점이 다르므로 서로 다른 평가를 내리는 것은 매우 당연한 일이다.

그렇기에 겸손과 관용은 모든 학문이 존중받기 위해 필요한 자세이자 세상을 살아가는 사람들의 갖춰야 할 덕목인 것이다.

신이 없다고 느껴질 때

안셀무스Anselmus

— 믿기 때문에 이해하는 것이다

신의 존재를 증명한 스콜라철학자의 명제.

교회 교부 중 마지막 철학자가 주장한 신의 실재론.

영국 동남부에 위치한 캔터베리Canterbury는 '잉글랜드의 정원'이라 불리는 켄트 주County of Kent에 속한 오래된 도시로 4만 명 남짓의 사람들이 살고 있다. 597년 아우구스티누스는 교황의 명령으로 선교를 위해 로마에서 40명의 수도사를 이끌고 당시 앵글로색슨족이 세운 켄트 왕국의 수도였던 이곳으로 갔다. 왕국은 이교를 믿고 있었지만 프랑크 왕국의 공주였던 왕비는 기독교를 믿고 있었다. 이에 왕비의 도움 아래서 아우구스티누스는 안정적으로 그곳에 정착해 캔터베리의 첫 번째 대주교가 되었고, 잉글랜드의 모든 지역에 기독교를 전파시켰다. 이로써 캔터베리는 영국 기독교 신앙의 발상지로 여겨지게 된다. 이후 16세기 종교개혁의 물결이 온 유럽을 휩쓸기 시작했을 때 영국교회 역시 천주교를 비난하며, 교황청과 모든 관계를 단절했다. 이후 영국은 국교회인 성공회를 세우고, 캔터베리의 대주교가 영국 국교회의 첫 대주교가 되었다. 대주교는 영국 왕의 대관식을 주관할 뿐만 아니라 28곳의 관할 지역에 권력을 행사했다. 이렇게 캔터베리는 영국 종교의 수도가 되었고, 이후 1988년 유네스코에 의해 캔터베리 대성당과 지역에 있는 교회 건축물들은 〈세계유산목록〉에 등재되었다.

종교 성지인 캔터베리에는 역사상 위대한 위인들이 많이 거쳐 갔는데 안셀무스Anselmus도 그중 한 사람이다. 안셀무스는 중세시대 유럽에서 활동한 스콜라철학자이자 신학자로, 실재론을 주장한 사상가 중 한 명이다. 중세철학의 대단한 업적을 남긴 그는 당대 역사가들로부터 "교회 교부들 중 마지막 인물이자 스콜라철학의 첫 번째 인물", "스콜라철학의 아버지"로 불린다.

1033년 안셀무스는 이탈리아 북부에 위치한 피에몬테 지방의 아오스타Aosta에서 태어났다. 그는 이후 프랑스로 건너가 1060년에 베네딕트 수도원에서 공부한 뒤 다시 프랑스로 돌아가 노르망디에 위치한 베크 수도원에 들어간다. 당시 그곳에는 저명한 학자였던 랜프랭크Lanfranc가 수도원의 부원장 겸 학교 교장으로 있었다. 이후 1063년 랜프랭크가 수도원을 떠나게 되면서 안셀무스가 그의 자리를 물려받는다. 안셀무스가 학교를 관리하는 시기에 베크 수도원은 빠르게 유럽 신학연구의 중심으로 발전해갔다. 1078년 베크 수도원 원장으로 부임한 안셀무스는 신학을 가르치기 시작했고, 같은 해 영국으로 건너가 캔터베리 대주교로 부임해 있던 랜프랭크를 만났다. 그리고 1089년 랜프랭크가 세상을 떠나면서 그의 자리를 물려받아 캔터베리 대주교로 부임한 안셀무스는 1109년 4월 21일에 눈을 감는다. 이후 1494년 로마 교황청에 의해서 성인聖人으로, 1702년에는 교회 학자로 선포되었다.

위대한 교부철학자 안셀무스는 다음과 같은 여러 저서를 남겼다. 《모놀로기온Monologion》, 《프로슬로기온Proslogion》, 《문법에 대하여De grammatico》, 《진리론De veritate》, 《자유의지에 대하여De libertate arbitrii》, 《악마의 타락에 대하여De casa diaboli》, 《신은 왜 인간이 되었나Cur Deus homo》, 《동정녀 탄생과 원죄에 대하여De Conceptu Virginali et de Originali Peccato》, 《인류 구원에 대하여Meditatio Redemptionis Humanae》, 《신의 예지, 예견, 은총과 자유의지의 일치에 대하여De Concordia Praescientiae et Praedestinationis Gratiae Dei cum Libero Arbiiro》.

서양 중세철학사에서 존재론적 방법을 통해서 신을 증명한 안셀무스의 이론은 당시로서는 센세이션한 일대 사건이었다. 기독교철학자였던 그는 신앙의 숭고함을 통해 신의 존재를 증명하였으며, 이성은 신앙에 복종해야 한다고 강력히 주장했다. 그는 신의 지시나 계시가 없다면 우리는 신을 찾을 수 없으며, 또 신앙이 있어야만 신의 지시와 계시를 받을 수 있으므로 기독교 신자는 먼저 신앙을 가져야만 한다고 보았다. 그는 이러한 관점을 근거로 "나는 이해해서 믿는 것이 아니라 믿기 때문에 이해할 수 있는 것이다."라는 유명한 말을 남겼다. 신앙이 이성보다 앞서야지, 이성이 신앙보다 앞서서는 안 된다고 생각한 그는 올바른 신앙을 잘 이해하지 못한 사람일수록 신앙을 포기해서는 안 된다고 주장했다. 물론 안셀무스가 무작정 이성의 역할을 부정한 것은 아니다. 그는 "신앙을 가진 사람이 이성을 통해서 신앙을 이해하지 않는다면 매우 나태한 것."이라고 말한 바 있다.

이러한 원칙을 통해서 안셀무스는 자신이 믿는 신의 존재를 철학적으로 증명하려 하였다. 그는 《프로슬로기온Proslogion》에서 '존재론적 증명'을 제시했다. 우선 인간은 누구나 마음속에 완전무결한 존재에 대한 생각을 가지고 있다. 이러한 존재는 완전무결하기에 인간의 마음속에만 존재하는 것이 아니라 실제로도 존재할 수밖에 없다. 그리고 신은 완전무결한 존재이다. 그러므로 신은 반드시 현실에서도 존재할 수밖에 없다는 결론에 이르게 된다.

이러한 증명에 따르면 신의 존재는 필연적인 진리가 된다. 신의 존재를 부정하면 논리상 스스로 모순에 빠지게 되기 때문이다. 따라서 신의 존재를 증명하는 데 제한적인 경험은 필요하지 않는다.

오직 선험적인 논리의 힘만으로 신의 존재를 증명해낼 수 있다.

하지만 이러한 그의 논증은 동시대 인물인 가우닐로Gaunilo에게 비판받아야 했다. 가우닐로는 안셀무스가 증명한 가장 위대한 존재는 그저 '사라진 섬'에 불과하다고 말했다.(우리가 전설상 전해지는 가장 아름다운 섬을 생각한다고 해서 그 섬이 어딘가에 존재한다는 것을 증명하는 것은 아니다 – 역주) 그는 또 '신이 자신도 옮기지 못할 정도로 무거운 돌덩이를 창조할 수 있는가'라는 질문으로 안셀무스를 난처하게 만들었다.

이후 안셀무스의 논증을 긍정하고 수정한 철학자들로는 데카르트René Descartes, 라이프니츠Gottfried Wilhelm von Leibniz, 헤겔 등이 있다. 특히 헤겔의 경우 '스콜라철학을 발전시켰을 뿐만 아니라 신학과 철학을 결합시킨 인물'이라고 평가하였다. 반면 토마스 아퀴나스Thomas Aquinas, 로크John Locke, 칸트Immanuel Kant 등의 철학자들은 안셀무스의 논증을 반박했다. 특히 칸트의 철학에서 안셀무스의 논증은 매우 맹렬한 공격을 받아야 했다. 하지만 이 점은 여기서 다룰 부분은 아니므로 넘어가도록 하겠다.

신의 존재를 증명할 수 있을까?

신의 존재에 대해서 증명이 필요할까?

신을 믿는 사람의 경우 이 점은 문제가 되지 않는다. 독실한 신앙을 가진 사람에게 왜 믿어야 하는지, 믿음에 어떤 문제가 있는지는 관심의 대상이 아니기 때문이다. 그래서 독실한 기독교 신자에게 신의 존재를 증명하는 건 그리 중요한 문제가 아니다.

또 신을 믿지 않는 사람의 경우에도 이 문제는 별로 중요하지 않다. 믿지 않는 사람에게 신이 존재하든 아니든 무슨 상관이 있겠는가? 신이 존재해도 어차피 믿지 않으니 은총을 받을 일도 없고, 억울할 일도 없다.

그렇다면 신의 존재를 증명하려는 이유는 무엇일까? 바로 증명을 통해서 더 많은 사람들이 믿게 하고, 이미 믿는 사람들의 경우 믿음을 더욱 공고히 하기 위해서이다. 즉 이러한 증명은 스스로 믿음에 자신이 없다는 표현인 셈이다. 그래서 신도 옮기지 못하는 무거운 돌덩이와 같은 '치명적인 난제'를 만들어냈다. 그리고 '치명적인 난제'를 주장한 사람의 경우 같은 신도임에도 이단으로 취급받아 불이익을 받아야 했다.

그러니 다른 사람을 설득하기 위해서 머리를 싸매기보다는 자신을 발전시키기 위해서 노력하는 편이 낫다. 만약 진심으로 신의 존재를 느끼고 굳게 믿는다면 어떠한 설득에도 동요하지 않기 때문이다. 또 만약 진심으로 믿지 않는다면 그 어떠한 증명에도 입장이 변하지 않는다. 믿으면서 의심하는 이유는 신의 존재가 증명되지 않아서가 아니라 자신의 믿음이 확고하지 않아서이다. 즉 해답은 외부가 아닌 자신의 내면에 있다.

지식의 힘

로저 베이컨Roger Bacon

— 무지한 것보다 더 큰 위험은 없다

중세에 과학적 관점을 가졌던 경험적 과학사상가의 지식에 관한 유명한 명제.
구시대에 처음으로 새로운 시대의 과학을 연구했던 사상가의 일성.

영국 템스 강 골짜기에는 옥스퍼드라는 이름의 작은 도시가 있다. 이 도시가 세상에 알려지게 된 것은 이곳에 영어권 국가들 중 가장 오래된 대학에 속하는 옥스퍼드 대학Oxford University이 있기 때문이다. 도시 거리가 대학 캠퍼스를 가로지를 정도로 이곳은 도시가 곧 대학이고 대학이 곧 도시이다. 교문이나 담장, 심지어 현판도 없는 이 학교는 지금껏 29명의 영국 총리와 21명의 노벨상 수상자들을 배출하였다. 《시간의 역사A Brief History Of Time》의 작가 스티븐 호킹Stephen Hawking, 페르마의 마지막 정리Fermat's last theorem를 증명해 낸 수학자 앤드류 와일스Andrew Wiles 등도 모두 옥스퍼드 대학교 출신이다. 이처럼 인류 역사의 눈부신 흔적을 남긴 인물들을 배출한 옥스퍼드 대학교에는 다음과 같은 글귀가 새겨진 비석이 세워져 있다. "로저 베이컨, 위대한 철학자 ……실험적인 방법을 통해서 그는 ……과학의 영역을 넓혔다 ………. 평생 동안 꾸준히 연구에 매진한 그는 1294년에 잠들었다."

'베이컨' 하면 대부분의 사람들이 '아는 것이 힘이다.'라는 말을 남긴 '프랜시스 베이컨Francis Bacon'을 먼저 떠올리곤 한다. 하지만 그 이전에 먼저 굴곡진 삶 속에서도 뛰어난 업적을 남긴 철학자이자 과학자인 로저 베이컨Roger Bacon이 있다.

1214년경에 영국 서머싯 주 일체스터 근처 마을에서 태어난 베이컨은 성 프란체스코 수도원에 들어가 성직자가 된다. 그리고 1230년경에 옥스퍼드 대학에서 공부를 마친 그는 유럽 학술의 중심이었던 파리 대학에 들어갔다. 이후 1250년 35살에 영국으로 다시 돌아와 옥스퍼드 대학교에서 수학, 물리학, 외국어 등을 가르치기 시작한다. 학식이 깊었던 그는 여러 언어에 정통했으며, 수학, 역학, 광학, 천문학, 지리학, 화학, 음악, 의학, 어학, 논리학 등 다양한 분야를 연구했다. 이에 사람들은 그를 '경이로운 박사'라고 불렀다. 하지만 이러한 다재다능한 재능 때문에 그의 삶은 평탄하지 못했다. 그는 이단으로 몰려 프란체스코 수도회 총회장에 의해서 10년 동안 감옥에 갇힌다. 그곳에서 그는 책을 읽을 수도 없었고, 글을 쓸 수도 없었으며, 실험을 할 수도 없었다. 게다가 이후 풀려난 뒤에도 다시 교회에서 15년 동안 감금되어야 했다. 그가 이처럼 박해를 받은 이유는 그의 사상이 스콜라철학에서 가장 민감한 부분과 충돌했기 때문이다.

하지만 철학자로서 로저 베이컨은 매우 뛰어난 인물이었다. 그의 유물론 사상은 이후 서양철학 발전에 중요한 영향을 끼쳤다. 그는 인간의 지식을 방해하는 네 가지 원인이 있다고 주장했다. 첫째 잘못되고 가치 없는 권위에 대한 굴복, 둘째 관습의 영향, 셋째 널리 퍼져 있는 편견, 넷째 자신의 지식을 과시하며 무지를 감추는 행위이다. 그는 "이와 같은 치명적인 역병이 인류가 저지르는 모든 죄악의 근원이다."라고 주장했다. 그러므로 제대로 알기 위해선 "지식을 방해하는 네 가지 원인으로 인한 모든 죄악을 분명히 알고 배척해야 한다. 또 과학적으로 증명되지 않은 것들은 모두 멀리 해야 한다."고 말했다. 또 그는 "무지한 것보다 더 큰 위험은 없다.……. 가장 가치 있는 일은 연구를 통해서 우매하고 어두운 학문을 없애는 것이다."라고 주장했다. 그렇다면 '우매하고 어두운 학문을 없애는 일'은 어디서부터 시작해야 할까? 로저 베이컨은 인류 지식의 근원으로 권위, 이성, 경험 이 세 가지를 제시했다. 여기서 베이컨은 이성을 기초로 하지 않은 권위는 오해를 불러올 수 있으므로 '반드시 이성에 기초'해야 한다고 주장했다.

이처럼 로저 베이컨이 철학사에 남긴 업적은 주로 경험을 중시하는 그의 입장에서 나타난다. 그는 “지식을 구하는 데는 추론과 경험 두 가지 방법이 있다.”고 말했다. 또 경험은 외부 경험과 내부 경험으로 나누어지고, 내부 경험은 다시 일곱 단계로 나누어진다고 했는데 여기에 대해서 체계적인 관점을 가지고 있지는 않았다. 하지만 그 당시의 상황에서 본다면 이러한 주장만으로도 대단한 성과라 할 수 있다.

무엇보다 로저 베이컨은 철학자로서의 성과보다 당대에 주목받지 못했던 위대한 과학자라는 사실이 더 중요하다. 그는 구시대에 과학적 관점을 가졌던 마지막 학자이자 새로운 시대에 처음으로 과학을 기반으로 연구했던 사상가였다. 그의 대표 저서인 《대저작Opus Majus》은 당시에는 비교할 만한 작품이 없을 정도로 완벽한 구성과 참신한 소재를 갖추고 있었으며, 백과사전적인 지식을 다룬 책이었다. 이와 같은 그의 업적 중 가장 중요한 것은 바로 실험을 중시했다는 점이다. 그는 “현상의 배후에 있는 진리를 얻고자 한다면 반드시 실험을 통해서 증명해야 한다.”고 주장했다. 근대 실험과학의 선구자였던 그는 이처럼 과학실험활동을 매우 중요하게 생각했다. 그는 실험을 통해서 무지개는 신이 만들어내는 것이 아니라 태양광이 구름 속의 물방울에 비춰져서 생기는 자연현상이라는 점을 증명해 냈다. 또 물체를 확대해 볼 수 있는 볼록렌즈를 발명했으며, 이를 통해서 망원경을 만들어낼 수 있다고 건의하기도 했다. 베이컨은 이와 같은 연구를 통해서 그 당시에 이미 미래에 배, 자동차, 잠수함, 비행기 같은 동력으로 움직이는 물건을 만들 수 있을 것이라고 예견했다.

영국 과학사가인 댐피어William Cecil Dampier은 베이컨에 대해서 다음과 같이 말했다. "베이컨은 과학자였으며, 또 과학정신을 지닌 철학자였다. 그는 너무 일찍 태어나는 바람에 항상 자신의 좁은 시야와 싸워야 했다.", "그는 최선을 다해 노력했지만 결국 중세의 심리적 관습에서 벗어나지 못했다." 그는 연금술사들처럼 모든 금속을 금으로 변화시킬 수 있는 '현자의 돌'을 찾으려 열중하는 등 허무맹랑한 연구를 하기도 했다. 지금 보면 이런 연구들은 정말 쓸모없는 것이지만, 그 과정에서 또 예기치 못한 여러 과학적 발견을 한 것도 사실이다.

베이컨의
철학적 사색거리

진정한 앎의 자세는 어떠해야 할까?

모르는 것을 만났을 때 어떤 태도를 취해야 할까? 사실 이는 문제라고 할 것도 없다. "아는 것을 안다고 하고, 모르는 것을 모른다고 하는 것이 아는 것이다."라는 공자의 말처럼 모르는 것을 곧바로 인정하고 알기 위해 노력해야만 지식을 넓힐 수 있기 때문이다.

하지만 그럼에도 이것이 문제가 되는 까닭은 모두 이 사실을 알면서도 그렇게 행동하지 않기 때문이다. '무식하면 용감하다.'는 말처럼 일부 사람들은 모른다는 사실은 인정하지 않은 채 모든 일을 자신의 방식대로만 해결하려고 고집을 부린다. 그 결과 무식함이 과학을 대신하고, 독단이 연구를 말살하며, 새로운 지식의 싹은 어두운 그늘 밑에 가려져 시들어버린다.

하지만 그럼에도 오늘날 다양한 분야에서 발전을 이룩할 수 있었던 것은 인류 사회의 전체적인 발전과정이 이러한 것들에 영향을 받지 않았기 때문이다.

신을 느끼는 밤

토마스 아퀴나스Thomas Aquinas

— 철학은 신학의 시녀이다

중세를 대표하는 스콜라철학의 결정적 명제!
신의 존재를 증명하는 '신의 다섯 가지 길'을 제시한 대철학자의 선언.

신의 존재를 증명하기 위한 토마스 아퀴나스의 집요한 연구 자세는 현대인들로서는 상상도 하지 못할 방대한 결과물을 내놓았다. 중세 교부철학을 집대성하는 《신학대전》은 요즘으로 치면 브리태니커 사전 한 질이 책 한 권에 다 들어가 있는 정도의 방대한 분량의 서적이다. 아퀴나스는 스스로 이 책이 입문자용이라고 했다는 데 황당할 정도로 방대한 분량과 철학적 사유 때문에 아무리 봐도 독자들에 대한 조롱으로 느껴진다. 오죽하면 라틴어로 된 원전 전체를 통독하는 전공자는 거의 없다고 하니 달리 무슨 말이 필요하겠는가. 수백 페이지의 책이 무려 100권이나 되는 분량이 《신학대전》이므로, 교양 삼아 읽으려면 정리서를 읽는 편이 낫다. 독서광이자 박사 학위를 토마스 아퀴나스 연구로 받았고, 라틴어를 자유자재로 읽는 움베르토 에코도 그의 칼럼에서 "이런 책을 처음부터 끝까지 다 읽는 사람은 전문 연구자나 요약본을 만드는 사람들 뿐이다."라고 말했을 정도. 다만 다른 칼럼에서 "토마스 아퀴나스의 책들을 읽으려면 몇 달은 필요하다."라고 언급한 걸 보면 다 읽긴 읽은 듯하다.

또한 토마스 아퀴나스는 시도 때도 없이 여행을 다닌 것으로도 유명하다. 그런데 이 책의 분량이 상식적으로 여행을 다니면서 한가롭게 쓸 수 있는 분량이 절대로 아니라는 데 또하나의 신비로움이 도사린다. 그래서 우스개소리로 현대의 전공자들은 그가 여행 중 비서에게 빠르게 구술하는 형식으로 작업을 했을 지도 모른다는 다소 황당한 가설을 통해 이 말도 안 되는 작업량을 설명하려 한다. 《신학대전》은 아퀴나스 혼자 모든 것을 집필했던 것이 아니고 그의 작업을 도와주는 이들이 많이 있었다.

토마스 아퀴나스의 놀라운 신학체계는 앞서 언급한 고대철학에 대한 실로 대단히 방대한 양과 분야에 대한 관심과 세계 여러 나라를 여행하면서 경험한 폭넓은 현지 지식이 커다란 자양분이 되었음에 틀림이 없다. 그렇지 않았으면 어떻게 아리스토텔레스에서부터 이교도들의 종교원리에 이르기까지, 또 고대 자연과학과 물리학의 이론을 신학체계 형성에 적용시키는 놀라운 응용력에 혀를 내두를 수밖에 없으니 말이다.

약 1225년경에 토마스 아퀴나스Thomas Aquinas는 이탈리아 아퀴노의 로카세카Roccasecca에서 백작의 아들로 태어났다. 다섯 살 때 몬테카시노Monte Cassino 수도원에 들어가 교육을 받은 그는 14살 때 나폴리 대학에 입학해 그곳에서 도미니크회에 들어간다. 이후 그는 1241년 파리 대학에서 알베르투스 마그누스(Albertus Magnus, 약 1220~1280년)의 제자가 되어 아리스토텔레스의 사상을 배우며 철학을 깊이 공부하게 된다. 그리고 얼마 뒤 스승인 마그누스를 따라 쾰른으로 가서 공부한 후 1252년 스승의 추천에 의해서 파리 대학 교수가 되지만 얼마 되지 않아 자리에서 물러난다. 1259년 그는 로마 교황청에서 일하면서 아리스토탈레스의 저서를 연구하는 데 열중한다. 이후 1269년 파리 대학에 다시 돌아온 그는 보수파와 급진파 양쪽 학파 사람들과 격렬한 논쟁을 벌이며 자신의 학술체계와 지위를 정립하는 데 상당한 성과를 거둔다. 교회가 최전성기를 누리던 중세에 기독교철학을 집대성했던 토마스 아퀴나스는 생전에 많은 저서를 남겼다. 아리스토텔레스 주요 작품에 대한 주해서를 제외한 그의 대표적인 저서로는 《이교도 대전Summa contra gentiles》, 《신학대전Summa theologiae》 등이 있다.

토마스 아퀴나스는 당시 기독교철학의 기초로 여겨졌던 아우구스티누스의 신플라톤주의를 대신해 아리스토텔레스의 철학을 받아들여, 철학과 신학의 결합을 통해 절대적인 신의 존재를 증명해야 한다고 주장했다. 그 당시에 기독교 교회의 정통 신학자들은 플라톤의 인식론에 기초해 신학을 설명했다. 하지만 갈수록 유명론(신이 실제로 존재한다고 믿는 것에 대해 회의와 비판을 하는 신앙주의. 교회의 정통적 입장에 반대해 회의와 비판을 통해 신을 논증하려는 입장)이 발전해가는 상황에서 이러한 철학체계는 시대의 요구에 부합하지 못하고 있었다. 토마스 아퀴나스의 주장은 바로 이러한 배경에서 나온 것이다.

토마스 아퀴나스는 먼저 철학과 신학의 관계를 논증했다. 이전 아우구스티누스주의의 경우 철학과 신학을 동일하게 취급한 반면 급진파에 속하던 라틴 아베로에스주의Latin Averroists의 경우 철학과 신학은 서로 관련성이 없는 두 개의 영역이라고 주장했다. 이에 토마스 아퀴나스는 인간의 이성을 통한 철학적 사유는 신에게 도달할 수 없지만, 신학은 신으로부터 시작해 최종적으로 인간에게 도달할 수 있다고 보았다. 그러면서 한 걸음 더 나아가 그는 신학은 신의 '은총의 빛'을 받은 학문이므로 철학이나 과학보다 우위에 있다고 주장하며 다음과 같이 말했다. "신학은 철학에 근거해 발전시킬 수 있지만 철학은 스스로 자신의 이치를 더욱 분명하게 할 뿐이다. 신학은 다른 과학 분야가 아닌 신의 계시를 통해서 이루어진다. 그러므로 다른 과학 분야가 신학보다 우위에 있을 수는 없으며, 철학은 신학의 시녀일 뿐이다."

이러한 '주종관계'를 설명하기 위해서 토마스 아퀴나스는 아리스토텔레스의 철학을 바탕으로 다섯 가지 방식을 통해 신의 존재를 증명했다. '제1 원동자의 증명', '제1 원인의 증명', '필연적인 존재의 증명', '존재의 단계에 의한 증명', '목적에 의한 증명'이 그것이다. 그리고 이 다섯 가지 방식은 이후에 간단하게 '신의 다섯 가지 길'로 불리게 되었다.

그는 아리스토텔레스의 철학이론을 통해서 기독교의 신앙을 더욱 깊고 구체적으로 논증함으로써 완전히 새로운 이론체계를 만들어냈다. 이러한 그의 사상은 기독교가 발전하는 데 매우 중요한 역할을 하였다. 아퀴나스의 위대한 신학체계는 급기야 1879년 교황 레오 13세가 회칙을 공포하며 토마스주의를 신학과 철학연구의 바탕으로 삼을 것을 권고했다. 이처럼 서양철학계에서 일어난 신토마스주의운동은 서양문화에서 주목할 만한 현상이다. 하지만 모두가 토마스 아퀴나스를 긍정적으로 평가하는 것은 아니다. 그를 비판적으로 평가하는 인물 중 가장 대표적인 사람이 러셀이다. 러셀은 아퀴나스에 대해 신랄한 평가를 서슴지 않는다. "아퀴나스에게는 진정한 철학정신이 없다. 그는 플라톤의 글 속에서의 소크라테스처럼 꾸준히 논증하려는 태도를 보이지 않는다. 그는 미리 결론을 알 수 없는 문제에 대해선 절대 언급하지 않았고, 철학적 사고를 하기 이전에 미리 진리를 알고 있었다. 그리고 이 진리는 천주교 신앙 안에서 공표된 진리였다. 만약 그가 이러한 신앙의 어떠한 부분을 증명하기 위해서 합리적인 논증을 찾을 수 있었다면 더 좋았을 것이다. 그리고 만약 찾을 수 없다면 그는 그저 계시에 기대는 수밖에 없다. 미리 결론을 내린 뒤 찾은 논증은 철학이 아니라 그저 변론에 지나지 않는다. 그래서 나는 아퀴나스가 고대나 근대의 최고의 철학자들과 동등하게 논의될 만한 인물이라고 생각하지 않는다."

개인적인 입장이 들어간 주관적인 평가이지만 그럼에도 토마스 아퀴나스의 철학에 관한 평가에서는 어느 정도 객관성을 볼 수 있다. 이처럼 러셀이 아퀴나스를 신학이 아닌 철학적 관점을 통해서만 평가한 점은 상당히 주목할 만하다.

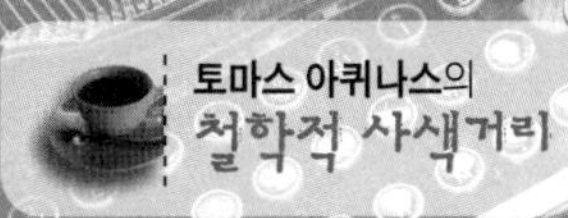

신의 존재에 대한 근본적 물음은 어떻게 해야 할까?

신이 존재할까? 이 질문이 가진 의미는 사실 매우 제한적이다. 독실한 신자에게나 철저한 무신론자에게나 이 질문은 별다른 의미가 없기 때문이다. 독실한 신자는 믿는 것으로 만족해 한다. 또 무신론자는 굳이 신의 존재를 증명할 필요가 없다고 생각한다. 그래서 항상 한 쪽이 다른 쪽을 설득하려 하거나 또는 양측이 '중간 입장'에 있는 사람을 설득하려 할 경우 격렬한 논쟁이 벌어지곤 한다. 그리고 참혹했던 시대에는 안타깝게도 이 때문에 피를 흘리거나 목숨을 잃어야 했다.

그래서 이 질문의 해답을 생각하기에 앞서 먼저 자신이 어떠한 입장에 있는지 확실히 아는 것이 중요하다. 우리는 어느 입장에 있을까?

이처럼 신의 문제에 대해서는 과학보다는 개인의 입장에서 해답을 찾아야 한다.

내 안을 들여다볼 때

에크하르트 Meister Eckhart

— 신과 신의 신성은 하늘과 땅만큼 다르다

신과 영혼에 대한 관점을 극명하게 증명한 명제.
독일철학의 사변정신에 깊은 영향을 준 신비주의철학자의 한마디.

서양에서 '신비주의mysticism'라는 말은 '눈을 감다'는 의미인 그리스어 'myein'에서 유래했다. 눈을 감는다는 것은 감각기관을 통해서 진리나 지혜를 깨닫는 걸 포기한다는 의미다. 하지만 그렇다고 회의주의처럼 진리를 쫓는 일 자체를 그만둔다는 것은 아니다. 육체의 눈을 감음으로써 영혼의 눈을 통해서 진리를 탐구하겠다는 의미이다. 즉 시끄러운 현실 세상에 방해를 받지 않는 영혼의 눈으로 내면을 조용히 들여다봄으로써 진리와 지혜를 얻겠다는 것이다.

사전적으로 신비주의는 "외부세계에서 내면으로 되돌아가 조용

히 관조하거나 깊이 생각함으로써 신 또는 어떠한 숭고한 원칙을 체험하는 것"을 말한다. 이러한 신비주의는 세계 각지의 대표적인 종교와 철학 속에 항상 존재해 왔다. 서양에서 신비주의 사상은 매우 긴 역사를 가지고 있지만 철학적인 측면에서만 보자면 기원전 1세기 고대 알렉산드리아의 유대인 철학자 필론Philo의 이론에서 처음 나왔다. 이후 3세기 철학자 플로티노스Plotinos가 신플라톤주의 철학을 기반으로 신비주의를 한층 더 체계화하였다. 이러한 플로티노스를 대표로 하는 신플라톤주의는 이후 기독교철학 이론의 기초가 되었고, 신비주의는 기독교 내부에서 스콜라철학과 함께 서로 대립하고 보완하는 중요한 철학 사상으로 자리를 잡게 되었다.

13~14세기 독일어권에서 '독일 신비주의'라 불리는 사상이 출현하기 시작했는데, 이를 대표하는 인물이 '독일철학의 아버지'라 불리는 에크하르트Meister Eckhart이다.

에크하르트는 1260년 독일 튀링겐에서 기사의 아들로 태어났다. 청년 시절에 도미니크 수도회에 들어가 작센Sachsen 등의 지역에서 관구장을 역임한 그는 이후 파리 대학과 쾰른 대학에서 신학을 가르쳤다. 하지만 그의 신비주의 사상이 이단으로 치부되면서 말년에는 교회로부터 박해를 받았다. 주요 저서로는 《독일어 설교Deutsche Predigten und Traktate》가 있는데, 이를 통해서 우리는 그의 '신'과 '영혼'에 대한 생각들을 알 수 있다.

'신'에 대해서 에크하르트는 분명 기독교 신학의 정통적인 입장과는 다른 모습을 보인다. 그는 우선 '신'과 '신성'의 차이를 엄격하게 구분하며 "신과 신의 신성은 하늘과 땅만큼이나 다르다."고 강조했다. 그가 생각한 '신성'은 모든 걸 초월한 절대적인 존재를 가리킨다. 절대적인 존재는 어떠한 관계에도 의지하지 않으며 심지어 자신과의 관계에도 관여치 않는다. 이로써 신성은 알 수도 설명할 수도 없다. 그래서 신성을 말하는 가장 적합한 방법은 바로 침묵이다. 유일하게 신성을 말할 수 있는 가능성은 신성이 가진 창조되고 제약받은 존재의 어떠한 속성을 부인하는 데 있다. 단지 부인함으로써 신성을 표현할 수 있다. 신성이 갖고 있는 어떠한 속성을 부인하고, 신성이 할 수 있는 조물주에 속하는 어떠한 '개념'을 부인하는 것이다. 이렇게 표현할 수 없는 은밀한 신성과 기독교의 전통 신학인 삼위일체의 신은 어떠한 관계로 이루어진 것일까? 에크하르트는 신성은 반드시 자신으로부터 나오며, 삼위일체의 신 역시 자신으로부터 나오게 할 수 있으므로 모두 자신에게서 비롯된다고 보았다. 이러한 신성이 일단 어떠한 관계로 인해 신이 되면 '스스로에게 머무는 것이 아니라 피조물의 안에 머무르게 된다.' 그러므로 신은 모든 것 안에 있으며, 모든 것은 신 안에 있는 셈이다. 즉, 모든 것은 신으로부터 생겨나 신에게로 돌아가며, 신은 어디에나 있고 또 어디에도 없다. 이러한 논리로 에크하르트는 최종적으로 신과 세계는 영원하다는 결론에 이르렀다.

'영혼'에 대해서 에크하르트는 인간은 우주에서 매우 고귀한 지위를 차지하고 있다는 점을 강조했다. 그는 인간은 신의 형상을 빌려 만들어진 영혼을 몸 안에 지니고 있기 때문에 고귀한 지위에 있다고 보았다. 이에 신이 삼위일체인 것처럼 인간의 영혼 또한 기억, 이성, 의지 이 세 가지 기능으로 이루어져 있다고 주장했다. 에크하르트는 또 인간의 영혼에는 여러 단계가 존재한다고 보았다. 그리고 이러한 단계 중 가장 깊은 단계에 이르면 신과 직접적으로 만날 수가 있는데 이것이 바로 '영혼의 불꽃'이다. 이 단계에 이르면 인간은 어떤 방식으로든 신의 본성과 만날 수 있다.

에크하르트는 영혼이 자신의 원형으로 돌아가 신에게로 이르러 신과 합일을 이루는 것을 가장 높은 경지로 보았다. 그는 이렇게 합일을 이루기 위해선 우선 창조된 모든 것들에게서 벗어나 자신에게로 돌아가야 한다고 주장했다. 정신을 집중해 자신의 내면 가장 깊은 곳에서 자신의 원형을 찾기 위한 노력을 해야 한다. 에크하르트는 이러한 과정을 '은둔'이라고 불렀다. 은둔은 세상과 단절한 은둔이 아니라 세상의 번잡한 모습들에 영혼이 유혹되지 않도록 하기 위한 영혼의 은둔이다. 이를 통해 영혼은 최종적으로 에크하르트가 말하는 '진정으로 소멸'하는 상태에 이르게 되는데 그는 이를 영혼의 사망이라고도 표현했다. 신의 본질로 돌아가 신과 인간의 영혼이 서로 합일되는 경지에 이르는 것이다. 이 경지에 이르면 신과 인간의 영혼은 이미 어떠한 구별도 없게 되고 최종적으로 신과 완전한 합일을 이루게 된다.

이처럼 세상도 잊어버린 채 자신의 내면으로 깊이 들어가면 신과 만나게 된다는 에크하르트의 주장은 당시 정통적인 교회의 관점과 대립하는 것이었다. 이에 그는 결국 이단이란 낙인이 찍히게 된다.

신과 영혼에 대한 에크하르트의 관점은 후세 독일철학에 상당한 영향을 주었다. 영혼과 신의 결합을 개인이 내면의 깊은 탐색을 통해 이루어야 할 최고의 경지라고 본 그의 관점은 이후 종교개혁에 이론적인 기초를 제공했다. 또 그의 신비주의 사상은 근현대 신비주의 사상의 흐름에 상당한 영향을 끼쳤다. 이에 셸링Friedrich Wilhelm Joseph von Schelling, 헤겔, 하이데거 등 철학자들이 그의 사상을 매우 높이 평가했다.

에크하르트의
철학적 사색거리

내 안의 신성을 발견하고 싶다면?

방관자인 우리는 신에 대해서 그저 막연하고 모호하게 알고 있을 뿐이다. 우리는 성경 속 이야기에 감동하거나 기독교에 대해 평가할 수 있다. 하지만 이러한 감동과 평가는 주로 자신의 관점에서 나오는 것이며, 깨달음 역시 자신을 통해 이루어지는 것이다. 그렇기에 같은 상황 속에서도 기독교 신도와 무신론자의 생각은 완전히 다를 수 있다.

만약 무신론자가 신도들이 무릎을 꿇고 열렬히 기도하는 모습을 본다면 '할 필요도 없지만, 하고 싶지도 않다'고 생각할 것이다. 그런데 옆에서 그 모습을 바라보고 있던 어느 한 신도가 다가와 왜 같이 하지 않느냐고 따진다면 두 사람 사이에는 충돌이 일어나게 된다.

이런 의미에서 보자면 신과 신성을 구별할 때 우리가 중요하게 생각해야 할 점은 신과 신성의 구별 자체가 아니라 이 문제를 어떤 방향으로 생각하고 해결할 지에 있다. 그리고 이 점은 서양철학의 지혜일 뿐만 아니라 보편타당성을 가진 인류의 지혜라 할 수 있다.

둔스 스코투스Duns Scotus

— 가장 완벽한 지식은 개별적인 지식이다

이성이 신앙에 위험이 된다는 중세철학의 대표적인 명제.
지식의 범위를 제한해 신앙의 기반을 보호하려 한 유명론자의 일성.

프랑스의 역사학자들은 둔스 스코투스를 일컬어 "13세기의 귀재, 중세 사상을 종합하고 새로운 철학을 가능케 했던 토마스 아퀴나스에 필적할 만한 중세 교부철학의 완성자. 영국 경험론, 독일 관념론 뿐만 아니라 후대의 모든 사상에 직간접적으로 영향을 미친 인물"로 평가하고 있다.

1993년 3월 20일 교황 요한 바오로 2세에 의해 복자품에 오른 둔스 스코투스(1265/1266~1308)는 토마스 아퀴나스와 더불어 중세 스콜라철학을 대표하는 신학자이자 철학자로 꼽힌다. 「정교한 박사」

Doctor subtilis라는 호칭을 지닌 그는 성모 무염시태 교리를 고전적으로 옹호한 선구자로서 지식보다 사랑의 우위성을 강조하고 천국의 본질은 하느님에 대한 환상이 아니라 사랑에 있다고 주장했다.

그의 생애는 명확하게 밝혀진 것이 없다. 19세기 프랑스 역사가이자 철학자인 에르네스크 르낭은 중세 위대한 사상가 중 둔스 스코투스 만큼 생애가 잘 알려지지 않은 경우도 드물다고 했을 정도였다. 그러나 최근 들어 특히 50년 사이에 그에 관한 꾸준한 연구가 이어지면서 많은 사실들이 발견되었는데, 14세기 초 필사본에는 둔스 스코투스가 작은형제회 소속으로 던스 출신의 스코틀랜드 사람이었고 캠브리지, 옥스퍼드, 파리에서 활약하다 쾰른에서 사망한 사실이 발견됐다.

스코투스는 13세기 전반 아우구스티노주의와 아리스토텔레스주의 간 논쟁의 연속 상황에서 이 두 사상체계의 종합을 극적으로 실현해냈다.

그런 만큼 당대의 사상가로서 매우 특별한 인물이었을 뿐만 아니라 토마스 아퀴나스와 비견될 만큼 뛰어난 종합력을 소유한 사상가로 소개되고 있다. 그는 프란치스칸주의와 토마스주의 뿐만 아니라 아우구스티노와 아리스토텔레스, 플라톤에 이르기까지 당대의 모든 사상적 흐름들을 하나로 묶어 이해하고 새로운 종합으로 이끌어낸 사상가로 평가받고 있다.

'영국 스코틀랜드의 스콜라철학자'이자 '예리한 박사Doctor subtilis'라 불린 둔스 스코투스Johannes Duns Scotus는 중세철학을 종합적으로 집대성한 인물로 늘 언급되는 성직자이다. 그는 중세 기독교의 스콜라철학자이자 신학자, 유명론자로 스콜라철학 내부에서 스콜라철학에 대해 예리한 공격을 한 인물이다.

1270년경에 스코틀랜드Scotland 남동부에 위치한 작은 마을에서 태어난 둔스 스코투스는 1279년 잉글랜드 남부의 덤프리스Dumfries에 있는 프란체스코 수도회에 들어갔다. 1288년에 옥스퍼드에서 학업을 시작한 그는 1291년에 사제가 되고, 1293년에는 파리 대학에서 공부한다. 그리고 1297년부터 케임브리지, 옥스퍼드, 파리, 쾰른 대학에서 연달아 강의를 했다. 그러던 중 1303년 프랑스 국왕 필리프 4세Philippe IV가 영국과 전쟁을 계속하기 위해 성직자들로부터 세금을 거두어들이기 시작하면서 교황 보니파키우스 8세Bonifacius VIII와 충돌하게 된다. 이때 교황을 지지했다는 이유로 둔스 스코투스는 프랑스에서 쫓겨난다. 하지만 이후 교황 보니파키우스 8세가 죽은 뒤 다시 파리로 돌아와 강의를 하며 박사학위를 취득한다. 그는 박식한 지식과 예리한 생각, 그리고 섬세한 논증을 통해서 '예리한 박사Doctor subtilis'라는 칭호를 받는다. 이후 1305년부터는 저술에 열중하다가 1307년에 독일 쾰른에서 강의를 시작했고, 다음 해인 1308년에 이른 나이에 사망한다.

스코투스의 이론 중 가장 중요한 부분은 바로 철학과 신학의 관계에 대한 부분이다. 그는 이성을 통해서는 그저 신이 모든 원인의 원인이자 모든 본질의 본질이라는 점, 그리고 영원한 존재라는 점만 알 수 있을 뿐이라고 생각했다. 그러면서 신이 창조한 세계와 삼위일체와 같은 신성한 것들은 성경과 교회의 권위인 신앙을 통해서만 알 수 있다고 주장했다. 그러면서 그는 만약 우리가 이성적 사고를 통해서 신을 알고자 한다면 해결할 수 없는 모순에 빠지게 된다고 말했다. 이런 이유로 스코투스는 이론적인 증명을 통해 신의 존재를 증명하는 것을 반대했다. 철학에서 진실이 될 수 있는 것들이 신학에서는 거짓이 될 수 있기 때문이다. 이는 반대의 경우에도 마찬가지이다. 하지만 그렇다고 철학과 신학이 대립한다고는 보지 않았다.

그는 신학은 과학처럼 사고가 아니라 실천을 통해 이루어지는 학문이며, 사람들의 영혼을 구원하는 것이 신학의 목표라고 생각했다. 또 비록 지식을 통해서는 신을 알지 못하더라도 신을 믿고 사랑할 수 있으므로, 신앙과 사랑이 지식보다 높다고 주장했다. 이처럼 독실한 기독교 신자였던 스코투스는 이성이 신앙에 위험이 된다고 생각했다. 이에 이성으로 신앙을 증명하는 것을 포기함으로써 지식의 범위를 제한해 신앙의 기반을 보호하려 하였다. 하지만 이러한 시도는 오히려 철학이 신학의 속박에서 벗어나 자유롭게 논의될 수 있는 조건을 마련해 주었다.

스코투스는 영혼을 인식하는 데 있어 이성의 역할을 부정하며 의지를 통해서만 영혼의 본질을 볼 수 있다고 주장했다. 물론 그도 토마스 아퀴나스와 마찬가지로 의지에 맹목성이 있다고 보았다. 그리고 이성이 미리 목표를 제시해야만 비로소 의지가 움직인다는 점을 인정했다. 그는 최초의 인식은 영혼과 외부 사물의 공통된 작용을 통해서 이루어지는 것이므로 혼란스럽고 부정확하다고 생각했고, 그래서 의지를 통해 분명하게 해야 한다고 주장했다. 이처럼 최종적으로 결정하는 권한을 가진 의지는 자유로워야 하며 모든 행동의 유일한 원인이 된다. 또 인식은 그저 의욕의 원인이자 의욕의 하인일 뿐이다.

이러한 관점을 통해 스코투스는 신은 가장 높은 본질이고 질료(물질)는 가장 낮은 본질이라며 다음과 같이 주장했다. “신을 제외하고 정신을 포함한 모든 창조된 실체들은 형식과 질료의 결합이다. 그러므로 영혼은 어떠한 순수한 형식이 아니며, 영혼에는 기본을 이루는 물질이 포함되어 있다.” 이러한 관점에서 더 나아가 그는 ‘만일 신이 전지전능하다면 물질에 생각하는 능력을 부여할 수 있었을지’에 대해 의문을 제시했다. 하지만 신학의 울타리를 벗어나지 못한 그는 ‘이러한 기적을 실현하기 위해서 신의 전지전능함에 기댔고 억지로 신학 안에서 유물론을 주장하려 했다.’

반면 유명론자(신이 실제로 존재한다고 믿는 것에 대해 회의와 비판을 하는 신앙주의자. 교회의 정통적 입장에 반대하는 입장을 취하고 회의와 비판을 통해 신을 논증하려고 하는 자)이기도 했던 스코투스는 개별성이 더욱 중요하다고 주장했다. 그는 객체는 완전한 존재이며, 자연의 목적이자 직접적이고 독립적인 실재라고 생각했다. 이에 지식은 개별적인 지각을 통해서 이루어지고 보편적인 개념은 능동지성에 의한 추상적인 활동을 통해서 이루어지므로, 일반적인 지식이 아니라 개별적인 지식이 완전한 지식이라고 보았다. 스코투스는 또한 보편의 존재를 인정했다. 그는 보편적인 존재의 기초는 유사한 대상의 추상을 통해 이루어지는 공통적인 본질인 정신에 있다고 보았다. 그리고 이러한 공통 본질은 반드시 개체를 통해서 얻어지며 그렇지 않으면 우리는 감각과 추상을 통해서 그것들을 얻을 수 없다고 생각했다.

또 스코투스는 기독교 교의를 발전시키는 데에도 많은 공헌을 하였다. 그는 성육신이 인류의 죄악을 대신 짊어진 것과 상관없이 성모 마리아의 잉태는 원죄 없이 이루어진 것이란 학설을 주장했다. 이후 프란체스코회의 주도하에 '스코투스주의'라 불리며 '토마스주의'와 대립해 왔던 이 학설은 1854년 공식적으로 천주교의 교의로 규정되었다.

지식은 개인의 운명을 바꿀 수도 있는가?

'지식이 운명을 바꿀 수 있다'는 광고 문구가 있다.

그 말마따나 독립적인 생명을 지닌 객체는 지식을 이해하고 습득하는 정도에 따라서 운명을 바꿀 수도 있다.

같은 조건에서 공부하던 두 사람 중에 한 사람은 매일 농사일을 하면서 살아가고 또 다른 사람은 매일 책에 파묻혀 지식인으로 살아갔다면, 세월이 흐른 뒤 두 사람은 완전히 다른 모습으로 살고 있을 것이다. 물론 두 사람 모두 자신이 선택한 삶을 사는 것이니 우리가 함부로 평가할 수는 없다. 하지만 이를 통해서 지식에 대해 곰곰이 고민해 볼 필요는 있다.

어쩌면 '지식인'은 농부보다 행복하지 못할 수 있지만 세상의 이치에 대해서는 분명 더욱 깊게 알고 있을 것이다. 그리고 이러한 지식들이 모여 인류 문명은 발달해 왔다. 이처럼 개인의 지식 탐구는 인류사적으로 보자면 문명지식의 발전과 관련이 깊다고 할 수 있다

그러므로 지식은 개별적이면서도 공통적이다. 개별적인 형식을 통해 개인의 운명을 바꾸기도 하고, 보편적인 발전을 통해 인류 문명의 번영을 이끌기도 한다. 지식의 진정한 아름다움은 바로 이와 같은 모습에 있다. 지식은 개인의 운명을 바꾸는 동시에 스스로를 더욱 완벽하게 변화시키며, 이러한 과정은 절대 멈추지 않는다.

그러니 우리도 스스로를 변화시키기 위해서 이 과정 속에 뛰어 들어가 보자!

결정 장애에 빠졌을 때

윌리엄 오컴William of Ockham

— 실체는 필요 이상으로 늘어나서는 안 된다

서양철학사의 명쾌한 논리 증명을 남긴 '오컴의 면도날'이라는 명제.
중세라는 특별한 시대에 더욱 빛을 낸 뛰어난 논증법.

오컴의 면도날Occam's Razor / Ockham's Razor은 흔히 '경제성의 원리'Principle of economy, 검약의 원리, 또는 단순성의 원리라고도 한다. 원문은 라틴어로 된 오컴의 저서에 등장하는 말이다.

1. "Pluralitas non est ponenda sine neccesitate."(많은 것들을 필요 없이 가정해서는 안 된다.)
2. "Frustra fit per plura quod potest fieri per pauciora."(보다 적은 수의 논리로 설명이 가능한 경우, 많은 수의 논리를 세우지 말라.)

간단하게 오컴의 면도날을 설명하자면, 어떤 현상을 설명할 때 불필요한 가정을 해서는 안 된다는 것이다. 좀 더 쉬운 말로 번역하자면, '같은 현상을 설명하는 두 개의 주장이 있다면, 간단한 쪽을 선택하라given two equally accurate theories, choose the one that is less complex'는 뜻이다.

중세의 철학자들과 신학자들의 복잡하고 광범위한 논쟁 속에서, 오컴은 1324년의 어느 날 무의미한 진술들을 토론에서 배제시켜야겠다고 결심한다. 그는 지나친 논리 비약이나 불필요한 전제를 진술에서 잘라내는 면도날을 토론에 도입하자고 제안했다. 오컴은 "쓸데없는 다수를 가정해서는 안 된다."고 말한다. 이를 좀 더 알아듣기 쉽게 바꾸면 "무언가를 다양한 방법으로 설명할 수 있다면 우리는 그중에서 가장 적은 수의 가정을 사용하여 설명해야 한다."고 말했다. 더 짧게 말하면, 설명은 간단할수록 좋다. 오컴의 면도날은 당대 스콜라철학을 옹호하는 가장 효과적인 논증 방법이었다. 오컴의 관점은 '중세'라는 특별한 시대적 배경에선 더욱 빛을 발하는 뛰어난 철학적 논거였다. 이 논증은 이후 많은 과학자들이 자신들의 이론을 발전시키는 데도 적지 않은 영향을 끼쳤다.

면도날의 위력이 어느 정도인지는 모두들 알고 있다. 철학사에서도 이처럼 '면도날'을 잘 사용했던 인물이 있었다. 바로 스콜라 철학이 해체되던 시기에 유명론을 대표했던 인물인 윌리엄 오컴

William of Ockham('오컴의 윌리엄William of Ockham'으로도 불린다)이 그 장본인이다.

1300년경에 윌리엄 오컴은 영국에서 태어났다. 그의 생애에 대해서 알 수 있는 자료는 상당히 적은 편이다. 단지 전해지는 것은 그가 어린 시절 프란체스코 교단에 들어갔으며 이후 옥스퍼드 대학에서 공부하고 강의했다는 사실뿐이다. 오컴은 '대적할 수 없는 박사'라고 불렸는데 이는 민첩하고 예리한 그의 논변을 당해낼 적수가 없었기 때문이었다. 하지만 1324년 그는 '이단철학을 강의한다.'는 혐의로 고발되어 아비뇽 교황청에 소환되어 수감된다. 당시로 보면 이는 매우 큰 죄에 해당했다. 이에 1328년 오컴은 도망쳐 신성로마제국의 황제인 바이에른의 루트비히의 밑에서 비호를 받는다. 황제를 처음으로 만났을 당시 오컴은 "황제께서 칼로써 저를 지켜주신다면, 저는 펜으로 황제를 지켜드리겠습니다."라고 말했다고 하는데 이 또한 그의 철학적 신념에 기초한 말이었다. 황제의 비호 아래서 그는 유독 왕권을 변호하는 글들을 많이 썼다. 이러한 글들에서도 그는 유물론자인 자신의 입장을 매우 명확하게 표현하고 있다.

윌리엄 오컴은 보편적 실재를 통해서 개체의 존재를 추론하는 실재론자들의 사상을 비판하며 개체만이 진실한 존재라고 주장했다. 그는 보편은 정신 속에만 머물 뿐 실제로 존재하지는 않는다고 보았다. 이러한 관점을 기반으로 그는 "실체는 필요 이상으로 늘어나서는 안 된다."고 말하며 여러 가설 중에서 가장 단순한 가설을 채택해야 한다고 주장했는데, 이를 철학사에서는 '오컴의 면도날'이라 불린다. 오컴은 생각의 면도칼로 '실체형식', '감춰진 본질', '형상'과 같은 불필요한 개념들을 모두 잘라내버려야 한다고 생각했다.

그리고 이러한 '오컴의 면도날'의 위력은 매우 강력했다. 당시 통치 사상이었던 스콜라철학은 '신을 논증하기 위해서' 복잡하고 광범위한 논쟁을 벌이고 있었다. 그런데 이때 이러한 것들을 모두 오컴의 면도칼로 싹둑 잘라버린다면 실재론자들의 논쟁 기반 자체가 흔들릴 수밖에 없었다. 게다가 당시로 보면 상당히 혁신적이었던 "사변을 통해서는 신이 존재한다는 결론을 얻을 수 없다."는 오컴의 주장은 교회의 분노를 불러왔다. 이에 오컴은 박해를 피할 수 없는 처지가 되었다.

이러한 오컴의 관점은 '중세'라는 특별한 시대적 배경에선 더욱 뛰어난 철학적 논거였지만 이러한 배경을 제외하고 오로지 이론으로만 평가하더라도 상당한 의미가 있다. 이후 많은 과학자들이 오컴의 면도날 이론을 받아들여 자신들의 이론을 발전시켰는데, 라이프니츠의 '식별 불가능자의 동일성 원리' 또한 오컴의 영향을 받은 것이다. 과학에서 오컴의 면도날 이론은 동일한 결론에 대해 두 가지 설명이 있을 경우 단순한 것이 더 좋다는 형식으로 자주 다루어졌다.

물리학에서도 오컴의 면도날은 형이상학적인 개념을 제거하는 데 쓰였다. 아인슈타인의 '특수상대성이론'과 로렌츠Hendrik Antoon Lorentz의 이론이 그 경우라고 할 수 있다. 과거 과학자들은 빛의 파동을 전파시키는 매개물로 에테르Aether가 있다고 생각했다. 그 중 로렌츠는 에테르에서 운동이 일어나 수축과 변환이 발생한다고 생각하며 로렌츠 단축과 로렌츠 변환식을 제시했다. 반면 아인슈타인은 로렌츠의 시간과 공간의 수축에 대한 변환식에 대해서는 일치하는 의견을 보였지만 로렌츠와 맥스웰 방정식 이론의 바탕이 되는 에테르는 필요하지 않다고 보았다. 이에 아인슈타인은 오컴의 면도날로 자신의 이론에서 에테르를 제거했고 이로써 특수상대성이론을 완성할 수 있었다. 이처럼 오컴의 면도날 원리의 탁월한 논증은 양자역학의 불확정성의 원리를 통해서도 충분히 증명된다. 하이젠베르크Werner Karl Heisenberg는 이를 통해 아주 작은 입자에 대해 위치와 운동량을 동시에 정확히 측정하는 건 불가능하다는 사실을 밝혀냈다. 스티븐 호킹은《시간의 역사》에서 다음과 같이 말했다. "우리는 여전히 우주의 현재 상황에 아무런 영향을 주지 않고 관찰할 수 있는 초자연적인 존재가 모든 사건을 결정하는 규율을 가지고 있다고 상상하곤 한다. 하지만 우주에 대한 그런 모형은 수명이 짧은 인류에게 별로 흥미로운 일이 아니다. 그러니 오컴의 면도날이라 불리는 원리를 이용해 이론에서 관측할 수 없는 특징들은 모두 제거해 버려야 한다." 이는 아인슈타인이 《나의 자서전Out of my later years》에서 "대담하고 천부적인 재능을 가진 학생이라 하더라도 철학적인 편견을 제거하지 못해 사실을 정확히 알지 못하는 경우가 있다."고 말한 것과 같다고 할 수 있다.

위에서 말한 과학자들의 탁월한 논증들은 윌리엄 오컴이 제시한 '모든 지식의 기초는 개체의 경험에서 이루어진다.'는 관점에서 출발한다. "우리가 인식의 기원을 이야기할 때 개별사물은 감각기관의 첫 번째 대상이다. 그러므로 지식의 기원에서 보자면 개별사물이 가장 먼저 인식된다." 이로써 그는 인식의 대상은 먼저 영혼의 밖에 있으며, 개별사물에 대한 직관인식이 바로 우리 인식의 기원이라고 주장했다. 이러한 관점은 스콜라철학의 입장에서는 절대 용납될 수 없는 관점이었다.

이후 루트비히 황제가 죽자 오컴과 그의 동료들은 뮌헨 프란체스코회에서 머물렀다. 그의 노년에 대해서는 두 가지 설이 전해져 오는데, 그곳에서 계속 머물다 죽었다는 설과 말년에 다시 파리 대학으로 갔다는 설이다. 한편 그가 당시 유럽에 퍼졌던 페스트에 걸려 죽었다는 점은 공통되게 전해지고 있다.

단순한 것이 진리에 가장 근접하다는 논리는 가능할까?

오늘날 더 이상 교회의 압력은 없지만 오컴의 면도날은 여전히 종종 우리들의 눈앞에 나타난다. 대형 기업에서는 이러한 면도날을 자신을 위협하는 난관이나 도전을 제거하는 무기로 사용하기도 한다. 해답이 없는 의문, 제쳐두고 논하지 않는 문제 등에도 오컴의 면도날은 쓰일 수 있다.

'단순함이 가장 좋다!'는 오컴의 말의 뜻을 분명하게 이해할 수 있음에도 실천하는 사람은 극히 드물다. 주제에 벗어난 어려운 말들만 늘어놓으면서 자신이 매우 철학적인 사람이라고 착각하고 있지는 않는가? 이러한 의미에서 보자면 오컴의 면도날은 철학에 대한 오해를 제거할 수 있는 열쇠라 할 수 있다!

우리가 갖추어야 할 것은 이치를 깨닫는 것이 아니라, 중요한 이치를 행동으로 옮기기 위해 노력하는 것이다.

자신이 무지하게 느껴질 때

니콜라우스 쿠사누스 Nicolaus Cusanus

— 인식은 학문의 무지이다

지식을 추구하는 과정에서 자신이 무지함을 깨달으라는 변증 사상의 핵심명제.

르네상스시대에 범신론적인 자연철학 사조의 발전에 공헌한 선각자의 일성.

헤르만 헤세의 《유리알 유희》에는 중세 신학자인 니콜라우스 쿠사누스의 글이 인용돼 있다.

"모든 것을 가능한 방식으로 측정하기 위해서 정신은 가능성에 맞추어서 자기를 형성한다. 또 정신은 모든 것을 신이 하는 것처럼 통일성과 단순성의 방식으로 측정하기 위해서 절대적 필연성에 맞추어서 자기를 형성한다. 또 모든 것을 그 특성에 연관지어 측정하기 위해서 결정된 가능성에 맞추어서 자기를 형성한다. 그러나 또 정신은 비교에 의해 상징적으로도 측정한다. 수와 기하학적 도형을 써서 이것을 비유로써 가리키는 것처럼."

이처럼 쿠사누스는 유리알 유희와 비슷한 방향의 상상력에 상응하는 사상을 지닌 철학자였다. 그는 수학을 좋아하였으며, 유클리드의 기하학, 도형이나 공리를 신학적, 철학적 개념에 응용해서 비유적으로 설명하는 능력을 가졌고, 그것을 즐겼다는 점에서 헤세가 인용한 '유희의 정신적 성격'에 가장 가까운 철학자이기도 했다.

서양철학사에서는 드물게 사람의 '무지'에 대해서 깊이 있는 탐구를 한 철학자가 있었다. 바로 르네상스 초기에 활동한 독일철학자이자 추기경인 니콜라우스 쿠사누스Nicolaus Cusanus이다.

1401년 니콜라우스 쿠사누스는 모젤 강가에 위치한 쿠에스에서 태어났다. 전해지는 바에 따르면 그는 어렸을 때 집을 떠나 어느 백작의 집에서 길러졌다고 한다. 니콜라우스는 당시에 수도 단체인 공동생활 형제회에서 교육을 받았다. 1416년 하이델베르크 대학에 들어간 니콜라우스는 일 년 뒤인 1417년에 파도바 대학교로 학교를 옮긴다. 그는 이곳에서 1423년에 교회법학 박사학위를 받는다. 또 법률도 공부했지만 생각만큼 성과를 올리지 못하자 신학 연구와 강의에 집중하기로 마음을 바꾼다. 1425년에는 쾰른에서 신학을 연수한다. 1432년 바젤 공의회에 참여한 뒤에는 로마 교황청에서 일을 한다. 이후 그는 계속 교황청에서 각 지역의 문제를 해결하며 이미 분열 상태에 있었던 로마교회를 통일해 동방교회와 서방교회를 결합하고 하나의 교회로 만들려는 계획을 세운다. 이후 1437년 니콜라우스 쿠사누스는 로마 교황청의 사절단으로 비잔티움에 파견되어 동방교회와의 연합 문제를 놓고 대화를 시도한다. 이 대화는 물론 실패로 끝났지만 그의 노력은 교회로부터 인정을 받았고, 1448년 추기경으로 임명되었다. 1450년 브릭센의 주교가 된 이후 1458년에 다시 로마 교황청에 돌아와 업무를 맡았다. 그리고 1464년 8월 11일에 이탈리아에서 숨을 거둔다.

이와 같은 경력을 볼 때 니콜라우스 쿠사누스는 전형적으로 교황청을 대변하는 신부였음을 알 수 있다. 하지만 재미있는 점은 이렇게 전형적인 교황청 신부가 이단이라고 박해를 받았던 브루노Giordano Bruno의 사상에 상당한 영향을 주었다는 사실이다.

니콜라우스 쿠사누스는 독일 최초의 인문주의학자 중 한 사람이었다. 그는 교회 업무를 처리하고 남는 시간을 이용해 고대 문헌을 수집하고 정리하면서 수학과 자연과학을 연구함으로써 상당한 업적을 남겼다. 그는 처음으로 중유럽과 동유럽의 지도를 제작해 역법을 개선하는 방안을 제시하며 주변 문제를 해결하려고 애썼다. 이러한 그의 주요 철학저서로는 《박학한 무지De docta ignorantia》, 《가늠에 관하여De coniecturis》, 《지혜에 관하여De sapientia》 등이 있다.

철학에서 니콜라우스는 인류의 인식(지식)에 대해 중요한 업적을 남겼다. 그는 인식과정을 다음과 같이 네 단계로 분류했다. 첫 번째 단계는 감정을 통한 인식으로 감각과 상상으로 이루어진 혼란스런 이미지다. 두 번째 단계는 이성을 통한 인식으로 정확성을 기반으로 사물에 대해 추론해 낼 수 있다. 세 번째 단계는 사변의 이성으로 인식하는 과정에서 발견된 모순이 통일된다. 네 번째 단계는 직관을 통한 인식으로 직관으로 이성을 통해 구별한 것들을 통일시킬 수 있다. 니콜라우스가 제시한 인식에 대한 관점은 칸트 철학에서 인식의 세 단계 이론의 바탕이 되었다.

니콜라우스 쿠사누스는 신플라톤주의학파의 '부정신학' 관점에 따라 신은 어떠한 특수한 개념이나 명사를 통해서 규정할 수 있는 존재가 아니라고 보았다. 그는 신은 성부도 성자도 성령도 아닌 무한한 절대적인 존재라고 생각했다. 이렇게 무한하고 절대적인 신은 하나이며 또한 전체이다. 이에 관해 그는 "신은 모든 것 안에 있으며 그렇기에 모든 것은 신 안에 있다."고 말하며 범신론적 관점을 명확하게 드러내었다. 이처럼 그는 신을 절대적으로 거대하며, 절대적으로 통일된 존재로 묘사한 반면 우주는 그저 상대적으로 거대하며 상대적으로 통일된 것으로 묘사함으로써 신을 위한 초자연적인 지위는 남겨 두려 했다.

오랜 시간 독단론에 빠져 있던 기독교 신학에 대해 니콜라우스 쿠사누스는 처음으로 '대립물의 일치coincidentia oppositorum'란 명제를 내놓으며, 이를 자신의 철학의 기초 원리로 삼았다. 그는 무한한 선과 무한한 삼각형, 무한한 원, 무한한 구체가 모두 일치한다는 수학적 계산을 통해서 자신의 관점을 증명해 보였다. 이러한 관점은 이후 변증법 사상이 발전하는 데 직접적인 영향을 주었고 독일 관념론의 전통적 논증법인 변증법 사상의 기초가 되었다. 그는 신과 우주의 대립들은 모두 일치하고 통일된다고 보았다. "대립물들이 모든 것을 구성한다.", "우수함을 가진 하나의 대립물이 자신의 성질을 갖는다.", "신은 매우 거대하면서 또 매우 작다. 반면 인간은 유한(신체)하면서 무한(정신)하다." 이 모든 말들은 니콜라우스가 주장하는 대립물의 일치라는 변증 사상을 잘 나타내고 있다.

니콜라우스 쿠사누스의 인식론은 그의 '박학한 무지'와 매우 긴밀하게 연계된다. 니콜라우스는 인간의 지식은 '박학한 무지'라고 생각했다. 박학한 무지란 정통 신학자들이 부르짖는 알지 못하는 몽매주의를 말하는 것이 아니다. 그것은 지식을 추구하는 과정을 통해서 자신이 무지하다는 사실을 아는 것을 말한다. 그는 자신의 무지를 깊이 알아갈수록 진리에 가까워질 수 있다고 생각했다. 인간의 정신과 진리의 관계는 마치 다각형과 원의 관계와 같다. 각이 늘어날수록 다각형은 원과 비슷한 모습을 갖출 수는 있지만 그렇다고 해서 완전한 원이 될 수는 없다. 즉 인간은 끊임없이 진리에 가까워질 수는 있지만 결국 최종 진리에는 다다를 수 없다는 점을 설명한다. 박학한 무지는 '박학함'과 '무지', 이 두 가지를 함께 연계한 것이다. 즉 대립의 통일이다. 또 이 안에는 상대적 인식과 절대적 인식, 박식함과 무지함의 변증법적 요소가 포함되어 있다.

니콜라우스 쿠사누스는 신플라톤주의를 계승했을 뿐만 아니라 피타고라스, 데모크리토스, 아리스토텔레스 등의 고대 그리스철학자들의 사상에서 수학과 자연과학 분야의 성과들을 간추려 자신만의 독특하고 과도기적인 철학 사상을 만들어냈다. 그의 철학은 비록 기독교 신학과 신비주의 사상에 얽매여 있었지만 이미 정통 신학의 속박에서 벗어나 범신론적인 관점으로 신과 우주, 그리고 인식의 문제를 해결하려 하였다. 그리고 이러한 태도는 이후 르네상스시대에 범신론적인 자연철학 사조의 발전에 선구자적인 역할을 하였을 뿐만 아니라 동시에 근대 시민계급이 새로운 철학을 만들어가는 데 일정 부분 영향을 주었다. 또 이후 브루노, 라이프니츠, 셸링, 헤겔 등 철학자들이 자신의 철학이론을 만들어가는 데 많은 영감을 주었다.

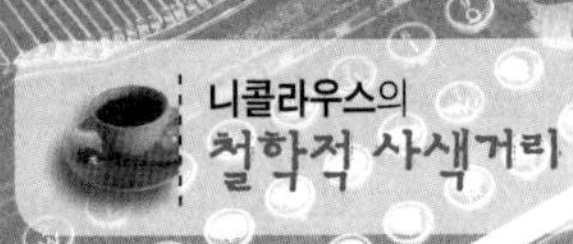

자신의 무지를 제대로 깨닫는 방법은?

델포이 신전 입구에 적힌 '너 자신을 알라'는 말은 소크라테스가 '너 자신의 무지를 알라'라는 의미로 해석해 사용해 인구에 회자되는 철학의 대명제가 되었다. 그리고 이로 인해 소크라테스는 당시에 '가장 현명한 사람'이라 불렸다.

현명한 사람은 자신이 무얼 아는지, 그리고 무얼 모르는지를 안다. 학식이 깊은 사람일수록 자신의 무지에 대해서 깊이 깨닫는다. 우리는 이러한 겸손함에 진심으로 깊은 감동을 느낀다. 벼는 익을수록 고개를 숙이는 법이다.

우리가 '무지'를 알아야 하는 이유는 '내가 얼마나 모르는 것이 많은지를 알아야 어떻게 공부할 수 있을지'를 가늠할 수 있기 때문이다. 중세시대에는 그것이 '신의 세계'와 '신의 존재'를 증명하기 위한 방편이었다면, 현대에서의 '무지를 안다'는 것은 스스로의 '존재 이유'를 깨닫고 '자기답게' 살 수 있는 삶의 지향점으로서 작용할 수 있는 것이다. 그리고 이것은 곧 현대인이 철학을 알아야 하는 가장 중요한 이유이기도 하다.

사람들이 나를 이해하지 못할 때

브루노Giordano Bruno

— 우주가 근원이다

진리를 향해 굴복하지 않았던, 시대를 뛰어넘는 사상가가 도달한 명제.
우주는 '일자(一者)'라는 결론에 이른 유명한 한마디.

로마의 캄포 데이 피오리 광장Piazza di Campo dei Fiori은 아름다운 이름과 달리 과거에는 사람들의 치를 떨게 할 만큼 잔인한 일이 벌어진 장소였다. 중세시대와 르네상스시대에 광장의 재래시장에서는 추기경과 귀족들이 어부와 함께 어울리는 모습을 자주 볼 수 있었다. 이처럼 이곳은 로마에서 가장 번화한 곳이었지만 한편으론 매우 잔악무도한 이야기가 펼쳐졌던 장소였다. 과거 화가 카라바조Michelangelo Merisi da Caravaggio는 이곳에서 테니스 경기를 하던 중 자신을 이긴 상대를 살해했다. 또 어느 한 생선장수가 옆에서 장사하던 경쟁 상인을 죽이는 일도 있었다고 한다. 더군다나 이곳은 그 당시 사형 집행 장소로도 쓰였다. 오늘날에도 이 광장은 여전히 로마인들의 활동 중심지이다. 각양각색의 다양한 물건들을 파는 재래시장과 음식점들, 그리고 현대화된 모습의 술집들이 즐비한 이곳은 언제나 번잡스럽고 활기차다. 그리고 광장 중심에는 진리를 위해서 목숨을 바친 한 영웅을 기리기 위해 1889년에 세워진 동상이 자리하고 있다. 1600년 진리를 위해 굴복하지 않았던 이 영웅은 로마 교황청에 의해 이곳 광장 중심에서 화형을 당했다. 하지만 그의 목소리는 여전히 이곳 광장에 울려 퍼지고 있다. "화염으로는 결코 나를 굴복시킬 수 없다. 미래에는 나를 이해하고 나의 가치를 알게 될 것이다!"

이처럼 처참하게 화형으로 죽음을 맞이하면서도 진리를 위해 굴복하지 않고 로마 가톨릭교회에 반대했던 인물이 바로 이탈리아의 저명한 과학자이자 사상가인 조르다노 브루노Giordano Bruno이다.

브루노의 일생은 교회와의 투쟁으로 시작해 투쟁으로 끝났다고 할 수 있다. 그는 1548년 나폴리 인근에 위치한 노라에서 태어났다. 그는 그곳의 라틴어학교를 졸업한 뒤 17살에 도미니크 수도원에 들어간다. 그리고 23살이 되던 해 이단으로 몰려 박해를 받을 상황에 처하자 이를 피하기 위해 서유럽을 떠돌아다닌다.

태양이 우주의 중심이라는 코페르니쿠스Copernicus의 '지동설'을 옹호한 그는 강연, 강의, 글 등 다양한 방식을 통해서 '천동설'에 반대하는 자신의 관점을 알렸다. 그리고 《무한, 우주와 모든 세계에 대하여De infinito, universo e mondi》라는 책으로 코페르니쿠스의 우주관을 발전시켜 우주는 무한하며("우주는 무한하게 크며 그곳에는 무수히 많은 세계가 펼쳐져 있다.") 아주 많은 태양이 있다("항성은 하늘의 등불처럼 박혀 있는 게 아니라 태양처럼 크고 밝게 빛나는 태양이다.") 등의 주장을 펼쳤다. 하지만 이러한 말들은 당시 교회로서는 절대 용납할 수 없는 것이었다. 결국 브루노는 오랫동안 유랑생활을 하던 끝에 1592년 베네치아에서 붙잡혀 8년 동안 종교 재판소에 갇힌다. 이곳에서 브루노는 모진 고문을 당했지만 그럼에도 자신의 뜻을 꺾지 않았다. 그는 "진리 앞에서 조금도 물러설 수 없다!"고 말하며 자신은 결코 잘못한 일이 없다고 주장했다. 결국 교회는 이단자라는 죄목으로 1600년 2월 17일 로마의 캄포 데이 피오리 광장에서 그를 화형시킨다.

브루노의 주요 저서로는 《무한, 우주와 모든 세계에 대하여》, 《원인, 원리 및 일자에 대하여De la causa, principio ed uno》, 《노아의 방주》, 《재의 수요일 만찬La cena de le ceneri》, 《영웅적인 열정에 대하여De gli eroici furor》 등이 있다. 이러한 저서들을 통해 그는 자신의 우주관과 범신론적인 사상체계를 완성해 갔다.

자연계에는 형상과 질료, 두 종류의 실체가 있다고 생각한 브루노는 "형식은 물질을 떠나서 독자적으로 존재할 수 없는 실체이고, 질료는 신적이고 가장 우수한 생산자이며, 자연의 만물과 모든 실체는 자연계의 생산자이자 어머니"라고 주장했다. 또 그는 물리적인 세계는 '세계의 지혜'를 통해서 운동하고 변화한다고 보았다. 이러한 '세계의 지혜'는 우주 안에 있는 '세계의 영혼'이 가진 일종의 능력이다. 그는 이러한 관점을 통해서 이 모든 것을 갖춘 우주는 '일자一者'라는 결론에 이른다. 우주는 지극히 크고 또 지극히 작으며 하나이자 모든 것이다. 브루노는 이렇게 하나로 통일된 무한한 우주, 즉 '일자'를 '신'이라고 말했다. 하지만 이것은 인격을 가지고 있거나 우주를 통제하는 전지전능한 신을 말하는 것이 아니라 단지 호칭일 뿐이었다. 브루노는 이러한 관점으로 인해서 후세 사가들에게 철저한 범신론자로 평가받고 있다.

또 브루노는 인간의 인식과정을 감성, 지성, 이성, 영혼의 4단계로 구분했다. 감성은 인식의 출발점이다. 지성은 추상적인 개념과 추론을 통해서 특수한 점을 일반화시키는 역할을 한다. 또 이성은 지성이 이룬 성과를 정리하는 역할을 한다. 지성이 얻어낸 일반화된 결론을 통해서 원리원칙을 파악해내는 것이다. 마지막으로 가장 높은 단계인 영혼은 보편화된 실체를 통해서 '신'을 직관한다. 영혼만이 신 또는 자연의 본질을 생동감 있게 표현할 수 있다. 인식이 모든 존재의 본질에 다다르면 통일되고 무한한 우주의 가장 높은 인식과 대립하게 된다. 그리고 이러한 인식의 과정은 끝없이 반복

된다. 지혜의 힘은 인식된 진리 앞에서 멈추지 않고 아직 알지 못하는 진리를 향해 끊임없이 나아가기 때문이다. 현대철학의 관점에서 보아도 전혀 나무랄 데가 없는 그의 뛰어난 이론을 보면 그가 이미 자신의 시대를 뛰어넘은 비범한 인물이었음을 알 수 있다.

브루노의 철학 사상은 이후 사람들에게 깊은 영향을 주었다. 데카르트의 이성론, 스피노자Baruch de Spinoza의 범신론, 라이프니츠의 단자론 등 서양철학의 독보적인 유명한 이론들에서 그의 흔적이 보인다. 이처럼 진리를 위해 죽음도 두려워하지 않았던 그의 정신은 후세 사람들에게 이정표가 되어 주었을 뿐만 아니라 새로운 시대를 향해 나아가는 동력이 되어 주었다.

자신의 입장에서 생각한다는 것은?

'우주는 무엇일까?'라는 질문에 사람들은 저마다 자신이 가진 입장에 따라 다른 대답을 내놓는다. 이렇게 서로 다른 대답들은 서로 충돌하기도 하고, 서로 다른 언어 환경 속에서 자신의 입장만 되풀이되기도 하지만 누가 틀렸다고 단정할 수는 없다. 어느 한 천체물리학자가 우주에 관해 치밀한 이론을 제시했다고 해서 천체물리학자와 독실한 믿음을 가진 신자의 입장이 일치해야 할 필요는 없다.

확고한 경계선을 가진 인식과 명확하게 정립된 인식은 모두 자신이 중요시 생각하는 부분을 분명하게 나타낸다. 그러니 '각자 자신의 집 앞에 쌓인 눈만 치우고 다른 집 지붕 위에 내린 서리까지 참견할 필요는 없다.' 자신의 집 앞에 내린 눈도 깨끗이 치우지 않으면서 다른 집에 내린 서리를 가지고 트집을 잡는 건 스스로 책임을 지지 않으려는 의도이거나 아니면 다른 꿍꿍이가 있는 것일 테니 말이다.

자신감을 잃었을 때

프랜시스 베이컨 Francis Bacon

— 아는 것이 힘이다

인류의 학문 진보를 위해 헌신한 대사상가가 남긴 지식에 관한 명제.
서양 근대 과학의 시발점이 된 합리적 지성의 결정적인 한마디.

우정의 중요한 기능 중 하나는 바로 온갖 감정들로 인해 생겨난 슬픔과 마음속에 응어리진 고민거리들을 털어놓을 수 있게 해준다는 점이다. 우리는 폐색과 질식으로 생긴 병이 몸에 가장 위협이 된다는 것을 알고 있다. 마음도 다르지 않다. 간을 건강하게 하려면 사르사 뿌리를 쓰고, 비장을 건강하게 하려면 철분을 섭취하면 되며, 폐를 건강하게 하려면 유황화를, 뇌를 건강하게 하려면 해리향을 쓰면 된다. 하지만 마음을 편안하게 하는 데는 진정한 우정 말고는 다른 방법은 없다. 진심 어린 친구와 마주할 때 우리는 지난 잘못을 참회하거나 고백하게 된다. 그리고 걱정, 즐거움, 두려움, 바람, 의심, 충고와 같이 가슴속에 깊숙이 숨겨두었던 것들을 모두 털어놓을 수 있다.

우정에 대해 이처럼 깊이 있는 탐구를 한 인물은 저명한 유물론자이자 과학자이며 근대 영국 고전경험론의 창시자인 프랜시스 베이컨Francis Bacon이다.

베이컨은 태어나면서부터 고귀한 신분을 타고났다. 그는 1561년 1월 22일 런던의 귀족 집안에서 태어났다. 아버지는 엘리자베스 여왕의 최측근 관직인 옥새상서 자리에 올라 있었으며, 어머니는 명문 귀족 집안 출신으로 그리스문학과 라틴문학에 조예가 깊은 교양인이었다. 또 칼뱅파의 신도이기도 했다. 12살 때 케임브리지 트리니티 칼리지에 입학한 베이컨은 15살 때 프랑스 주재 영국 대사관의 수행원으로 프랑스에 간다. 파리에 머물던 2년 반 동안 그는 프랑스 전국을 여행하며 다양한 사상과 사물들을 접하고 많은 것을 배운다. 하지만 1579년 아버지가 갑자기 세상을 떠나면서 평탄했던 베이컨의 삶에도 첫 번째 시련이 찾아온다. 1582년 변호사 자격을 취득한 그는 1584년에 국회위원으로 당선되어 정치생활을 시작했다. 그리고 1602년 기사 작위를 받은 이후 1607년 차장검사, 1613년 검찰총장, 1616년에는 추밀원 고문의 자리에 오른 뒤 1617년에는 자신의 아버지가 올랐던 옥새상서의 자리에까지 올랐다. 그리고 1618년에는 대법관의 자리에까지 오르면서 베룰람 남작Baron Verulam의 작위를 받고, 연이어 1621년에는 세인트 올번스 자작Viscount St. Albans의 작위를 받았다. 이처럼 성공적인 정치활동을 하던 그는 1621년 뇌물 수수 혐의로 4만 파운드의 벌금형을 선고받고 런던탑에 갇히면서 의원직과 관직을 모두 잃는다. 나중에 벌금과 감옥행은 면제를 받았지만 정치인으로서 결코 회복될 수 없는 상처를 입었다.

한편 베이컨은 정치인이기 이전에 항상 과학적 진리를 찾기 위해 노력한 과학철학자이기도 하다. 정치인으로서 탄탄대로를 걷던 때에도 그의 재능과 정신은 정치활동이 아닌 과학적 진리를 찾는 일에 머물러 있었다. 이 시기에도 그는 학술연구를 통해 매우 큰 성과를 거두며 여러 저서들을 출판했다. 그리고 부패사건이 터진 뒤에는 정치 무대에서 내려와 오로지 저술에만 몰두했고, 소기의 성과를 이루기도 했다.

1597년 베이컨은 그의 첫 번째 저서인 《수상록Essays》을 발표했다. 이 책에서 그는 사회와 인생 등 다양한 관점에 대해서 자신의 철학적 견해를 드러내며 폭넓은 독자들로부터 광범위한 환영을 받았다. 또 그는 《학문의 대혁신Great Instauration》 6부작에서 백과사전적인 지식을 다루려 했다. 그는 이 책을 씀으로써 과학을 부흥시키고 인류 지식을 새롭게 개선시키고 싶어 했다. 하지만 안타깝게도 자신의 계획을 완성하지 못한 채 《학문의 진보The

Advancement of Learning》와 《신기관Novum Organum》 두 권만 완성한다. 1605년에 완성한 《학문의 진보》에서 그는 지식을 연구대상으로 삼고 있다. 그는 중세시대의 몽매주의를 맹렬히 비판하며 지식의 역할은 현재 상황이 더욱 발전할 수 있도록 도움을 주는 데 있다고 주장했다. 이처럼 지식을 다방면에서 체계적으로 다룬 이 책은 이후 18세기 디드로Denis Diderot를 필두로 한 백과전서파가 《백과전서Encyclopédie》를 집필하는 데 상당한 영향을 주었다.

또 두 번째 저서인 《신기관》은 베이컨의 가장 중요한 부분인 철학을 다루고 있다. 그는 여기서 경험인식의 원칙과 방법을 제시했다. 《신기관》의 '신Novum'은 새롭다는 의미로 아리스토텔레스의 저서인 《기관Organum》에 대해 대항적인 의미를 담고 있다. 그는 이 책에서 인류가 지식을 잘못 터득하는 원인을 지적하며 유명한 4대 우상론을 제시했다. 첫 번째는 '종족의 우상'으로 인간이 가진 천성으로 인해 생기는 인식의 오류이다. 두 번째는 '동굴의 우상'으로 개인의 성격, 취향, 교육, 환경으로 생긴 편견의 오류이다. 세 번째는 '시장의 우상'으로 사람들이 의사소통을 할 때 언어의 부정확한 개념으로 인해 생기는 사고의 혼란이다. 마지막으로 네 번째는 '극장의 우상'으로 맹목적으로 권위나 전통을 믿으면서 생겨난 잘못된 인식이다. 그는 이러한 네 가지 우상은 인간을 오류에 빠지게 하는 잘못된 편견이지 어떠한 상황에서 생겨난 의혹이나 난제가 아니라고 생각했다. 또 스콜라철학자들이 이러한 4대 우상론에 빠져 진리를 말살하고 오류를 범했다고 지적하며 스콜라철학을 거세게 비판했다. “아는 것이 힘이다.”라는 말도 이 책에 담긴 내용이다.

베이컨은 정치 인생을 끝낸 뒤 몇 개월에 걸쳐《헨리 7세의 역사》를 저술했는데 이 책은 이후 역사학자들에게 높이 평가받으며 ‘근대 역사의 이정표’라고 불려졌다. 대략 1623년경에 저술한 것으로 보이는 미완성 저서인《새로운 아틀란티스The New atlantis》는 유토피아에 대한 베이컨의 이상적인 내용을 담고 있다. 그는 이 책에서 자신이 추구하고 바라는 이상적인 사회의 모습을 묘사하고 있다. 이 책에서 묘사된 과학이 모든 것을 통제하는 가상의 국가는 그가 평생에 걸쳐 강조한 ‘학문의 대혁신’을 집중해 표현한 것이다. 이 밖에도 베이컨은 상당히 많은 미발표 저서들을 남겼는데, 이는 후대 여러 학자들이 정리해 출판하였다. 그중에는《사물의 본성에 대하여》,《미로의 실》,《철학의 비판》,《자연의 해석》,《인류의 지식에 대하여》 등 인류의 지적 성장에 큰 영향을 준 주옥 같은 명저들이 많다.

1626년 3월, 온도와 부패에 관해 연구를 하고 있었던 베이컨은 마차를 타고 가던 도중에 눈밭을 보고는 순간 아이디어가 떠올랐다. 그는 즉시 마차를 세우고 눈밭에서 바로 실험을 진행했다. 닭 한 마리를 구해서 닭의 배 속에다가 눈을 가득 집어넣고 냉동이 부패에 미치는 영향을 관찰했던 것이다. 하지만 허약한 그의 몸은 추운 겨울 날씨를 견디지 못했고, 결국 지독한 감기에 걸려 병세가 악화되면서 같은 해 4월 9일 새벽에 숨을 거두고 만다.

베이컨은 사망한 뒤 후세 사람들에게 상당한 존경을 받았다. 르네상스시대에 활동한 어느 위인은 베이컨을 철학사와 과학사에 있어서 획기적인 업적을 남긴 인물이라고 평가했다. 이처럼 베이컨은 경험론을 선도해 근대 과학의 발전에 기반을 마련하며 인류 철학사와 과학사에서 모두 중대한 공헌을 하였다. 러셀은 베이컨을 "과학적 연구과정을 논리적으로 체계화하려 노력한 선구자"라고 높이 평가하였으며, 마르크스 역시 "영국 유물론과 모든 현대 실험과학의 진정한 원조"라고 평가했다. 베이컨이 사망한 뒤 그를 그리워한 사람들은 그를 위해 기념비를 세웠다. 그리고 그의 묘지명에 다음과 같은 글귀를 적었다.

세인트 엘번스 자작

그는 마땅히 '과학의 빛', '법률의 혀'라는 칭호로 불릴 만하다.

……

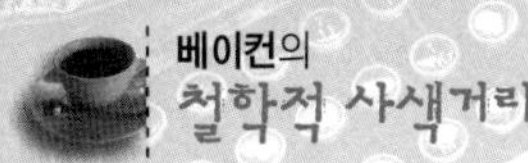

인류 문명의 발전을 위해 지식을 어떻게 사용해야 하는가?

'아는 것이 힘이다'라는 말은 지금까지 많은 사람들의 좌우명이 되어 주었다!

지식은 인류 사회가 무지함과 야만에서 벗어나 현대 문명으로 나아갈 수 있게 해준다. 또 지식은 시골 촌사람이 가난하고 낙후된 삶과 이별하고 새로운 삶을 살아갈 수 있도록 해준다. …… 이처럼 지식은 운명을 바꾸고 꿈을 실현시켜 준다! 이러한 점에서 '아는 것이 힘이다'란 말은 사람들에게 용기와 자신감을 가질 수 있게 해주는 말이라 할 수 있다.

하지만 지식은 우리에게 재난을 가져다 주기도 한다. 원자력 기술은 우리에게 엄청난 에너지를 가져다 주었지만 한편으론 핵무기의 위험을 불러왔다. 또 여러 최첨단 기술들은 우리의 삶의 질을 향상시켜 주지만 한편으로는 범죄자들이 한층 더 교묘한 수법으로 범행을 저지를 수 있게 해준다. ……. 그리고 아는 게 많아질수록 감정이 메말라가고, 문화가 발전할수록 믿음이 사라져가는 등 삭막한 모습들이 생겨나고 있다.

그래서 우리는 지식을 통한 발전된 기술을 어떻게 사용할 지에 대해 다시 한 번 고민해 봐야만 한다.

지식은 우리를 해칠 수도 있는 양날의 검이다.

어떠한 순간에도 옳은 완벽한 진리란 없다.

누군가 나를 속박할 때

홉스 Thomas Hobbes
— 자유와 필연은 양립한다

유럽 부르주아혁명을 대표하는 자유에 대한 명언.
'평화와 안전'을 민감하고 절실하게 원했던 한 철학자의 경험에서 우러나온 한마디.

'Leviathan(리바이어던)'은 《성경》에 나오는 사악한 '바다괴물'이다. 주로 거대한 고래, 돌고래 또는 악어의 모습으로 묘사되며 육지괴물인 베헤모스Behemoth와 함께 이야기되곤 한다. 《구약성서》 〈욥기〉에는 리바이어던을 딱딱한 비늘과 날카로운 이빨, 뾰족한 가시가 돋친 배, 그리고 코와 입에서는 불을 내뿜는 거대한 악어로 묘사하고 있다. 이처럼 기독교에서 리바이어던은 악귀의 대명사로 7대 죄악 중 하나인 질투를 상징한다. 《구약성경》 외전인 '이스라엘서' 제6장에는 신이 천지를 창조한 지 5일째 되는 날 산과 바다를 창조하고, 6일째 되는 날 점토를 이용해 리바이어던과 베헤모스를 창조했다고 되어 있다. 그리고 최후의 심판 때 리바이어던과 베헤모스, 그리고 거대 새인 지즈Ziz를 잡아 죄를 용서받은 성스러운 사람들에게 음식으로 내어준다고 나와 있다. 또 에녹의 예언서에는 "창조된 그날 바로 헤어진 두 괴물 중 암컷인 리바이어던은 깊은 물 속에서 자리를 잡고, 수컷인 베헤모스는 사막에서 자리를 잡았다."고 적혀 있다.

17세기 영국에서 일어난 부르주아혁명bourgeois revolution으로 인류 사회는 새로운 시대를 맞이했다. 이처럼 빠르게 변화하는 시대 속에서 영국의 철학자 토마스 홉스Thomas Hobbes는 《성경》 속 바다괴물인 '리바이어던'을 부활시켜 국가에 대한 자신의 생각을 표현했다.

홉스는 1588년 영국 남부의 윌트셔Wiltshire 주 맘스베리Malmesbury에서 가난한 시골 목사의 아들로 태어났다. 집안 형편이 좋지 못했기 때문에 홉스는 유년 시절부터 부유한 삼촌의 도움으로 성장했다. 총명하고 공부를 좋아했던 그는 14살 때 이미 그리스어와 라틴어를 배웠으며, 15살 때는 귀족 자제들을 육성하던 옥스퍼드 대학에 들어가 고대철학과 스콜라철학을 공부했다. 졸업한 뒤에는 한동안 대학에 남아 논리학을 가르쳤다. 대학을 졸업한 이후 홉스는 귀족 가문과 매우 두터운 친분을 쌓아 갔다. 그는 부유한 귀족 가문인 카벤디쉬가에서 윌리암 카벤디쉬William Cavendish의 가정교사로 일하기도 하고 또 귀족의 비서나 수행원으로도 일했다.

귀족 가문에서 일한 경험들은 홉스에게 상당한 영향을 주었다. 타고난 신분은 보잘것없었지만 그는 귀족들과의 교류를 통해서 상류사회에 진입할 수 있었고, 덕분에 당시 영국에서 학술적으로나 사회적으로 영향을 지녔던 유명 인사들과 친분을 맺을 수 있었다. 이러한 경험은 그의 식견을 넓혀 주었을 뿐만 아니라 세상에 대한 새로운 관점을 확립하는 데도 많은 도움을 주었다. 한편 귀족들과의 친밀한 관계로 홉스는 자신의 저서에서 항상 군주제도를 긍정적으로 평가하였는데, 이는 그를 다양한 모순을 지닌 매우 복잡한 인물로 만들었다.

홉스는 자신이 선천적으로 논쟁에 휘말리는 걸 두려워하는 사람이라고 말한 바 있다. 그는 《자서전》에서 자신이 어머니의 뱃속에서 '공포fear'와 함께 쌍둥이로 태어났다고 말했는데 그가 살아온 삶을 보면 어느 정도 맞는 말인 것 같다. 1640년 영국 왕권과 의회의 갈등이 심해지면서 무력 충돌이 일어날 상황에 처하자 분쟁이나 내전을 걱정한 홉스는 왕권을 보호해 평화를 유지해야 한다는 글을 썼다. 하지만 이에 의회파가 격하게 반응하자 상황이 심상치 않음을 간파한 그는 두려움에 프랑스 파리로 망명을 간다. 그리고 이후 1651년 파리에서 왕권신수와 교회에 반대하는 내용을 담은 《리바이어던》을 발표하면서 프랑스 당국과 파리에서 망명 중인 영국 왕당파 사람들 모두에게 미움을 받게 되었다. 그러자 또다시 신변의 위협을 느낀 홉스는 영국으로 도망쳤다. 당시 영국에서는 군인이자 정치가였던 크롬웰Oliver Cromwell이 권력과 군사력을 모두 쥐고 있었다. 홉스는 크롬웰에게 영국으로 돌아가고 싶다는 뜻을 전달했고, 영국으로 돌아온 홉스는 크롬웰이 제안한 자리를 완곡하게 거절하며 정치활동은 하지 않았다. 이후 1666년~1667년 런던에서 대화재가 일어나고 전염병이 창궐하게 되자 교회는 홉스가 신성을 모독했기 때문에 재앙이 일어났다고 그를 공격하기 시작했다. 이에 겁에 질린 홉스는 황급히 자신이 가지고 있던 원고를 모두 불태워버렸다. 이처럼 동시대 사람들과 비교해 봤을 때 홉스는 '평화와 안전'에 매우 민감했으며, 또 이를 가장 절박하게 원했던 인물이었다. 이렇게 소심한 성격을 지닌 그가 어떻게 그 당시 정치와 철학에 도전하는 내용을 주장할 수 있었는지 정말 놀라운 일이다. 특히 자유에 대한 그의 관점은 상당히 혁신적이었다.

홉스는 자유란 본래 개인이 가지고 있는 의미에서의 '아무런 방해가 없는 상태'라고 보았다. 또 자유인이란 '자신의 힘과 지혜로 할 수 있는 일 중에서 원하는 일을 어떠한 방해도 받지 않고 할 수 있는 인간'이라고 생각했다. 이와 관련해 그는 다음과 같이 말했다. "같은 이치로 우리가 자유롭게 말을 할 경우 자유로운 것은 목소리나 발음이 아니라 인간이다. 말하려는 인간에게 다른 방식으로 말하라고 법률적으로 제약할 수는 없다. 마지막으로 자유의지라는 것도 의지, 의욕, 의향의 자유를 말하는 것이 아니라 인간의 자유를 말한다. 즉 그것은 의지, 의욕, 의향을 가지고 어떤 일을 하는 데 아무런 방해도 받지 않는다는 것을 가리킨다."

자유에 대한 깊은 성찰과 주장을 통해서 그는 "자유와 필연은 양립한다."는 유명한 말을 남겼다. "예를 들어 물은 물길을 따라 흘러 내려갈 자유뿐만 아니라 필연성도 가지고 있다." 그의 관점에 따르면 인간의 행위는 비록 자신의 의지에서 나오지만 인간의 의지에서 비롯되는 모든 행동, 의욕, 의향은 '어떠한 원인'에서 비롯된 것이므로 '필연적인 행동'이라는 것이다. 홉스는 이러한 원인이 최종적으로 귀결되는 '모든 원인의 원인은 신'이라고 주장했다.

그의 철학은 요즘의 인권론 관점에서 보면 몇 가지 한계가 분명히 있다. 하지만 자유와 필연의 관계를 주장한 부분만큼은 오늘날까지도 많은 시사점을 제공해 준다.

또한 홉스는 인간들이 평화를 이루어 자신들의 생명을 보호하기 위해선 '인위적인 계약'을 통해 국가를 이루어야 한다고 주장했다. 그리고 이러한 국가를 '리바이어던'이라 표현했다. 홉스의 설명에 따르면 자연 상태의 인간들은 원하는 대로 모든 것을 할 수 있는 '자연권'을 누리지만 불행하게 살아간다. 인간들은 자신의 이익을 위해 끊임없이 싸워야 하고, 그렇기에 결국에는 안전하고 평화로운 삶을 갈망하게 된다. 이에 인간들은 자신의 자연권을 포기하고 한 사람 또는 하나의 집단에 권력을 맡기기로 계약을 맺는다. 이러한 한 사람 또는 한 집단은 모두의 의지를 하나의 의지로 결합하고, 모두의 인격을 하나의 인격으로 통합시킨다. 이에 모든 사람들은 그의 의지에 복종하고, 그의 판단을 따른다. 이것이 바로 사회계약이며 한 사람, 또는 집단은 바로 최고의 권력을 지닌 주권자이다. 그리고 이러한 사회계약을 통해서 모든 사람들의 인격이 하나로 통일되는 강력한 국가가 형성된다. 그는 이러한 과정으로 진행되는 국가의 형성에 대해 이렇게 결론 내린다. "이로써 위대한 리바이어던이 탄생하였다. 좀 더 경건하게 말하자면 이는 살아있는 신의 탄생이었다."

홉스의 사회계약설은 근대 시민사회 형성과 민주주의 토대를 마련하는 데 상당한 영향을 끼쳤다.

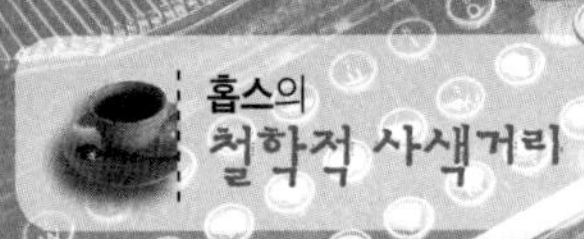

진정한 자유의 가치와 의미는 어떤 것일까?

경력이나 정치적 입장에서 본다면 홉스는 언급할 만한 가치가 없는 인물이다. 그는 새로운 세력이 힘차게 부흥하던 시기에 시대적 흐름에 역행했으며, 심지어 반대했다.

하지만 이러한 이유 때문에 그의 가치를 완전히 폄하할 수는 없다. 어느 평론가는 다음과 같이 말했다. "토마스 홉스와 같은 시대에 활동했던 사람들 중에서 이처럼 사상적으로 독립된 가치를 지닌 인물은 없었다. 19세기에 이르러서야 비로소 그의 주요 원칙들에 담긴 현대적인 의미가 이해될 수 있었고, 이로써 그는 온전히 인정받을 수 있었다. 홉스가 제시한 자유와 필연의 관계 또한 마찬가지이다."

'암탉의 이미지'를 보고 달걀이 가진 영양가를 판단할 수는 없다. 달걀이 가진 영양을 온전히 흡수하려면 먹고 소화시키는 방법밖에는 없다. 만약 이 말을 이해하지 못한 채 고지식하게 '이치'만을 따지며 무조건 '폄하'해 버린다면 그건 본인의 무식함만을 드러낼 뿐이다. 물론 무조건 덥석 받아들이면 '소화불량'에 걸릴 수 있다.

그렇기에 나는 우리 모두가 철학 속에 담긴 지혜를 음미할 줄 아는 '미식가'가 되기를 희망한다.

마음이 공허할 때

데카르트 René Descartes

— 나는 생각한다, 고로 나는 존재한다

현대 서양철학의 기초를 마련한 대철학자의 인간 존재를 규명하는 명제.
인간은 '생각하기 때문에 동물과 구별되는 존재'라는 이원론적 존재론의 명언.

데카르트는 분석적 기하학을 창안함으로써 정교한 수학의 방법을 철학에 적용하는데 성공했다. 철학이 확실성과 증거라는 점에서 기하학과 비슷해지고, 그것을 통해 그때까지 나타났던 서로 대립하는 의견들의 불확실함에서 벗어나도록 하기 위해서 그는 수학적 논증을 주로 사용했다. 데카르트는 인류가 고민해왔던 형이상학적인 물음들, 무엇보다도 신의 여기 있음과 인간 영혼의 본질에 대한 물음을 수학적 논거 증명을 통해 규명해보려고 하였다.

데카르트에게 철학이란 형이상학적인 물음을 내놓는다는 의미였다. 수학의 공리처럼 직접적으로 확실하고 명백하고, 그래서 철학의 전체구조를 떠받칠 수 있는 한 지점을 찾아내는 것이 그가 궁구한 철학의 목적이었다. 그렇게 절대적인 시작을 하려면 온갖 잠정적인 확실성들을 먼저 파괴하는 일이 꼭 필요했다. 그때까지는 의심의 여지없는 참이라고 생각되어온 것들을 의심해보아야 했다. 그래서 데카르트는 "모든 것을 근본부터 뒤집어 엎고 맨 처음 토대부터 새로 시작하는 것"을 자신의 과제라고 보았다. 그는 단호하게 온갖 위험을 무릅쓰고 의심하는 생각의 자유 속에 자신을 세웠다. 그는 매우 대담하게 과격한 의심을 하면서 새 시대의 철학을 위한 결정적인 출발을 이룰 수 있었다. 그렇게 새 시대의 새로운 철학은 데카르트의 뒤를 따라 주체와 그 자유에 기초하게 되었다.

우리는 근본적으로 자신의 존재에 대해서 집요할 정도로 큰 관심을 가지고 있다. 인간이 그토록 알고 싶어 하는 '존재의 이유'에 대해 17세기 프랑스의 대철학자이자 수학자이며 물리학자인 데카르트René Descartes는 "나는 생각한다. 고로 나는 존재한다."는 말을 통해서 근대철학의 시금석이 된 명제를 남긴다.

데카르트는 매우 광범위한 영역을 연구하며 지식의 금자탑을 쌓는 눈부신 성과를 올렸다. 수학 방면에서 그는 당시 나누어져 있던 대수학과 기하학을 결부시키는 데 성공함으로써 해석 기하학을 이루어냈다. 그는 《기하학》에서 기하학 문제를 대수학 문제

로 이해하고, 대수학을 통해서 기하학의 성질을 발견하고 증명해 낼 수 있는 수식을 찾아냄으로써 후세에 '해석 기하학의 아버지'로 불리게 되었다. 그가 이루어낸 수학적 성과는 이후 사람들이 미적분을 연구하는 데 견실한 이론적 토대가 되어 주었고, 미적분 또한 현대 수학의 중요한 초석이 되었다.

한편 물리학 방면에서는 《굴절광학》에서 처음으로 '빛의 굴절 법칙'을 발견해 이론적으로 논증해 내었다. 또 인간의 시력이 정상적이지 못한 원인을 분석해 시력을 교정하는 렌즈를 개발했다. 천문학에서도 데카르트는 갈릴레이의 운동 상대성 이론을 발전시켜 관성운동은 직선운동이라고 주장했다. 데카르트는 운동량이 보존되는 원리를 발견해 내었다. 그는 또 우주 진화론과 우주 소용돌이 등 여러 이론을 발표하였다. 이러한 이론들은 비록 많은 오류를 가지고 있었지만 이후 자연과학자들에게 상당한 영향을 주었다. 하지만 그의 이러한 성과들은 그의 철학적 성과에 비하면 사소하다고 할 수 있다.

철학자 데카르트는 모두가 인정하는 현대 서양철학의 기초를 다진 인물이다. 철학에서 데카르트는 이원론자이자 이성주의자였다. 그는 인류가 수학적 방법이나 이성을 통해서 철학적 사고를 할 수 있다고 생각했다. 이성이 감각기관보다 더 우위에 있다고 믿었던 그는 한발 더 나아가 감각기관을 믿지 말고 모든 것을 의심해야 한다고 주장했다. 이를 통해서 그는 다음과 같은 사실을 깨달았다. 어떠한 것을 의심하고 있을 때 자신이 의심하고 있다는 사실 만큼은 반드시 인정해야 한다. 그리고 의심을 하고 있는 사람은 반드시 생각을 하고 있을 수밖에 없다. 여기서 유명한 "나는 생각한다, 고로 나는 존재한다cogito, ergo sum"는 명제가 성립됐다. 이 명제는 모든 것을 의심해도 의심하는 내가 존재한다는 사실만큼은 의심할 수 없다는 의미를 담고 있다. 왜냐하면 의심하는 것 자체가 생각하고 있는 것이며, 그렇기에 생각하고 의심하는 나는 생각하며 존재하고 있는 존재이기 때문이다. 여기서 '나'는 몸과 마음이 결합된 나를 말하는 것이 아니라 독립적으로 존재하는 정신을 말한다. 그리고 이러한 정신이 바로 나의 근본이다.

데카르트는 "나는 생각한다, 고로 나는 존재한다."는 명제가 철학의 기본 출발점이라고 보았다. 그는 '나'는 육체와 생각이 독립되어 있는 존재이며, 또 생각하기 때문에 동물과 구별되는 존재라고 보았다. 왜냐하면 영혼을 가지고 있는 이원적인 존재인 인간만이 생각을 할 수 있기 때문이다. 반대로 생각할 수 없는 동물은 그저 물질세계에 속하는 존재일 뿐이다.

데카르트는 이러한 관점을 통해서 신의 존재를 다음과 같이 증명해 내려고 했다. "우리는 완전한 존재에 대한 개념을 가지고 있다. 하지만 불완전한 존재인 우리가 완전한 개념을 얻는 건 불가능하다. 그러므로 반드시 완전한 존재가 있어야만 하는데 그것이 바로 결함 없이 이상적인 존재인 신이다."

또 데카르트는 이러한 관점에서 세계를 설명했다. 그는 우주에는 정신세계와 물질세계가 존재한다고 보았다.(그는 이를 '영혼'과 '연장'이라고 불렀다) 이 두 세계는 모두 우리가 살고 있는 세계의 근원으로, 완전한 존재인 신으로부터 이루어진 것들이다.

데카르트의 "나는 생각한다, 고로 존재한다."는 명제는 철학계에 커다란 울림을 주는 대단한 영향을 끼쳤다. '생각하고 있는 나의 존재만큼은 의심할 수 없다'는 의미를 담고 있는 이 명제에는 분명 인간 중심적인 사고관이 분명하게 드러난다. 인간과 동물을 완전히 다른 존재로 인식하고 있는 것이다. 이처럼 인간이 자신의 존재를 인식할 수 있다는 점, 특히 인간의 정신이 다른 동물과 다른 가치를 지닌다는 점은 상당한 의미를 내포하고 있다. 그리고 이것은 셰익스피어가 쓴 《햄릿》의 한 구절을 떠올리게 한다. "인간은 대단한 걸작이 아닌가! 이성은 얼마나 숭고하고, 능력은 얼마나 위대하며, 용모는 얼마나 아름다우며, 행동은 얼마나 우아한지! 행동하는 것은 천사와 같고, 품고 있는 지혜는 신과 같다! 우주의 정수이자 만물의 영장이다!" 이 말은 데카르트의 명제가 담고 있는 의미를 한층 더 발전시킨 문학적 표현이라고 할 수 있다.

물론 이 명제를 기초로 신과 우주를 바라보는 데카르트의 시선은 편파적이다. 이 점은 이후 여러 사람들에게 비판을 받아야 했다. 그리고 한편으론 데카르트를 연구하는 많은 학자들이 의문을 가졌던 부분이다. 그는 인간의 가치를 강조하면서도 어째서 신의 존재를 증명하는 데 열중한 것일까? 오늘날까지도 여전히 많은 학자들이 이 부분에 대해서 연구하고 분석하고 있다!

1649년 스웨덴의 크리스티나 여왕의 초대를 받은 데카르트는 스톡홀름 궁에서 철학을 강의했다. 그런데 문제가 생겼다. 여왕이 매주 수요일 새벽 5시로 강의시간을 정해 놓은 탓에 평생 늦잠을 자며 살아왔던 데카르트는 갑자기 일찍 일어나야만 했다. 게다가 극도로 추운 날씨에 몸이 많이 약해져 있었다. 결국 그는 감기에 걸렸고, 병세가 심해져 1650년 2월 11일 '곰과 얼음과 바위'가 있는 스톡홀름에서 향년 54세에 눈을 감는다.

자신의 존재에 대한 고민을 어떻게 할 것인가?

항상 주변 사람들에게서 생활리듬이 너무 바빠 나 자신을 돌아볼 여유가 없다는 하소연을 듣곤 한다. 그리고 나 역시 매일 급한 요구들을 처리하며 발에 땀나도록 일하느라 나 자신을 생각할 시간을 갖지 못한다.

하지만 그럼에도 우리가 존재한다는 사실은 분명하다. 심지어 모든 것을 깐깐하게 의심하던 사상가도 자신이 존재한다는 점과 자신이 존재하기에 생각할 수 있다는 점을 인정할 수밖에 없었다. 그렇다면 우리는 어째서 가장 기본적인 문제인 자신의 존재에 대한 고민을 하지 않는 것일까? 또 우리가 자신을 찾지 못한다면 이렇게 바쁘게 사는 게 다 무슨 의미가 있을까?

그러니 아무리 바쁘더라도 자신을 위해 짬을 내어보도록 하자. 그리고 한번 '나는 어떤 사람일까?', '나는 어떤 사람이 되고 싶은 걸까?', '나는 어떤 사람이 될 수 있을까?', '무엇을 해야 내가 원하는 사람이 될 수 있을까?' 등과 같은 근본적인 질문을 통해서 자신을 되돌아보도록 하자. 자신이 가야 할 목표를 정한 뒤 노력해 나간다면 설사 목표를 이루지 못하더라도 과정을 통해서 더욱 만족스러운 삶을 살아갈 수 있다.

어쩌면 누군가는 이것이 개인주의를 부추기고 집단주의의 원칙을 무너뜨리는 위험한 생각이라고 주장할 지도 모른다. 하지만 나는 그렇다면 진정한 집단주의란 개인의 존재가 사라진 것을 말하는 것인지 반문하고 싶다.

'자유인의 연합체'라는 이상적인 상태에 들어가기 위해선 먼저 스스로 '자유인'이 되기 위해서 노력해야만 한다. 그리고 '자유인'이 되기 위한 전제조건은 바로 자신의 존재를 스스로 인식하는 것이다.

나는 생각한다, 고로 나는 존재한다. 그리고 나는 존재한다, 고로 나는 생각한다. 생각을 통해서 자신을 찾고, 자신의 존재를 통해서 생각의 의미를 찾는 것이야말로 우리의 삶을 더욱 즐겁고 의미 있게 만드는 일이다.

우울할 때

스피노자 Baruch Spinoza

— 마음의 가장 큰 덕성은 이해이다

도덕적인 최상의 선을 추구했던 진정한 자유인이 가고자 했던 철학적 목표.
근대 윤리학의 새 지평을 연 고매한 철학자의 감정의 주인이 되기 위한 명제.

높은 지위에 있는 어느 한 정부 관료가 유명한 철학자를 만나러 갔다. 당시 철학자는 안경알을 갈며 생계를 유지하고 있었다. 철학자가 낡은 잠옷 차림으로 나오자 그 관료는 한심해하며 새로 잠옷을 보내주겠다고 했다. 그러자 철학자는 그의 제안을 거절하며 말했다. "좋은 옷이 그 사람을 가치 있는 사람으로 만드는 것은 아닙니다." 물론 낡고 헤진 옷을 입는 것이 미덕은 아니다. 용모나 옷차림에 전혀 신경을 쓰지 않은 채 창작에만 열중하는 예술가의 모습이 '미덕'인 건 아니기 때문이다. 그리고 덧붙여 철학자는 다음과 같이 말했다. "그렇다고 외모에 신경 쓰지 않고 볼품없이 행동하려 해서는 안 됩니다. 일부러 외모와 행동에 신경을 쓰지 않는다면 그것은 자신의 정신이 빈약하다는 것을 증명하는 것입니다. 이런 사람의 머릿속에 지혜가 들어설 자리는 조금도 없습니다."

이와 같이 비범한 말을 한 인물은 유럽 부르주아혁명 초기에 유물론자이자 무신론자로 활동한 네덜란드 철학자 바뤼흐 스피노자 Baruch Spinoza이다.

1632년 11월 24일에 스피노자는 암스테르담Amsterdam에서 유대인 상인의 아들로 태어났다. 그의 아버지는 아들에게 신의 은혜를 받고 살라는 뜻에서 '스피노자'란 이름을 지어 주었지만 그의 삶은 그렇지 못했다. 6살 때 그는 폐결핵으로 어머니를 잃어야 했다. 그리고 7살 때 유대교회학교에 보내졌고 13살 때 유대교 정식 신도가 된다. 하지만 이후 그는 사상의 자유를 주장하며, 영혼불멸설과 천사의 존재를 부인했고 결국 24살 때 유대교회로부터 완전히 파문을 당했다. 당시 유대교회는 시청 당국에게 암스테르담에서 그를 쫓아내라고 요구하기도 했다. 이에 스피노자는 이곳저곳을 떠돌면서 렌즈를 갈아주는 일로 생계를 유지했다.

28살 때 스피노자는 레이덴Leiden 근교에 위치한 레인츠뷔르흐 Rijnsburg로 이사를 한다. 오늘날 그가 거주했던 집은 기념관이 되어 있으며 그의 이름으로 된 길도 조성되어 있다. 31살 때 그는 다시 헤이그Hague 인근에 위치한 보르뷔르흐Voorsburg로 이사한다. 당시 그는 망원경 성능을 높이기 위해 노력했던 천문학자 하위헌스Christiaan Huygens가 찾아올 만큼 렌즈 가는 솜씨가 탁월했다. 하지만 렌즈를 가는 일은 그의 건강에 치명적인 위협이 되었고, 33살 때 이미 폐결핵 증상을 보이고 있었다. 37살 때 그는《신학정치론Tractatus Theologico-Politicus》을 익명으로 출판하지만 곧 본인임이 밝혀져 큰 위협을 받았고, 1671년 교회로부터 금서로 지정되었다.

41살 때 스피노자는 하이델베르크 대학 철학교수로 초빙되면서 가난한 삶을 바꿀 수 있는 기회를 얻게 되지만, 철학을 가르칠 자유를 보장 받지 못할 것을 걱정해 거절한다. 이후 그는 43살 때 자신의 대표 저서인《에티카Ethica Ordine Geometrico Demonstrata》를 완성하지만 교회의 방해로 인해 결국 출판을 포기한다. 이후 스피노자는《국가론Tractatus politicus》을 완성하지 못한 채 폐결핵 증상이 심해져 1677년 2월 21일 45살의 나이에 세상을 떠났다. 이후 그의 친구들은 그가 남긴 미발표된 저서들인《에티카》,《국가론》,《지성개선론Tractatus de intellectus emendatione》,《히브리어 문법 개요Compendium Grammatices Linguae Hebraeae》,《서간집》을 묶어 유고집으로 출판하였다. 이 책은 편집자나 출판사 이름도 없었으며, 작가의 이름도 간단히 'B.D.S'라고만 적어 출판하였다. 하지만 이마저도 1678년 네덜란드 정부에 의해서 발행이 금지되었다.

파란과 고난의 역경 속에서 싹튼 스피노자의 철학에는 윤리학

의 색채가 짙게 묻어난다. 그는 명확하게 자신의 철학 목적을 도덕적인 최상의 선, 즉 인생에서 가장 완벽한 경지에 이르는 것이라고 규정하고 있다. 스피노자의 철학은 실체론, 인식론, 윤리학 이렇게 세 부분으로 이루어진다. 그의 철학 기초가 되는 실체론에서 그는 실체, 속성, 양태에 대해 이야기했다. 그가 말하는 실체란 '자신 안에 있으며, 자신에 의해서 이해되는 것'이다. 또 속성은 실체의 '본질'이며, 양태는 '실체가 변한 모습, 즉 다른 것 안에 있으며, 다른 것을 통해서 인식되는 것'이다. 이러한 구조를 통해서 스피노자는 실체는 기초이자 핵심이며 또 인식의 대상이라고 생각했다. 인식의 목적은 실체를 인식하는 것을 통해서 가장 높은 경지인 최상의 선에 이르는 것이다. 《윤리학》에서 스피노자는 이러한 인식론을 기반으로 인식을 의견 또는 상상, 이성, 직관 이렇게 세 가지로 구분하고 있다. 또 스피노자는 기하학을 모델로 한 연역법을 통해서 자연이 즉 신이라는 결론에 이르렀다. 자연과 신이 동일하다고 생각한 것이다. 그에게 실체, 신, 자연, 우주는 모두 같은 의미를 지니고 있었고, 이러한 관점은 그가 박해를 받게 되는 원인이 되었다. 그는 감정의 속박에서 벗어나 영혼을 통해 깊이 인식하고 이해함으로써 인간이 최상의 선에 이르게 된다면 '자유인'이 될 수 있다고 생각했다. 그래서 스피노자는 이성을 통해서 감정을 이해하고 통제해 감정의 주인이 되어야 한다고 주장했다.

스피노자가 세상을 떠나고 100여 년이 지난 뒤에야 비로소 세상은 그의 놀라운 철학적 가치를 인정하기에 이른다. 1800년 그가 마지막으로 살았던 곳인 헤이그에 그를 위한 동상이 세워졌다. 그리고 1882년 네덜란드 스피노자 기념위원회는 새롭게 그의 저서들을 엮어 《스피노자 전집》을 출판하였다. "스피노자는 위대한 철학자들 중에서 가장 고상한 인품을 갖춘 매력적인 인물이다. 지적인 면에서 그를 넘어선 철학자는 있었지만 도덕적인 면에서 그는 가장 높은 경지에 오른 철학자다."라는 러셀의 평가는 스피노자 일생을 가장 잘 설명해주고 있다.

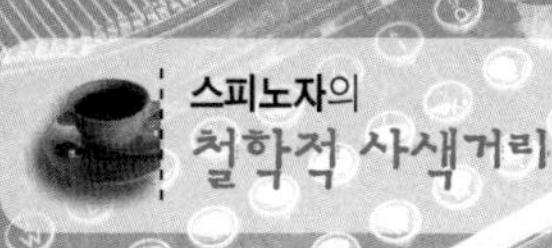

진실로 '신성'을 느끼는 방법은 무엇인가?

그의 대표작인 《에티카》의 서문에는 스피노자의 신은 중세 사람들이 아는 신과는 달랐다는 점을 확연하게 느낄 수 있다. 그래서 후세 사람들도 그를 가르켜 '신(神)에 취한 사람, 스피노자'라고 불렀다. 스피노자의 철학적 관심사는 결국 지속적인 기쁨을 누릴 수 있는 삶, 지극히 행복한 삶을 탐구하는 것이었다. 책의 서문에는 그의 이런 목표가 이렇게 기록되어 있다.

"혹시 참된 선이 존재하는가. 사람은 그것을 이해할 수 있는가, 다른 모든 것을 다 제쳐두고 오직 그것만으로 영혼이 지속될 수 있는가. 그것을 발견하여 얻은 뒤로는, 그것을 통해 영원토록 지속적인 최고의 기쁨을 누릴 수 있는가. 나는 이러한 것들을 탐구해보기로 결심했다."

'신이 있는 것처럼'과 '최상의 선'을 이루기 위해 정해진 규칙에 따라서 나아가야 한다. 한번 생각해보자. 자신의 행동을 감시하는 두 눈이 없다면 우리는 아마도 거리낌 없이 나쁜 짓을 저지를 수도 있다.

만약 신이 그저 경배해야 하는 대상이라면 우리는 신을 완전히 버릴 수 있다. 하지만 만약 신이 우리가 발전할 수 있는 길을 제시해주는 대상이라면 우리는 신의 말을 모두 인정해야 한다. 이는 반드시 유신론을 받아들여야 한다는 것이 아니라 '신성'의 시험을 받아들여야 한다는 말이다. 여기서 '신성'이 뜻하는 것이 신, 실체, 자연 중 무엇인지는 중요하지 않다.

내가 한 일을 아무도 모른다 할지라도 하늘은 알고 있다.

깊은 사색에 잠길 때

로크John Locke

— 모든 지식은 경험을 통해서 이루어진다

영국 경험론의 대표 철학자가 남긴 지식의 형성에 대한 명제.
인간은 백지 위에 흔적을 남겨야 관념과 지식이 형성된다는 경험론의 대표 명언.

아이에겐 규칙을 최소한으로 해줘야 한다. 규칙은 부족하다고 생각되는 것보다 더 적어야 한다.…… 규칙만 가지고 아이를 가르치면 안 되며, 머리로 외운 규칙은 아이가 항상 잊어버리게 된다는 사실을 꼭 기억해두자. 반드시 가르칠 필요가 있는 일은 기회가 있을 때마다 스스로 실천하도록 해서 습관이 몸에 배도록 해주어야 한다. 그리고 가능하면 실천할 수 있는 기회를 최대한 많이 만들어줘야 한다. 이런 방식으로 좋은 습관을 길러준다면 기억할 필요 없이 자연스럽게 스스로 효과가 나타날 것이다.

철학자들은 습관과 동떨어진 삶을 산다고 생각하는 사람들이 많다. 그래서 위의 글을 철학자가 썼다고 한다면 분명 믿지 않는 사람도 있을 것이다. 하지만 이는 사실이다. 위의 글은《교육론 Some thoughts concerning education》이란 책에서 인용한 아이의 교육에 대한 부분으로, 저자는 17~18세기 영국 경험론의 창시자이자 철학자이며 교육자인 존 로크John Locke이다.

로크는 개인적으로 비교적 평탄한 삶을 살았던 인물이다. 1632년 8월 29일 잉글랜드 남부에 위치한 링턴Wrington이란 마을에서 청교도 집안의 아들로 태어난 그는 1646년 웨스트민스터 학교 Westminster School에 입학해 전통 고전문학을 배운다. 그 뒤 1652년 옥스퍼드 대학에 입학해 1656년에 학사학위를, 1658년에는 석사학위를 연달아 취득한다. 그리고 이후로도 계속 옥스퍼드 대학에서 그리스어와 철학을 가르치며 교육자의 길을 걸었다. 대학에 적을 두고 있었지만 로크는 당시 교내에서 유행하던 스콜라철학에는 별다른 흥미를 가지지 못했다. 오히려 그는 데카르트철학과 자연철학에 더욱 몰입했고 이 철학들을 자신의 철학 이론의 기반으로 삼았다. 1666년 로크는 애슐리 경Lord Ashley을 만난다.(애슐리 경은 이후 1672년에 새프츠베리 백작Earl of Shaftesbury이란 작위를 받는다.) 그리고 다음해 로크는 그 집안의 주치의 겸 가정교사와 비서로 들어간다. 이후부터 로크는 영국 휘그당을 이끌던 애슐리 경을 따라 자연스럽게 정치활동에 참여하게 되었고, 저절로 철학과 의

학연구를 소홀히 하게 되었다. 그러던 중 1675년 영국을 떠나 프랑스에서 3년 동안 머무르면서 그는 여러 중요한 사상가들과 교류한다. 그리고 이 경험은 이후 그가 자신의 사상을 발전시키는 데 매우 중요한 자양분이 된다. 1682년 섀프츠베리 백작이 주도하던 반란이 실패하면서 로크와 섀프츠베리 백작은 함께 네덜란드로 피신을 간다. 그리고 다음해에 백작이 세상을 떠난 뒤에도 그는 1688년까지 계속 네덜란드에 머무른다. 이 시기 동안 그는 이름을 숨긴 채 생활하며《인간지성론Essay concerning Human Understanding》을 비롯해 많은 저서들을 완성했다.

1688년 영국은 유혈사태 없이 '명예혁명'을 성공시키면서 입헌군주제를 수립한다. 이에 로크 역시 런던으로 돌아와 새로운 정부의 내각인사로 활동하며, 무역과 식민지 업무를 맡는다. 그 당시 로크가 제시한 정치 자유와 분권 원칙은 유럽 여러 나라의 당대 정치혁명의 실천방향이 되었다. 또 그는 1690년에 자신의 대표작인《인간지성론》을 발표하였고, 이로써 '철학자와 정치이론가'로 명성을 떨쳤다. 이에 러셀은 "로크는 철학자 중에서 최고 행운아라고 할 수 있다. 자신과 정치적 견해를 공유했던 정치인들이 영국 정계를 장악했을 때 마침 자신의 이론 철학 저서를 완성할 수 있었으니 말이다."라고 평가했다. 이러한 글을 통해서 우리는 로크의 삶을 좀 더 자세히 이해할 수 있다. 평생 동안 독신으로 살던 로크는 1704년 10월 28일 여러 논쟁거리를 남긴 채 세상을 떠났다.

유럽 근대철학에서 상당한 성과를 거두었던 로크의 업적은 주로 교육이론, 정치이론 그리고 철학이론에 집중되어 있다. 그는 철학에서 경험을 중시하는 관점을 펼쳤다.

그는 자신의 철학의 출발점을 '인간 지식의 기원, 범위, 확실성'을 아는 것에 두었다. 그리고 자신의 철학 목적을 달성하기 위해 《인간지성론》을 통해 당시 유행하던 "인간은 태어나면서부터 관념을 가지고 있다."는 '생득관념론'을 비판하며, "인간의 마음은 아무것도 적혀 있지 않은 '빈 서판'과 같다."는 '백지설'을 주장했다. 그는 경험을 통해서 백지 위에 흔적을 남겨야만 비로소 관념과 지식이 형성된다고 보고, 다음과 같이 말했다. "지식은 두 관념의 일치와 불일치에 대한 지각이다. 그러므로 지식은 다른 것이 아니라 단지 어떠한 관념 사이에 결합이나 일치, 또는 모순이나 불일치의 지각이다. 이를 통해서 지식은 성립된다. 지각이 있는 곳에 지식이 있으며, 지각이 없는 곳에서는 이를테면 상상할 수 있고, 추측할 수 있고, 믿을 수 있겠지만 어떠한 지식도 얻을 수는 없다." 이처럼 "모든 지식은 경험을 통해서 이루어진다."는 명제는 그의 철학이론의 핵심이다. 그는 이 문제를 더욱 자세히 설명하기 위해서 관념을 단순관념과 복잡관념으로 나누었다. 또 관념 사이에 일치 또는 불일치를 명확히 알기 위해서 '동일성 또는 차이성', '관계', '공존 또는 필연적 결합', '실재' 이렇게 네 가지 관계로 구분했다. 그리고 이 네 가지 관계의 복잡한 변화가 세 가지 등급의 지식인

'직관에 의한 지식', '이성에 의한 지식', '감각에 의한 지식'을 구성한다고 보았다. 이에 그는 지식의 범위 역시 네 가지 유형의 관계와 세 가지 등급의 지식에 국한된다고 주장했다.

이러한 로크의 사상은 후세에 상당한 영향을 미쳤다. 로크의 이론은 유럽과 미국의 계몽철학자들에게 영향을 주었다. 루소, 몽테스키외Charles Louis de Secondat Montesquieu, 데이비드 흄David Hume, 칸트 그리고 미국의 제퍼슨Thomas Jefferson과 프랭클린Benjamin Franklin 등은 모두 로크 사상에 영향을 받았다. 로크가 이루어낸 경험론은 이후 조지 버클리George Berkeley 등과 같은 철학자들에 의해서 계속 발전되었고, 유럽의 주요 철학 사상이 되었다. 서양철학사를 연구하는 저명한 학자인 트릴FrankThilly은 로크의 영향에 대해서 "역사상 로크의 사상만큼 인류의 정신과 제도에 깊이 영향을 미친 철학가는 없었다."고 평가했다. 또 마르크스는《정치경제학 비판》에서 로크에 대해 다음과 같이 말하고 했다. "존 로크는 모든 형식의 신흥 부르주아계급을 대표한다. 그는 노동자계급과 빈민과 대립하는 사업가를, 구시대의 고리대에 대립하는 상업가를, 국가의 채무자에 대립하는 금융귀족들을 대변했다. 심지어 자신의 저서에서는 부르주아계급의 지성이야말로 인류의 정상적인 지성이라고까지 증명하였다." 로크에 대한 우리의 이해도 이와 같은 두 가지 평가 사이에서 벗어나지 않는다.

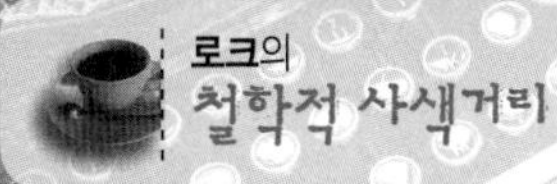

경험과 사색은 지식의 발달에 어떤 영향을 끼치는가?

가끔씩 세상의 풍파를 견뎌온 노인들을 볼 때면 부러운 마음이 생기곤 한다. 이겨 낼 수 없을 것이라 생각되는 시련도 그들은 자신의 경험으로 가볍게 흘려보내곤 하기 때문이다. 이처럼 풍부한 경험은 삶에 매우 중요한 지식이 된다.

하지만 지식은 단지 경험만으로는 발전할 수 없다. 지식을 발전시키기 위해선 감각을 통한 경험뿐만 아니라 깊은 사색도 필요하다. 그렇기에 이성을 통해서 자신의 지식을 넓혀 가는 게 중요하다.

감각은 우리가 사는 세상을 아름답게 해주고, 이성은 우리가 깊은 사색을 할 수 있게 해준다. 그러므로 두 가지 모두 세상을 알아가는 데 꼭 필요한 능력이라 할 수 있다.

상대성의 시간 속으로

라이프니츠 Gottfried Wilhelm Leibniz

— 단자는 창문을 가지고 있지 않다

무수히 많은 단자들은 세상의 사물들을 구성하는 요소라는 정신의 실체에 대한 명제.
'단자론'과 '예정조화설'로 근대 형식논리학의 지평을 연 대철학자의 일성.

라이프니츠를 언급할 때면 늘 약방의 감초처럼 비교되는 과학자가 바로 뉴턴이다. 어찌 보면 뉴턴과 라이프니츠는 과학자로서 숙명과도 같은 존재로 동시대를 살았던 인물이 아닐까 하는 생각을 지울 수 없다. 뉴턴과 라이프니츠는 태양의 움직임으로만 시간을 가늠하던 때에 태어났지만 곧 동량의 시간을 언제 어디서나 측정할 수 있는 변혁의 시대를 맞이하게 됐다. 두 사람에게 근대의 상징처럼 여겨지는 '시간'에 대한 연구는 거의 숙명과도 같은 발명품이었다.

청년 시절 두 사람은 두 번 정도 서로 편지를 교환한 적이 있다고 한다. 이 편지에서 라이프니츠와 뉴턴이 각자 자신이 먼저 미적분을 발견했다며 분쟁한 것은 유명한 일화다. 그런데 두 사람의 분쟁은 미적분에 그치지 않았다. 그 이후 두 사람은 '시간'에 관한 치열한 논쟁으로 또 한 번 불을 튀겼다. 영국을 대표하는 수학자였던 뉴턴과 독일의 사상가이자 과학자였던 라이프니츠는 시간에 대해 전혀 다른 정의를 내렸다. 뉴턴에게 시간은 '수학적인 시간', '절대 시간'인 반면 라이프니츠는 시간을 같은 공간에 존재하지 않는 것들 간의 '관계' 즉 상대적인 개념으로 보았다.

물론 역사에 증명하는 바와 같이 당시 과학계는 뉴턴의 손을 들어줬다. 당시 '절대적 시간'은 근대 문명의 상징과도 같았기 때문이다. 당시 사람들은 태양 대신 시계를 통해 시간을 읽기 시작했고, 그리니치 시계가 알려주는 '세계 표준시간'까지 갖게 됐다. 하지만 진짜 싸움은 그로부터 2세기나 더 지나 결판이 나고 말았다. 바로 라이프니츠의 '상대적 시간'이 20세기 아인슈타인의 상대성 이론에 접목돼 비로소 빛을 볼 수 있게 됐던 것이다.

이렇듯 우리에게는 뉴턴과의 숙명적인 대결로 주목받던 과학자로 더욱 부각돼 있는 라이프니츠Gottfried Wilhelm Leibniz는 사실 수학, 물리학, 역학, 논리학, 생물학, 화학, 지리학, 해부학 등 다양한 분야에 눈부신 업적을 남겼던 당대 최고의 철학자이자 사상가, 과학자였다.

라이프니츠는 1646년 7월 1일 독일 동부 라이프치히Leipzig의 학자 가문에서 태어났다. 그의 아버지는 라이프치히 대학의 윤리학 교수였으며, 어머니도 교수 집안 출신으로 루터교의 독실한 신자였다. 이처럼 인문학 소양이 풍부한 부모님을 통해서 라이프니츠는 삶을 살아가는 자세를 배웠다. 1661년 15살 때 라이프치히 대학에 입학한 라이프니츠는 그곳에서 법률을 공부한다. 그리고 1663년 5월에 〈개체의 원리에 관하여De Principio Individui〉란 논문으로 학사학위를 취득한 뒤, 연이어 1664년 1월에는 〈법전의 철학적 문제의 범례Specimen Quaestionum Philosophicarum ex Jure collectarum〉란 논문으로 철학 석사학위를 취득했다. 그리고 1년 뒤인 1665년에 라이프치히 대학에 박사학위 논문을 제출했으나 1666년 심사위원회는 그가 너무 어리다는 이유로 박사학위를 줄 수 없다고 거절하였다. 이 일로 화가 난 그는 라이프치히를 떠나 뉘른베르크 근처에 위치한 알트도르프 대학에서 이전부터 준비해 왔던 논문을 제출해 1667년 2월 법학 박사학위를 취득한다. 하지만 대학이 제안한 법학과 교수 자리는 거절한다.

라이프니츠는 역사상 보기 드문 다양한 재능을 가진 수재였다. 그는 생전에 수학, 물리학, 역학, 논리학, 생물학, 화학, 지리학, 해부학, 동물학, 식물학, 기체학, 항해학, 지질학, 언어학, 법학, 역사, 외교 등 다양한 분야를 연구했고, 각각의 분야에서 상당한 성과를 거두었다. 또 뉴턴과 마찬가지로 미적분을 발명한 인물이기도 하다. 게다가 1673년에는 덧셈, 뺄셈, 곱셈, 나눗셈과 제곱근을 계산할 수 있는 계산기를 만들었고, 주역 64괘를 보고 이를 연관시켜 이진법 체계를 만들어 계산기의 발전을 위한 초석을 마련했다. 또 광학과 같은 물리학 방면을 연구해 많은 성과를 거두었다.

지질학에서도 그의 빼어난 성과는 이어졌는데 바로 1693년에 지구의 기원에 관한 글을 발표한다. 이 글은 나중에 《프로토게아 Protogaea》라는 책으로 출판되었다. 그는 이 책에서 지구가 뜨거워 암석과 퇴적암이 형성되었다고 주장했다. 또 형식논리학 방면에서는 이성의 진리(필연성의 명제), 사실의 진리(우연성의 명제)를 구분해 연구했으며, 논리학에 그가 도입한 '충족이유율'이란 이론은 후세 사람들에게 사고의 기본 법칙으로 받아들여졌다. 이처럼 많은 연구 성과를 이뤄낸 그의 이론의 핵심은 '단자론'과 '예정조화설'에 있다.

여기서 라이프니츠가 말하는 '단자'는 무수히 많으며, 비물질적이고, 능동적으로 생각하는 정신을 가진 객관적인 실체를 말한다. 이와 같이 정신을 가진 실체인 단자는 절대적으로 단순해서 부분으로 나눌 수가 없으며 그래서 연장이나 형상도 없다. 즉 단자는 불가분의 존재이다. 이러한 관점에서 라이프니츠는 "단자는 창문을 가지고 있지 않다."는 유명한 말을 남겼다. 또 그는 '영혼'이나 '살아있는 제로'라는 말로 단자의 순수성을 표현하기도 했다.

이처럼 무수히 많은 단자들은 세상의 사물들을 구성하는 요소이며, 각자 개별적으로 독립된 존재이다. 또 단자는 신에 의해서만 생성되고 소멸되기 때문에 자체적으로 영원하다. 라이프니츠는 이러한 단자를 등급으로 나누어 가장 완벽한 단자를 '단자의 단자' 또는 '가장 높은 단자'라고 불렀다.

그렇다면 이렇게 독립적인 단자들이 어떻게 세상을 조화롭게 구성할 수 있는 걸까? 이 질문에 라이프니츠는 '예정조화설'이라는 이론을 내놓았다. 그는 신이 단자를 창조했을 때 이미 모든 단자의 발전 상황을 예견하고 있었다고 보았다. 모든 단자들이 마치 서로 호응을 하는 것처럼 조화롭게 움직일 수 있도록 신이 미리 안배해 놓았다는 것이다. 마치 교향악단의 악기들이 이미 정해진 악보에 따라서 각기 다른 선율을 연주하면서도 모든 음들이 하나로 합쳐지며 완전한 조화를 이루는 것과 같은 이치라고 할 수 있다.

라이프니츠는 평생 독신으로 살면서 그 어떠한 교수직에도 오르지 않았다. 또 평소 교회에 가지 않아 '믿지 않는 사람'이란 별명을 가지고 있었다. 이렇듯 한평생 연구에 매진한 그는 1716년 11월 14일 일흔의 나이에 외롭게 세상을 떠났다. 임종 직전에 함께 있어준 사람은 그가 신임했던 대부와 비서뿐이었다. 그가 숨을 거뒀을 때 성직자도 핑계를 대며 상대해 주지 않았고, 이전에 일했었던 궁정에서도 아무도 조문을 오지 않았다. 그의 비서가 부고를 알린 뒤에야 프랑스 아카데미는 정기회의에서 회원인 라이프니츠에게 간단한 추도문을 보냈다.

하지만 70여 년의 시간이 흐른 뒤 1793년 하노버에는 그를 위한 기념비가 세워졌다. 그리고 1883년에는 라이프치히에 그의 동상이 세워졌으며, 1983년에는 하노버 시가 제2차 세계대전 때 부서진 그가 살았던 집을 그대로 복원해 사람들의 많은 관심을 받았다.

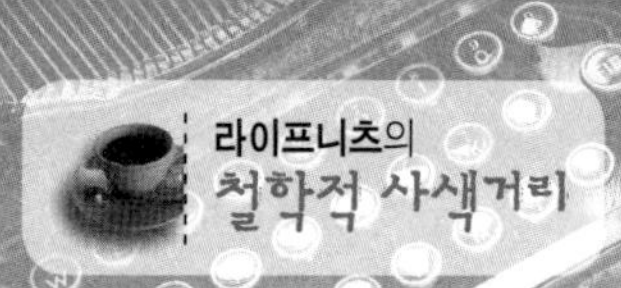

철학자의 위대함과 올바름의 평가를 어떻게 할 수 있나?

이처럼 짧은 지면만을 이용해 라이프니츠의 뛰어난 업적을 설명한다는 것은 너무도 어려운 일이다. 그래서 우리는 어쩔 수 없이 아카데미를 설립하기 위해 오랜 기간 많은 노력을 기울였던 그의 굴곡진 삶을 언급하지 못한 채 넘어갈 수밖에 없다. 아무튼 분명한 것은 오늘날에도 많은 사람들이 그가 남긴 업적에 감탄하고 존경한다는 사실이다.

하지만 이러한 라이프니츠 역시 완벽한 인물이라고 평가할 수는 없다. 위대함과 올바름은 엄연히 다르기 때문이다. 그가 주장했던 많은 관점들은 당시에 철학이나 과학에서 상당한 논쟁을 불러일으켰다. 게다가 그가 생전에 보인 여러 모습들은 우리가 그의 관념론을 온전히 받아들일 수 없게 한다. 더구나 라이프니츠의 이론이 가진 여러 오류들은 이후 사람들을 잘못된 길로 이끌었다.

하지만 '나는 당신이 하는 말에 동의하지 않지만, 당신이 그렇게 말할 권리를 지켜주기 위해서라면 내 목숨이라도 기꺼이 내놓겠다!'는 말처럼 제대로 된 논쟁을 하기 위해선 관용의 자세가 필요하다. 그리고 이러한 정신을 계승해야만 비로소 과거 인류 문명의 성과를 제대로 이해할 수 있다. 그러니 역사가 평가할 수 있도록 하는 것이야말로 또한 가장 공정하게 이론을 평가하는 태도일 것이다.

존재를 느끼고 싶을 때

버클리George Berkeley

— 존재란 지각되는 것이다

서양철학사에서 처음으로 주체와 정신의 적극적인 작용을 긍정한 명제.
정신의 능동적인 역할을 긍정한 감각적 경험을 대표하는 명언.

아일랜드 수도 더블린의 중심가에는 세계적으로 유명한 명문 대학인 더블린 트리니티 대학Trinity College, Dublin이 있다. 이 대학은 더블린 대학으로도 불린다. 처음에는 수도원이었던 이 대학은 영국 엘리자베스 1세가 1592년 건립을 제안하면서 설립되었다. 당시 여왕은 이곳에서 학생들이 로마 가톨릭교와 교황의 영향에서 벗어나 순전히 공부에만 전념하기를 바라는 마음으로 설립하였다. 이 학교는 이후 1903년부터 여성들도 공부할 수 있도록 허용하였는데 이는 대다수의 영국 대학들과 비교했을 때 상당히 앞선 조치였다.

이처럼 더블린 트리니티 대학은 아일랜드에서 가장 오래된 대학이자 가장 지명도 높은 대학이며 유럽 역사에서 가장 오래된 대학 중 하나이다. 영국 옥스퍼드 대학, 케임브리지 대학과 함께 유구한 역사와 전통에 빛나는 이 대학은 하버드 대학, 예일 대학, 프린스턴 대학 등 세계적으로 유명한 대학들과 함께 끊임없이 우수한 인재들을 배출해내고 있다. 또한 세월의 흔적이 느껴지는 고풍스러운 대학 건물들은 찾아오는 사람들에게 명문대학의 분위기와 모습을 느낄 수 있게 해준다. 트리니티 대학을 찾아온 사람들은 이 대학의 담장이나 문 심지어 벽돌 하나에도 오래된 역사와 전통을 느낄 수 있다.

더블린 트리니트 대학은 저명한 대주교이자 근대 경험론을 대표하는 철학자인 조지 버클리George Berkeley와 깊은 연관이 있다.

버클리는 1685년 3월 12일 아일랜드 킬케니Kilkenny 인근의 낡은 성에서 태어났다. 그의 집안은 과거 아일랜드의 명문 귀족 집안이었지만 그가 태어났을 때는 이미 가세가 기울어져 있었다. 버클리의 아버지는 아일랜드 어느 지역의 세금징수원이었고, 어머니는 더블린에서 술을 만들어 파는 상인의 딸이었다. 그는 이 집안에서 큰아들로 태어났으며 밑으로는 다섯 명의 동생들이 있었다.

버클리는 11살 때 킬케니 학교에 들어가 공부를 시작하는데 이곳은 아일랜드에서도 가장 유명한 학교였다. 저명한 작가인 조너

선 스위프트도 버클리보다 14년 먼저 이곳에서 공부한 바 있다. 1700년 버클리는 15살의 나이에 더블린 트리니티 대학에 입학해 라틴어, 그리스어, 프랑스어, 히브리어 그리고 수학, 논리학, 철학, 신학 등 다양한 분야의 학문을 익힌다. 당시 수학과 철학에 깊은 관심을 가졌던 그는 뉴턴의 수학과 물리학, 그리고 로크 등 여러 철학자들의 이론을 깊이 있게 연구했다. 그리고 1704년 2월 24일 우수한 성적으로 학사학위를 취득했으며, 이후 3년 동안 계속 대학에 머물면서 공부와 집필을 이어갔다. 1707년 6월 9일 순조롭게 시험을 통과해 트리니티 대학의 특별연구원이 된 그는 이로써 명실상부한 대학교수가 된다. 그리고 1707년 6월 15일 문학 석사학위를 취득하고 1724년 데리 교구의 사제장으로 임명되기까지 17년 동안 그는 트리니티 대학에 머물렀다. 그 기간 동안 그는 이 대학에서 지도교사, 도서관 관리인, 그리스어 강사 등 다양한 일을 한다. 그리고 1724년 5월 4일 정식으로 데리 교구의 사제장으로 임명된다.

버클리는 사제장에 임명되기 전인 1723년 예상치 못한 거액의 유산을 상속받게 된다. 버클리는 이것이 신의 뜻이라고 생각하고 사제장에 임명된 이후 오래 전부터 구상하고 있었던 버뮤다 섬 계획을 추진하기 시작했다. 버뮤다 섬 계획의 핵심 사업은 바로 버뮤다 섬에 대학을 설립해 미국 인디언들과 종교 사업에 뜻이 있는 영국 청년들이 같이 신학을 배울 수 있도록 하는 지금까지 전혀 볼 수 없었던 새로운 개념의 열린 교육장을 만드는 것이었다. 하지만 정부가 학교 건설 자금을 지급하지 못하게 되면서 결국 이 계획은 무산되었다. 버뮤다 섬 계획이 무산되자 버클리는 자신이 모아온 자금과 대부분의 서적들을 예일 대학에 기부했는데, 그 과정에서 매우 진귀한 라틴어 고서들이 하버드 대학에 전해졌다. 이 일은 당시 미국 교육과 종교 사업의 발전에 상당한 영향을 끼쳤다. 그래서 당시 사람들은 신대륙에 종교·문화 사업을 전파하고 선도한 이 위대한 철학자를 기념하기 위해 학교와 건물들에 그의 이름을 새겨 넣었다. 그 중에서 지금도 세계적인 명문대학으로 평가받고 있는 캘리포니아 대학교 버클리캠퍼스를 들 수 있다.

1734년 1월 버클리는 친구들의 적극적인 도움으로 아일랜드 클로인 주교로 임명된다. 하지만 이때부터 점차 건강이 나빠지기 시작했고, 결국 국무대신에게 주교직을 내려놓고 싶다는 편지를 전달한다. 이에 국왕은 그의 뜻을 받아들여 평생 동안 주교 직함을 유지하는 대신 자신이 원하는 곳에서 생활하라고 명령한다. 국왕의 명령 덕분에 그는 1752년 여름 온 가족과 함께 옥스퍼드에 정착했고, 이후 약 5개월 동안 행복한 생활을 한 뒤 눈을 감을 수 있었다.

버클리의 주관적 관념론의 중요 명제인 "존재란 지각되는 것이다."라는 말은 그의 관념론적 경험주의 입장의 핵심표현이기도 하다. 경험주의에서 버클리와 로크는 감각적 경험으로 얻은 관념이

지식의 대상이므로 감각적 경험이 지식의 근원이라는 관점에는 서로 일치된 견해를 가지고 있었다. 그렇다면 감각적 관념은 어떻게 생겨나는 것일까? 버클리는 지각할 수 있는 모든 사물은 색깔, 소리, 맛, 부드러움, 딱딱함 등 '느낄 수 있는 성질' 또는 관념들의 집합이라고 보았다. 이렇듯 사물은 관념의 집합이다. 그리고 관념은 마음을 떠나서는 존재할 수 없다. 그러므로 그는 지식의 대상이 되는 관념 이외에도 알거나 지각되는 관념들이 있다고 주장했다. 그리고 그것들이 상상, 기억 등 각종 활동의 주동적 실체라고 보았다. 버클리는 지각하는 능력의 주체를 '마음, 정신, 영혼 또는 자아'라고 보았으며, 관념은 그저 마음에 존재하거나 마음에서 지각되는 것이라고 생각했다. 바꿔 말하면 사물들은 마음 또는 생각을 통해 지각되지 않으면 존재할 수 없다는 것이다. "존재란 지각되는 것이다."라는 명제가 강조하는 것도 바로 인식의 대상인 감지되는 사물은 마음의 지각을 떠나서는 독립적으로 존재할 수 없다는 의미이다. 이에 그는 인식대상의 존재는 인식의 주체에 의존하며, 주체인 마음, 정신 또는 자아는 모든 지각되는 사물의 존재할 수 있는 전제이자 바탕이라고 주장했다. 이처럼 버클리의 명제는 서양철학사에서 처음으로 명확하게 주체, 정신의 능동적인 역할을 긍정함으로써 이후 철학 발전에 중대한 영향을 미쳤다.

지각되는 것은 그 자체로 의미가 있는 것일까?

우리가 '지각'하지 못하는 존재가 있지 않을까? 이 질문에 대해 사람들은 지체 없이 '있다'고 대답할 것이다. 인류의 지각능력은 한정되어 있고, 그래서 우리는 한 단계, 한 방면만을 보고 결정하는 경우가 많기 때문이다. "꽃잎은 저절로 시들어 떨어지고, 물도 제 뜻대로 자유롭게 흘러간다." 우리가 발견해 주기를 기다리는 요원하고 신비한 미지의 존재들은 여전히 많이 있다. 그러니 버클리의 명제는 이러한 관점에서 보면 잘못된 것일 수도 있다.

하지만 다른 관점에서 한번 살펴보자. 우리가 인식하지 않는 '자유로운 세계'는 실제로 어떤 의미가 있는 걸까? 인간의 영역에 들어와 지각되지 않는다면 세상에 존재하는 모든 것들은 우리에게 무의미하다. 그런 점에서 보자면 '지각되는 것'은 그 자체로 분명 의미가 있다.

버클리는 바보가 아니었다. 이후의 철학자들 역시 마찬가지이다. 그러니 단순히 전해지는 철학명제들이 우리의 관점과 맞지 않는다고 해서 막연히 '잘못되었다', '터무니없다'고만 생각한 채 무시해 버린다면 정말 바보가 되는 것은 우리일 것이다.

자유를 원할 때

몽테스키외 Montesquieu

— 자유란 법이 허용하는 모든 것을 할 수 있는 권리이다

민주주의의 기본정신인 삼권분립의 기초가 된 명제.
사물의 본성에서 생기는 필연적인 관계를 '법'으로 규정한 법철학자의 명언.

1721년에 네덜란드 암스테르담에서 출판된 《페르시아인의 편지》라는 제목의 서간체 소설이 사람들의 주목을 끌었다. 이 책은 유럽을 여행하는 두 명의 페르시아인이 친구, 아내, 집사 등과 편지를 주고받는 형식으로 되어 있다. 익명의 작가는 이 작품을 통해서 자신의 철학, 정치, 도덕을 소설 안에 담아냈다. 이 소설은 당시 사람들이 자각하지 못했던 프랑스의 모습을 날카롭게 묘사하며 프랑스 봉건제도와 사회생활에서 나타나는 폐단을 냉정한 목소리로 비판했다. 또 종교에 대해서도 깊이 있고 전면적인 비판을 진행하며 종교인들의 위선과 어두운 면을 묘사했다. 아름다운 문체와 감동적인 내용으로 당시 많은 사람들의 사랑을 받았던 이 소설은 18세기 계몽주의 사상을 이끄는 원동력이 되었다.

당시 프랑스 사람들의 대단한 사랑을 받았던 이 소설을 발표한 익명의 작가는 바로 18세기 프랑스의 유명한 계몽주의 사상가이자 법학자이며 역사학자인 몽테스키외Montesquieu이다.

몽테스키외의 원래 이름은 '샤를-루이 드 스콩다Charles Louis Joseph de Secondat'이다. 그는 1689년 프랑스 보르도Bordeaux 인근에 위치한 들 라 브레드 성에서 유서 깊은 귀족 가문의 아들로 태어났다. 그리고 1716년 유언에 따라 숙부의 '몽테스키외 남작'이란 칭호와 권리를 물려받게 되면서 그의 이름은 '샤를-루이 드 스콩다 몽테스키외 남작Charles Louis Joseph de Secondat, Baron de la Brède et de Montesquieu'이 되었으며, 이후 사람들에게 몽테스키외라고 불려졌다. 이후 그는 십여 년 동안 관료사회에 몸을 담고 살아갔지만 관심은 다른 곳에 있었다. 그는 다양한 책들을 두루 섭렵하며 자연과학, 법률, 역사, 철학 등 여러 인문 분야를 연구하는 데 열중했고, 결국 연구에만 몰두하기 위해 자신의 관직을 팔았다. 이로써 그는 '관직을 팔아넘긴' 인물인 동시에 사람들에게 널리 칭송받는 인문학자가 되었다.

몽테스키외는 평소 다양한 분야의 관심을 그 분야에 대한 깊은

탐구와 독서로 돌려 탁월한 학식을 쌓았다. 그 덕분에 수많은 영예를 누릴 수 있었다. 그는 1716년 프랑스 보르도 아카데미 회원이 되었으며, 1728년에는 프랑스 아카데미 회원으로 지명되었고 이후 아카데미의 평생 서기가 된다. 또 국제적으로는 1730년 영국 왕실 학회 회원이 되었으며 1746년에는 베를린 왕실 아카데미 회원이 되었다. 그는 영국에서 2년간 거주할 때 많은 유명 인사들과 두루 교류를 하였고, 오스트리아, 헝가리, 이탈리아, 스위스, 독일, 네덜란드 등 여러 국가들을 여행하면서 다양한 학자들과 광범위한 학술 교류를 했다.

또 그는 여러 영역에 걸쳐 탁월한 업적을 남겼다. 자연과학 방면에서는 《고전과 현대 지구의 물리학 역사에 대한 초안》, 《자연사에 대한 고찰》, 《물체의 중력의 원인에 대하여》 등의 저서를 집필했다. 또 보르도 아카데미에서 지하자원에 관한 논문 두 편을 낭독하기도 했고, 해부학연구를 위해서 장학기금을 마련하기도 했다. 문학 영역에서는 앞에서 언급했듯 1721년 익명으로 《페르시아인의 편지Lettres Persanes》를 발표해 프랑스 사회에 큰 파장을 일으켰다. 이후 얼마 지나지 않아 사람들이 이 책의 작가가 몽테스키외라는 사실을 알게 되면서 그는 명성을 떨치게 되었다. 또 1734년에 발표한 《로마인의 흥망성쇠 원인론Considérations sur les Causes de la Grandeur des Romains et de Leur Décadence》에서는 정치와 법률제도 그리고 풍습 등 사회 발전에 영향을 미치는 요소들에 대해서 초보적인 연구를 진행했다.

하지만 자연과학과 문학에서의 탁월한 성과에도 불구하고 현대인들의 기억에 남는 몽테스키외의 대표 저서는 1748년에 제네바Genève에서 출간한 《법의 정신De l'Esprit des Lois》이다. 이 책은 그가 평생에 걸쳐 고민과 연구를 거듭한 끝에 이뤄낸 성과이자 모든 정신과 노력을 쏟아 부은 인생의 걸작이다. 그는 이 책의 원고를 완성한 이후 "내 평생의 정력을 《법의 정신》에 모두 쏟아 부었다."고 말했다. 이 책은 출판되자마자 바로 사회적 파장을 일으키며 2년 만에 22판의 인쇄를 찍을 만큼 상당한 인기를 끌었고, 여러 언어로 번역되어 법철학에 대한 세계인의 고전이 되었다. 몽테스키외의 주요 학술 관점은 이 책에 모두 담겨 있다고 해도 과언이 아니다.

몽테스키외는 자신의 철학 핵심이론이 담긴 《법의 정신》에서 법에 대해 다음과 같이 말했다. "가장 넓은 의미에서 법은 사물의 본성에서 생기는 필연적인 관계를 말한다. 이러한 의미에서 모든 존재는 그것들의 법을 가진다." 몽테스키외는 '법'을 모든 사물의 필연과 규율을 포괄하는 넓은 의미에서 다루었다. 그리고 이 관점을 인간의 법에 대해서도 똑같이 적용해 다음과 같이 말했다. "법은 인간의 이성이다. 지구상에 모든 인간을 통제하는 것은 바로 인간의 이성이다. 모든 국가들의 정치법이나 시민법은 이러한 인간 이성이 개별 상황에 맞게 적용된 경우에 지나지 않는다."

또 그는 자유와 법의 관계 역시 이러한 기본 관점에서 보았다. 그는 "자유란 법이 허용하는 모든 것을 할 수 있는 권리이다."라고 말하며 자유를 법의 테두리 안에 집어넣었다. 왜냐하면 다른 사람도 같은 권리를 누려야 하기에, 법이 허용하지 않는 위법을 저지르는 사람의 경우에는 더 이상 자유를 누릴 수 없다는 것이다. 또한 몽테스키외는 국민의 정치적 자유를 보장하는 가장 기본적인 수단인 정치법이야말로 국가의 가장 바탕이 되는 법이라고 주장했다. 정치법은 사람들이 자유를 얻을 수 있게 하고, 시민법은 재산을 얻을 수 있게 한다. 정치법은 통치하는 사람과 통치를 받는 사람의 관계를 규정하는 법이다. 그러므로 정치법은 모든 분야의 법보다 앞에 있으며 모든 법은 정치법에 근거한다. 이러한 관점을 기반으로 몽테스키외는 권력이 균형을 가질 수 있도록 '삼권분립'을 해야 한다고 주장했다. 그는 입법권, 행정권, 사법권이 분리되어 서로 균형을 이루는 상태가 가장 이상적이라고 보았다.

볼테르Voltaire가 '이성과 자유의 법전'이라고 칭한 《법의 정신》에 담겨 있는 이와 같은 내용들은 이후 세상에 광범위한 영향을 끼쳤다. 역사적으로 이 책은 부르주아계급의 초기 정치 강령이 되었으며, 정치법 원칙을 제공하는 '법률 백과사전'으로 여겨졌다. 또 프랑스의 1789년 〈인간과 시민의 권리 선언〉과 1791년 〈인권선언〉에 담긴 정치법 조항들은 모두 《법의 정신》에서 언급되어 있는 내용들이다. 또한 미국 건국을 주도했던 사람들 역시 《법의 정신》을 참조했다. 그들은 1787년 미국의 헌법이 제정되었을 때 처음으로 몽테스키외가 주장한 삼권분립이론을 받아들였다.

몽테스키외는 1775년 2월 유행성 감기가 악화되어 세상을 떠났다. 그가 주장한 계몽 사상은 프랑스대혁명에 핵심적인 역할을 했고, 그의 저서들은 오늘날까지도 전해지고 있다.

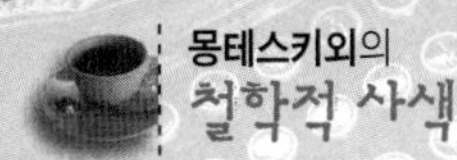

이상적인 자유는 어떠한 모습일까?

인간은 항상 자유를 동경해 왔고, 자유를 쟁취하기 위해 끊임없이 투쟁해 왔다.

하지만 일반인들에게 자유는 언제나 제한적이다. 우리는 자신의 자유와 다른 사람의 자유가 함께 존중되지 못할 때 항상 '구속'이란 단어를 떠올린다. 법이나 게임 속 규칙은 모두 '구속'의 또 다른 이름일 뿐이다. 규칙 없이는 게임이 진행될 수 없고, 마찬가지로 구속이 없이는 자유도 지속될 수 없다.

그러므로 자신의 이익이 위협을 받을 때 '누가 나의 자유를 침범하는 거야!'라고 화를 내서는 안 된다. 더 넓은 시야에서 균형과 조화를 바라볼 수 있어야 한다. 현실의 자유는 규칙과 구속이 허용하는 범위 안에서만 가능하다.

그렇다면 이상적인 자유는 어떠한 모습일까? 여기서는 "하고 싶은 게 무엇이든 하고자 하는 사람이 한다."는 아큐(阿Q)의 말보다는 오히려 "던져진 자유", "어쩔 수 없는 자유"라는 사르트르(Jean Paul Sartre)의 말이 더 맞는 표현일 것이다. 자신의 자유에 대해 어떠한 제재도 받지 못할 때 스스로가 자신의 가장 큰 구속이 되는 법이다.

그러니 자유를 위한 약간의 제한과 구속은 받아들이도록 하자.

나만 불행하게 느껴질 때

볼테르Voltaire

— 행복은 짧은 쾌락으로 이루어진 추상적인 개념이다

프랑스의 가장 위대한 시인이자 사상가가 내놓은 행복의 개념.
진리와 자유를 향한 영광의 좁은 길을 마다하지 않았던 대자유인의 명언.

백 년 전 오늘 한 위인이 세상을 떠났습니다. 하지만 그의 정신은 영원히 살아 있습니다. 그는 생전에 자신의 키만큼이나 많은 저서를 남겼으며, 가장 영예롭고 가장 막중한 책임이 따르는 즉, 양심을 기르고 인간을 교화시키는 데 앞장섰습니다. 그는 과거로부터는 저주를, 미래로부터는 축복을 받으며 세상을 떠났습니다. 이것이야말로 영광스러운 두 모습일 겁니다. 그는 눈을 감는 순간까지 동시대 사람들과 후세 사람들에게 환호와 찬사를 받으면서 또 한편으론 야유와 원망을 들어야 했습니다. 볼테르는 한 인간이었을

뿐만 아니라 한 시대였습니다. 그는 자신의 역할에 충실했고, 사명을 완수했습니다. 그러므로 그는 태어날 때부터 운명의 법칙과 자연의 법칙에 따라 가장 숭고한 바람을 이루어낼 인물로 선발된 것이 분명합니다. 그는 84년 동안 살아가면서 가장 강력한 군주 정권과 서광이 막 비치기 시작한 혁명의 시대를 거쳐 왔습니다. 그는 루이 14세가 강력한 왕권으로 통치하고 있던 시기에 태어나 루이 16세가 왕좌에 올랐을 무렵 사망했습니다. 그래서 그의 요람에는 흥성하는 왕조의 석양이 비춰졌고, 그의 관에는 혁명의 시작을 알리는 서광이 드리웠습니다.

빅토르 위고Victor-Marie Hugo는 '자유를 향해 나아갈 수 있도록 이끌어준' 인류 문명사의 위대한 위인이자, '프랑스 사상의 왕'인 볼테르의 서거 100주년을 기념하기 위해 1878년 5월 30일에 글을 발표했다.

볼테르Voltaire의 본명은 프랑수와 마리 아루에Francois-Marie Arouet이다. 그는 1694년 11월 21일 프랑스 파리 퐁 뇌프Pont Neuf 다리 근처에 위치한 부유한 부르주아계급 집안에서 태어났다. 선천적으로 몸이 매우 약했지만 총명했던 그는 10살 때 루이 르그랑Louis le Grand 학교에 들어가 전통 교육을 받는다. 그리고 졸업한 이후에 아버지의 뜻에 따라 법학대학에 들어가지만 학업을 마치지 못한 채 자신이 원하는 문학가의 길로 들어선다. 이로써 펜은 그의 가장 날카로운 무기가 되었다. 그는 자신의 글 때문에 바스티유 감옥에 갇히면서도 평생 펜을 놓지 않았다.

볼테르에 대한 평가는 사람마다 차이를 보인다. 하지만 그의 이름 앞에는 언제나 '프랑스의 가장 위대한 시인', '코르네유Pierre Corneille와 라신Jean-Baptiste Racine의 뒤를 이은 계승자', '유럽 사상계의 권위자', '베른의 사제장', '아카데미 프랑세즈 회원' 등과 같은 영광스런 칭호가 자리한다. 그리고 이러한 칭호에 걸맞게 그는 다양한 분야에서 다음과 같은 훌륭한 명저들을 남겼다. 우선 문학부분에서는 종교전쟁을 끝나게 한 앙리 4세를 찬양하는 서사시 《라 앙리아드La Henriade》와 비극 《오이디푸스Oedipus》을 남겼다. 그리고 역사부분에서는 《샤를 12세의 역사Histoire de Charles XII》, 《루이 14세의 시대Le Siècle de Louis XIV》 등을 출간했으며, 철학부분에서는 《형이상학론》, 《뉴턴 철학의 원리Elements of the Philosophy of Newton》, 《철학사전Dictionnaire philosophique portatif》과 철학소설인 《미크로메가스Micromegas》, 《자디그Zadig》, 《캉디드 혹은 낙관주의Candide ou l'Optimisme》, 《랭제뉘L'ingénu》 등의 탁월한 저작을 세상에 내놓았다. 이처럼 그의 작품은 인문과학의 거의 모든 영역에 걸쳐 있다.

또한 볼테르는 매우 파란만장한 삶을 살았던 인물이다. 그는 자신의 견해 때문에 바스티유 감옥에 두 번이나 들어갔으며 또 여러 번 국외로 추방되거나 자진 망명을 가야 했다. (증명된 사실에 의하면 그는 7,8번 정도 추방되었는데, 무려 29년 동안 추방된 적도 있었다.) 그는 이러한 삶 속에서도 시인, 문학가, 역사학자, 철학자, 사상가, 극작가로서 여러 편의 작품을 창작했다.

이처럼 파란만장한 삶을 살며 수많은 저서들을 남긴 볼테르란 인물을 간단하게 평가하기란 쉽지 않다. 우리는 그저 좁은 시야로 그가 남긴 아름다운 글들을 통해서 그의 사상의 불빛을 어렴풋이나마 가늠할 수 있을 뿐이다. 그리고 우리는 이러한 방식으로 '행복'에 대한 볼테르의 관점도 살펴볼 수 있다.

볼테르는 '선'과 '지극한 선'에 대한 인식을 이야기하며 행복에 대한 자신의 견해를 피력하고 있다. 그는 추상적인 개념인 '행복'과 '미, 선, 질서, 정의' 등의 관념들은 모두 '생각을 잘하는 인간'이 만들어낸 '추상적인 추측'의 결과에 불과하다고 보았다. 그리고 이러한 개념은 현실생활과 서로 연관이 있을 때에만 진정한 의미를 가질 수 있다고 주장했다. 이에 볼테르는 "만약 살아가면서 느끼는 짧은 쾌락을 행복이라 한다면 행복은 분명 존재한다. 하지만 오래도록 지속되는 즐거움이나 계속 변화하는 유쾌한 감정을 행복이라고 말한다면 행복은 지구상에서 존재하지 않으니 다른 곳에서 찾아야 할 것이다."라고 냉소적으로 말했다.

이처럼 볼테르는 삶에서 행복이 존재한다고 생각하는 것은 오해에 불과하다고 보았다. 그는 생동감 있는 언어로 자신의 글에서 '끊임없이 쾌락을 좇는 모습'이나 '재산, 권력, 명성 등과 같은 것들을 추구하는 모습'은 행복이 아니라고 말했다. 그리고 행복의 기준과 가치 또한 사람마다 다르므로 행복을 느끼는 감정에도 차이가 있다고 보고, 숯불 장인이 국왕보다 더 행복해 할 수도 있다고 주장했다.

또 볼테르는 행복을 얻는 과정에는 반드시 대가가 따른다고 보았다. "임신한 여성은 반드시 분만의 고통을 겪어야 하고, 남성은 장작을 패며 힘겨움을 겪어야 한다." 이처럼 아늑한 삶의 행복을 느끼기 위해선 그만큼의 고통을 지불해야 한다는 것이다.

게다가 종교에 많은 영향을 받았음에도 볼테르는 줄곧 종교와 대립하는 입장을 보였고, 평생 동안 종교와의 싸움을 멈추지 않았다. 그리고 임종 직전까지 "나한테 예수 그리스도를 말하지 말라."는 말을 남긴 그는 1778년 5월 지병으로 세상을 떠났다. 볼테르가 세상을 떠난 뒤 그를 무신론자로 규정한 교회는 종교의식에 따라서 파리에 매장되는 것을 허락하지 않았다. 이에 그의 시신은 비밀리에 상파뉴로 옮겨져 설리아스 성지에 가까스로 안장될 수 있었다. 이후 프랑스대혁명이 일어나고 1791년 7월 1일 혁명을 일으킨 프랑스 시민들은 볼테르의 유해를 다시 파리로 옮겨와 위대한 사상가에 대한 존경의 마음을 담아 국장을 치렀다. 그의 유해를 옮긴 영구차에는 다음과 같은 문구가 적혀 있었다. "우리들이 열망하는 자유의 길을 개척했다."

오늘날 그의 유골은 프랑스 국가 영웅들의 묘지인 팡테옹

Pantheon에 안장되어 있으며, 심장은 파리의 국립도서관에 보관되어 있다. 심장을 담은 상자에는 다음과 같은 글귀가 적혀 있다. "나의 심장은 이곳에 있지만 나의 정신은 곳곳에 있다."

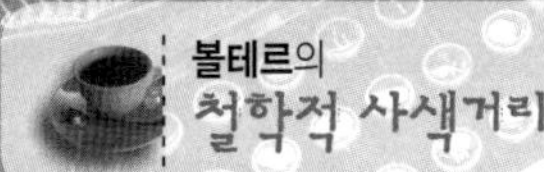

진정한 행복은 어디에 있는가?

행복을 향해 가고 있다는 믿음을 통해 우리는 희망을 가질 수 있다. 즉 행복은 우리가 열심히 살어가는 이유이다. 그렇다면 행복은 무엇이며, 어떻게 하면 얻을 수 있을까?

이익을 중요시하는 사람의 경우 값비싼 옷을 입고 대저택에서 사는 것이 찬바람도 막지 못하는 낡은 초가집에서 사는 것보다 더 행복하다고 생각한다. 반면 유유자적하는 삶을 중요시하는 철학자의 경우 좁은 나무통 안에서 햇볕을 쬐며 사는 것이 궁에서 권력의 암투를 벌이며 사는 것보다 더 행복하다고 생각한다.

여기에는 두 가지 서로 다른 관점이 밀접하게 연관되어 있다. 바로 행복관과 행복감이다. 행복관은 일종의 방향으로, 즉 '……를 행복으로 생각하는' 관점이다. 반면 행복감은 일종의 감정으로 자신의 행복관에 따라 느끼는 주관적인 경험이다. 행복관은 행복하기 위한 노력의 방향을 결정하고 행복감은 노력의 정도를 결정한다. 우리는 자신의 행복관을 결정할 수는 있지만 자신이 느끼는 행복감을 통제할 수 없다. 즉 우리는 득실과 진퇴 사이에서 자신이 원하는 행복을 찾으며 선과 악, 취사의 균형 사이에서 행복감을 느끼고 있는 셈이다.

기계가 나를 지배할 때

라 메트리 Julien Offray de La Mettrie
— 인간은 기계다

18세기 프랑스 계몽주의철학자의 대표적인 유물론 명제.
기계의 물질성과 동물의 활동성을 종합해 인간을 설명한 명언.

1935년에 이미 영화계는 유성영화의 시대로 들어섰지만 그럼에도 1936년 2월 11일에 영국 런던에서 개봉된 어느 한 무성영화는 사람들의 시선을 끌기에 충분했다. 세계적인 명장인 찰리 채플린 Charles Chaplin의 마지막 무성영화인 《모던 타임즈Modern Times》는 그렇게 세상에 나오자마자 사람들의 관심을 한 몸에 받았다. 이 영화는 양떼들이 줄지어 도축장으로 들어가는 모습과 지하철에서 나와 공장으로 몰려드는 노동자들의 모습을 대조시켜 당시 산업화시대를 살아가는 노동자들의 힘겨운 삶을 날카롭게 풍자했다. 이 영화에서 엄청나게 큰 기계와 인색한 사장 그리고 노동자들을 항상 감시하는 현장 감독들은 모두 상징적인 의미를 담고 있다. 인간은 큰 기계 앞에서 나약한 존재일 뿐이다. 주인공인 찰리 채플린은 기계에 빨려 들어가서도 컨베이어 벨트를 타고 이동하며 계속해서 나사를 조인다. 그리고 나온 뒤에도 강박적으로 동료들의 코, 비서아가씨의 단추를 조이는 행동을 계속한다. 이처럼 나사를 조이는 일에 강박적으로 매달리는 주인공의 모습은 당시 관객들에게 엄청난 충격을 주었다.

채플린보다 훨씬 먼저 인간과 기계의 관계에 대해서 언급한 인물이 있었다. 바로 프랑스 계몽주의철학의 중요 인물이자 프랑스 초기 유물론의 대표자인 라 메트리Julien Offray de La Mettrie이다.

라 메트리는 1709년 브르타뉴Bretagne 지방의 생말로Saint-Malo에서 부유한 상인의 아들로 태어났다. 그는 성장하면서 다양한 경험을 할 수 있었는데 이 경험들은 나중에 자신의 사상을 완성하는 바탕이 되었다. 어린 시절 신학을 배웠으나 나중에 의학으로 전공을 바꾼 그는 1733년 랭스 의과대학에서 의학 박사학위를 받는다. 그리고 네덜란드의 레이덴 대학에서 유학생활을 하면서 당시 유명 의사였던 부르하버Hermann Boerhaave 밑에서 공부를 했다. 1735년 고향으로 돌아와 의사생활을 시작한 그는 이 시기에 여러 편의 의학서적을 집필하며 의학계에서 명성을 얻는다. 이후 1724년 파리로 간 그는 어느 공작의 개인 주치의가 되었는데, 이후 이 공작의 추천으로 프랑스 군대 군의관으로 근무한다.

만약 라 메트리가 이처럼 편안하게 의사로서의 삶만 살았다면 우리는 아마도 그를 알지 못했을 것이다. 그의 심오한 사상들은 그에게 많은 시련을 안겨준 결과로 나온 성과물로 이로써 그는 오늘날까지도 기억될 수 있었다. 1745년 그는 자신의 첫 철학저서인 《영혼의 자연사Histoire naturelle de l'âme》를 발표한다. 그리고 2년 뒤인 1747년에 자신의 대표작인 《인간기계론L'Homme-machine》를 완성했다. 하지만 이 두 권의 책으로 그는 교회에 미움을 사게 되었고 결국 프로이센으로 도망을 칠 수밖에 없었다. 베를린에서 그는 당시 프로이센을 다스리던 프리드리히 2세의 개인 주치의이자 시간강사로 일하며 집필을 통해 자신의 의학과 철학 지식을 마음껏 펼쳤다. 그의 《인간 식물론L'homme plante》, 《에피쿠로스의 체계Le système d'Epicure》, 《행복론Discours sur le bonheur》 등과 같은 저서들은 모두 이 시기에 나왔다.

라 메트리는 분명한 입장을 가진 철학가였다. 유물론과 유심론이라는 두 가지의 대립되는 철학 관점에서 그는 자신이 유물론자에 속한다고 분명하게 밝히고 있다. 그의 "인간은 기계다."라는 말도 이러한 관점에서 나온 것이다.

라 메트리는 경험적 관찰을 통해서 정신은 신체에 의존한다고 보고 정신은 육체의 일부분 또는 원동력일 뿐이라고 생각했다. 그는 "인간의 육체는 스스로 움직이는 기계로, 영구적으로 움직이는 살아 있는 모형"이라 주장하며, "인간은 이처럼 복잡한 기계이다. 그러므로 명확하고 완전한 개념을 가지거나 정의를 내리는 것은 불가능하다."고 말했다. 또 인간과 동물은 똑같은 존재라고 본 그는 "진정한 철학자들은 동물에서 인간으로 갑작스러운 변형이 이루어지지 않았다는 데 동의한다."고 주장하며, 심지어 생명을 유지하는 데 필요한 본능에서 인간이 동물보다 부족한 점이 있다고 보았다. 또한 라 메트리는 종교에도 비판적인 입장을 보였다. 그는 다음과 같이 말했다. "자연의 법칙을 철저하게 지키는 사람이 바로 전 인류가 믿을 수 있는 진실한 사람이다. 반면 성실하게 지키지 않는 사람의 경우 설사 종교의 감투를 걸치고 있다 하더라도 사기꾼 또는 위선자에 불과하다." 이처럼 라 메트리는 기계의 물질성과 동물의 활동성을 종합해 인간을 설명했다.

결론적으로 라 메트리는 자신의 관점을 다음과 같이 정리한다. "이로써 우리는 인간은 기계라는 과감한 결론을 내릴 수 있다. 우주 전체를 통틀어서 하나의 실체만이 존재하며, 그 형식은 갖가지 변화를 가지고 있다. 여기서 이 결론은 절대 필요나 상상으로 제시된 가설이 아니다. 또 편견도 아니며, 심지어 우리 이성의 산물도 아니다. 만약 나의 감각기관의 횃불이 이성의 길을 밝게 비추어 앞으로 나아가야 할 방향을 안내해주지 않는다면, 나는 이성만을 믿을 수는 없기에 나아갈 수 없다. 경험이 내 앞에서 이성을 설명해 주어야만 나는 경험과 이성을 함께 결합시킬 수 있다."

1751년 11월 11일 그는 젊은 나이에 식중독으로 삶을 마쳤다. 이 때문에 그의 죽음을 둘러싸고 많은 말들이 있었고, 심지어 물질적인 향락을 누리는 유물론자라서 요절했다는 비방을 받아야 했다. 하지만 이러한 비방들이 그의 안식을 방해할 수는 없었다.

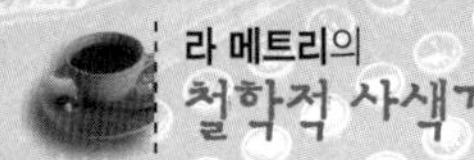

기계는 인간에게 어떤 의미를 지닐까?

라 메트리가 살았던 시대에는 아직 기계가 사회의 주된 동력이 아니었다. 그래서 그는 '기계'를 이용해 신과 독립된 객관적인 인간을 묘사할 수 있었다. 하지만 지금 우리는 기계를 생각하면 가장 먼저 자본주의의 기계화된 대규모 산업시설을 떠올린다.

자본주의는 인류 발전에 커다란 공헌을 했다. 하지만 기계화된 대규모 산업시설의 무분별한 확장은 인류 사회에 피할 수 없는 압력이 되고 있다. 이처럼 인류를 장악해가는 기계는 철학자들의 가장 큰 관심거리이기도 하다. 특히 기계화된 산업시설의 거센 흐름이 인간의 개성, 감정 심지어 사상에까지 영향을 미치면서 거대한 기계는 '비인간적인 힘'의 상징이 되고 있다.

하지만 이를 단순히 '인간의 욕심이 끝이 없기 때문에'라거나 '우리들이 만든 물질이 우리를 지배하고 있다는' 등의 부정적인 뜻으로만 받아들일 필요는 없다. 세상을 바라보는 인간의 관점이 객관적인 세계와 완전히 일치할 수 없기 때문이다. 우리는 생각과 가치 선택에 따라서 자신의 입장과 도덕적 판단을 결정한다. 그렇기에 자신에게 설득력 있는 결론이 때로는 모순된 결과를 낳곤 한다.

이처럼 인간이 가진 문제는 매우 복잡하다. 그리고 철학의 매력은 바로 이와 같은 복잡한 고민들 속에 있다.

현재가 만족스럽지 못할 때

흄 David Hume
— 습관은 인생의 위대한 나침반이다

인간의 본성에 관한 명쾌한 해법을 제시한 명제.
습관의 영향만이 인류를 발전시킬 수 있다는 온화한 회의론자의 일성!

한 사람이 자신의 일생에 대해 길게 말할 경우 허영을 부리기 쉽다. 그러니 나는 최대한 간단하게 쓰도록 하겠다. 사람들은 어쩌면 나의 일생에 대해서 제멋대로 쓴다는 것 자체를 허영이라고 생각할 수도 있겠다. 하지만 나는 여기에서 내 저서들과 관련된 내용 이외에 다른 것들은 말하지 않을 생각이다. 사실 나는 일생의 거의 모든 부분을 집필활동에 쏟아 왔다. 그리고 나의 대부분의 저서들의 처음 성공은 허영의 대상이 되기에는 부족하다.

위의 글은 수많은 논쟁을 불러일으켰던 영국의 저명한 철학가 데이비드 흄의《나의 인생My Own Life》에서 인용한 문장이다.

데이비드 흄David Hume은 명문 집안에서 태어났지만 어려서부터 순탄치 못한 삶을 살아야 했다. 1711년 그는 스코틀랜드Scotland 에든버러Edinburgh에 위치한 귀족 가문에서 태어났다. 그의 말에 따르면 '천재라 불릴 만했던' 그의 아버지는 백작 가문 출신이었고, '덕행이 출중한 사람'이었던 그의 어머니는 데이비드 팔코너David Falconer 경의 딸이었다. 또 자신은 어려서부터 문학에 깊은 관심을 가졌다고 한다. 그는 문학이 이후 자신의 성장에 많은 도움이 되었다고 밝히며, '일생 동안의 중요한 감정'을 얻은 '무궁무진한 즐거움의 보물 창고'라고 말하고 있다. 하지만 철학에 대한 그의 태도는 이보다 더 집요했다. 그의 표현을 빌리자면 그는 '철학과 일반 교양과목을 연구하는 것 이외에 다른 것들에 대해서는 참을 수 없는 혐오감을 느낄' 정도였다. 그는 젊은 시절에 철학가로 인정받지 못한 채 우울한 삶을 살아야 했다. 일찍이 에든버러 대학에 입학하지만 졸업을 하지 못했고, 한동안 프랑스에 머물며 연구에 열중했지만 자신의 어려운 상황을 근본적으로 개선시키지 못했다.

흄이 명성을 떨치기 시작한 것은 불혹이 넘어서 부터였다. 그는 두 차례 철학과 교수 임용에 실패한 뒤 1752년 스코틀랜드 변호사협회 도서관 사서로 일을 한다. 이 도서관은 바로 스코틀랜드 국립도서관의 전신이다. 이곳에서 흄은 6권짜리《영국사The History of

England》를 집필해 출판했고, 상당한 인기를 끌면서 뒤늦게 주목을 받기 시작했다. 또 덕분에 많은 돈을 벌어들인 흄은 경제적으로도 독립할 수 있었다. 이로써 명성을 얻게 된 그는 1763년부터 1766년까지 프랑스 주재 영국 대사관 비서로 일을 했고, 나중에는 대리대사직을 맡았다. 그리고 이 시기에 당시의 유명한 작가들이나 철학자들과 광범위한 교류를 했다. 이후 런던에 돌아온 그는 국무성 차관 자리에 올랐고, 1769년 퇴직한 뒤에는 에든버러로 돌아왔다. 이때 이미 그는 퇴직금과 원고 수입으로 매년 천 파운드 정도의 수입을 받고 있었다. 당시에 그는 계속 집필활동을 해달라는 요청을 거절하며 다음과 같이 말했다. "당신들은 이미 나에게 많은 명성을 가져다 주었습니다. 하지만 저는 이미 너무 늙었고, 너무 뚱뚱하며, 또 너무 부유합니다. 그래서 더 이상 글을 쓰고 싶지 않습니다." 이처럼 그는 말년의 삶에 비교적 만족하고 있었다.

하지만 그는 자신의 작품의 평가에 대해서는 만족할 수 없었다. 1732년 만 21살의 나이에 썼던 그의 대표작 《인간 본성론A Treatise of Human Nature》이 제대로 된 평가를 받지 못했기 때문이었다. 1738년부터 1740년까지 총 3권으로 나누어 영국에서 출판된 이 책은 당시 아무런 관심도 끌지 못했다. 이에 매우 실망한 흄은 당시 자신의 심정을 다음과 같이 말했다. "문학계에서 나의 《인간 본성론》보다 더 불행했던 경우는 없을 것이다. 그 책은 인쇄기에서 나오자마자 죽었다. 심지어 열성주의자들의 분노 섞인 비판도 없었다."

이후 흄은 《인간 본성론》 중에서 1권 〈오성편〉을 수정해 1748년에 《인간 오성에 관한 철학논집An Enquiry Concerning Human Understanding》이란 제목으로 다시 출판했고, 1751년에는 3권 〈도덕론〉을 수정해 《도덕 원리에 관한 연구Enquiry concerning the Principles of Morals》란 제목으로 다시 출판했다. 이후 마침내 두 권의 책이 관심을 끌게 되면서 《인간 본성론》도 부활할 수 있었다. 그는 이 외에도 《도덕과 정치논집Essays Moral and Political》, 《종교의 자연사Natural History of Religion》 등의 작품을 썼다. 또 그가 쓴 《자연종교에 관한 대화Dialogues concerning Natural Religion》의 경우 완성한 지 20년이 지난 1779년에야 애덤 스미스에 의해서 출판되었다. 흄이 세상을 떠나고 3년이 지난 뒤였다.

앞서 그의 저작들에도 공통으로 언급되듯이 흄의 철학은 '인간의 본성'에 대한 연구를 바탕으로 한다. 그는 철학은 인간의 본성을 연구하는 학문이며, 인간의 본성은 모든 과학의 '수도 또는 심장'이라고 보았다. 이에 그는 "인간과학에 대해 명확히 분석하기 전에는 어떠한 문제도 정확하게 해결할 수 없다."고 주장했다. 또 '인간의 본성'을 연구하는 방법에서 흄은 경험론의 전통을 계승했다. 로크의 사상을 따른 그는 "다른 과학의 유일한 기초인 인간과학은 반드시 경험과 관찰을 통해서 이루어져야 한다."며 한층 더 진전된 주장을 폈다. 그리고 이를 바탕으로 '인간과학'에 대해 두 가지 기본 원칙을 제시했다. 하나는 '인상의 우선원칙'으로 '모든 지식의 근원은 감각'이라는 것이고, 또 다른 하나는 '상상의 자유원칙'으로 '인간의 정신이 가진 창조력은 그저 감각기관과 경험이 제공하는 재료들을 연결하고, 바꾸고, 확장하거나 축소할 뿐'이라는 것이다. 흄은 이를 통해서 우리의 지식에는 두 가지 유형이 있다고 보았다. 첫 번째 유형은 '관념'에 대한 지식이고, 또 다른 하나는 '사실'에 대한 지식이다. 기하학, 대수학, 삼각형 등 수학적 지식은 전자인 관념에 대한 지식에 속하고, 자연과학, 자연철학, 역사 등은 후자인 사실에 대한 지식에 속한다. 그리고 앞에서 소개한 흄의 명제 역시 이와 같은 관점을 표현한 말이라 할 수 있다.

흄은 원인과 결과는 경험을 통해서만 증명할 수 있다고 보았다. 왜냐하면 논리상의 귀납적 추론은 이성을 통해서는 개별에서 일반으로 나아가는 과정을 완성할 수 없기 때문이다. 이것은 흄에게는 도무지 납득할 수 없는 문제였기에, 학계에서는 '흄의 문제'라고 부르고 있다. 그리고 이처럼 해결할 수 없는 난관에 부딪치자 흄은 습관을 통해서 문제를 돌파하려 했다. 이에 그는 '경험에 근거한 모든 추론은 습관의 결과이지 이성의 결과가 아니다.'라는 관점을 제시한다. 그리고 이러한 경험은 과거에 이루어졌던 결과를 통해 미래의 결과를 예견할 수 있다. 그러므로 만약 습관의 영향이 없다면 우리는 세상을 조금도 알 수 없다. 이러한 의미에서 흄은 '습관이 인생의 위대한 나침반'이라고 강조했다. 이렇게 습관은 원인과 결과에 대한 기초가 되었고 또 흄의 '온화한 회의론'의 발판이 되었다.

평생 독신으로 살았던 흄은 죽음을 앞두고 쓴 《나의 인생》에서 다음과 같이 말했다 "나는 온화한 성격에 스스로 자제할 줄 알았다. 또 솔직하고 유쾌하며 개방적인 성격이라서 사람들과 허물없이 친해질 수 있었다. 그래서 화를 내는 일도 거의 없었으며, 모든 감정을 중화시킬 줄도 알았다." 이러한 자신에 대한 평가는 흄의 친구들의 말과 비교해보면 어느 정도 타당성이 있어 보인다. 또 흄은 죽기 얼마 전에 연회에 참석한 적이 있었는데, 그곳에서 세상에 대한 적의가 가득하다는 지적을 받자 진중한 목소리로 다음과 같이 말했다. "내가 과거에 도덕, 정치, 경제 그리고 종교에 이르기까지 반감을 일으킬 수 있는 주제를 가지고 글을 쓴 것은 사실이네. 하지만 나는 휘그당과 토리당원 사람들 그리고 기독교 신도들을 제외하고는 그 어떠한 적도 만들지 않았어." 이 말이야말로 흄의 일생을 가장 잘 설명해준다!

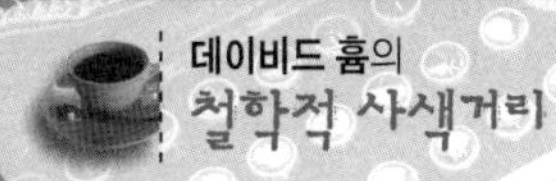

좋은 습관을 기르는 방법은?

습관의 힘은 상당하다. 영국과 미국 법계에서는 습관의 힘으로 미래를 판단할 수 있다는 판례법이 있다. 심지어 무심코 습관대로 하다가 잘못을 저지르는 경우를 종종 보곤 한다.

하지만 습관의 힘은 늘 제한적이다. 변화하는 시대의 흐름 속에서 '뿌리박혀버린' 습관은 사회 발전을 방해하는 불청객으로 낙인찍히기 마련이다.

그러니 습관을 기르고 습관을 개선시키는 것이야말로 인생의 위대한 나침반이라 할 수 있다. 그리고 습관을 어떻게 기르고 개선시킬지 판단하기 위해선 이성적인 고민뿐만 아니라 철학적인 지혜와 도덕의 규제도 필요하다.

죽음에 대하여

루소 Jean-Jacques Rousseau

— 우리는 삶의 매 순간마다 죽음과 탄생을 반복한다

인간의 생명의 의미를 일깨우는 경험철학자의 삶의 자세를 촉구하는 명제.
교육과 인권의 중요성을 강조한 '사회계약론'으로 서양 근대는 주체적 이성에 눈을 떴다.

대도시에는 연극이 필요하고 타락한 국민에게는 소설이 필요하다. 나는 이 시대의 풍속을 연구했기에 이 편지를 책으로 엮었다. 나는 어째서 이따위 편지들을 불에 던져 버릴 수 있는 시대에 태어나지 못한 것일까?

비록 나는 이 책의 출판인으로 명의만 걸어놓고 있지만 사실 이 책은 내가 직접 쓴 책이며, 이 점을 숨기고 싶지도 않다. 이 편지들을 모두 내가 쓴 것일까, 그래서 이 이야기들은 전부 꾸며낸 이야기일 뿐인가? 선생들, 그렇더라도 뭐가 문제란 말인가? 당신들에게

이 책은 당연히 지어낸 소설이다.

정직한 사람이라면 자신이 출판하는 책들에 대해서 모두 자신이 썼다고 밝혀야 한다.

그래서 나는 이 책의 첫 부분에 내 이름을 밝힌다. 이 책을 내 것으로 하기 위해서가 아니라 책임을 지기 위해서이다. 만약 책에 잘못된 부분이 있어 책임을 져야 한다면 내가 되어야 한다. 또 좋은 부분이 있더라도 나는 그것으로 명예를 높일 생각은 없다. 이 책이 잘못되었다면 나는 마땅히 더욱 소리 높여 내가 썼다고 알려야 한다. 더구나 내가 사람들에게 지나치게 높게 평가되는 건 바라지 않는다.

이와 같은 고백을 한 인물은 누구일까? 위의 문장은 《신 엘로이즈Julie; ou, la nouvelle Héloïse》라는 소설 서문에서 인용한 것이다. 그리고 이 책을 쓴 작가는 프랑스 계몽운동의 급진주의 사상가이자 철학가며, 교육가인 장 자크 루소Jean-Jacques Rousseau이다. 루소는 그의 인생이나 철학에서 모두 주목할 만한 가치가 있는 인물이다. 이에 우리는 몇 가지 관점을 통해 그를 이해해 볼까 한다.

첫 번째 관점은 '궁핍한 방랑생활'이다. 가난은 평생 동안 루소를 따라다녔다. 그는 1712년 6월 28일 스위스 제네바의 신도교 집안에서 태어났는데 원래 그의 가족들은 프랑스인이었다. 안타깝게도 그가 태어나고 9일 뒤 어머니가 세상을 떠나면서 그의 탄생은 어머니의 죽음으로 귀결되었다. 이 때문에 시계 수리공이었던 그의 아버지는 매번 그를 보면서 죽은 아내가 떠오른다고 슬퍼했고, 결국 루소가 10살 때 그를 버리고 떠나버렸다. 이때부터 그는 혼자 이곳저곳을 떠도는 방랑생활을 시작한다. 16살 때 제네바를 떠난 루소는 그때부터 스위스와 프랑스 각지를 돌면서 하인, 조수, 가정교사로 살아갔다. 이처럼 열악한 환경 속에서 그는 나쁜 습관들에 물들어 갔으며, 사회 하층민의 생활을 누구보다도 잘 알게 되었다. 명성을 얻은 뒤에도 그는 방랑생활을 계속했고, 1778년 7월 8일 외롭게 세상을 떠났다. 이에 마르크스는 "루소는 당시의 정권과 표면상 타협하며 끊임없이 도망쳤다."고 말했다.

두 번째 관점은 그가 이루어낸 '방대한 업적'이다. 20세기 영국의 저명한 철학자이자 정치사상가며 자유주의 옹호론자인 이사야 벌린Isaiah Berlin은 루소에 대해 다음과 같이 말했다. "저명한 역사학자인 액톤 경은 루소에 대해서 '그는 아리스토텔레스, 키케로, 성 아우구스티누스, 성 토마스 아퀴나스 및 인류 역사가 시작된 이후 그 어느 누구보다도 많은 영향을 끼쳤다.'라고 평가했다. 물론 여기에는 약간의 과장이 섞여 있지만 그렇다고 모두 터무니없는 말은 아니다. 또 마담 드 스탈의 경우 '루소는 어떠한 것도 말하지 않고 그저 각 지역에 불꽃을 피웠을 뿐이다.'라고 말했다.' 이 말은 루소가 얼마나 많은 성과를 이뤘는지 설명해준다. 이 외에 그가 미친 광범위한 영향에 대해서는 이미 많이 언급되어 있으므로 균이 자세히 다루지는 않겠다. 그의 사상은 여전히 많은 이들에게 가르침을 주고 있다."

세 번째 관점은 '뛰어난 저서들'이다. 루소는 한 번도 정규 교육을 받은 적이 없었지만 오랫동안 독학으로 공부하면서 상당한 지식을 쌓았다. 그리고 이러한 지식을 바탕으로 그는 우리에게 매우 잘 알려진 유명한 저서들을 탄생시켰다. 《신 엘로이즈》, 《인간 불평등 기원론Discours sur l'origine et les findements de l'inegalite parmi les homm》, 《사회계약론Dcontrat social》, 《에밀Emile, ou, de l'education》, 《고백록Les Confessions》 등과 같은 저서들은 오늘날에도 높이 평가받고 있다. 이러한 저서들을 통해 루소는 과감하게 봉건 사상을 비판하고 개인의 해방을 요구하며 자연을 사랑해야 한다고 호소한다. 인류의 기원과 발전에 대한 깊이 있는 분석 그리고 사회 평등을 이루기 위한 노력은 모두 그의 핵심 사상이라 할 수 있다. 그는 "인간은 자유롭게 태어났지만 어디에서나 쇠사슬에 묶여 있다."라는 말로 유명한 《사회계약론》에서 "우리는 각자 자신의 몸과 모든 힘을 일반 의지의 최고 지도하에 둔다. 그리고 우리는 모든 구성원들을 공동체에서 나누어 질 수 없는 일부분으로 받아들여야 한다."고 주장했다. 이처럼 사람들에게 자신을 각성케 하는 루소의 작품들은 역사에 길이 남을 명작이라 할 수 있다.

그리고 《에밀》의 속편인 〈에밀과 소피, 고독한 사람들Emile et Sophie, ou les solitaires〉에는 다음과 같은 말이 적혀 있다. "우리는 삶의 매 순간마다 죽음과 탄생을 반복한다."(《에밀》의 속편인 〈에밀과 소피, 고독한 사람들〉에 나오는 구절이다. 여느 국내 출판물처럼 《에밀》이라고 할 경우 독자들의 혼동 우려가 있어 출처를 확실히 하기 위해 '속편인 〈에밀과 소피, 고독한 사람들〉'이라는 말을 덧붙인다. – 역자) 철학소설이자 동시에 교육서인 《에밀》의 부제목이 '교육에 관하여'라는 점을 보면 이 책의 주제가 무엇인지 분명히 알 수 있다. '에밀'이라는 주인공의 태어나는 순간부터 결혼할 때까지 교육받는 과정을 담고 있는 이 책은 이후에 많은 철학자들에게 영향을 주었다. 평생 동안 규칙적인 생활을 해왔던 독일 고전철학의 창시자인 칸트의 경우에도 《에밀》을 읽는데 너무 집중한 나머지 산책시간을 잊어버릴 정도였다고 한다.

이 책에서 루소는 생명의 의미를 다음과 같이 말하고 있다.

"사실상 우리는 영원히 시작할 뿐이다. 우리의 삶에서 계속해서 흘러가는 눈앞의 순간들을 제외하고 다른 관계는 없다. 그리고 눈앞의 순간들에서 언제나 행동을 취하는 순간이 첫 번째 순간이다. 그래서 우리는 삶의 매 순간마다 죽음과 탄생을 반복한다.……과거의 일로 자신을 괴롭히는 것은 가치 없는 일에 고민하는 것과 같다. 에밀, 너는 새로운 사람이 되어야 한다. 너의 운명에 대해서도 너의 천성에 대해서도 너무 많은 원망을 해서는 안 된다.…… 진정한 것은 네가 존재하기 위한 것들, 즉 너의 생명, 건강, 청춘, 이성, 재능, 미덕이다. 그리고 마지막으로 만약 네가 원한다면 너는 이와 같은 것들을 모두 갖추고 있으므로 행복을 얻을 수 있을 것이다."

이와 같은 삶의 자세는 정말이지 많은 깨달음과 감동을 준다.

삶과 죽음을 매순간 새롭게 인식한다면?

삶과 죽음은 우리 모두에게 서로 다른 의미로 다가온다. 군인에게 삶과 죽음이 중요한 이유는 '죽음을 무릅써야 지킬 수 있는' 것이 삶이기 때문이다. "죽음을 향해 간다."는 서양철학자 하이데거의 말에는 삶에 대한 깊은 관심과 진중한 성찰 그리고 평온함이 묻어난다.

이러한 의미에서 루소의 말은 더욱 소중하게 다가온다. 만약 우리가 루소의 말처럼 삶과 죽음을 매 순간 새롭게 인식한다면, 우리는 과거의 나를 제거하고 새롭게 태어날 수 있다. 걱정과 우울함에 괴로워하는 과거의 나를 떨쳐버리고 새로운 나로 즐겁게 출발하는 것이다.

과거 헬렌 켈러(Helen Keller)의 저서들 중에 《사흘만 볼 수 있다면(Three days to see)》이라는 책이 있다. 이 제목을 바꿔 한번 '만약 사흘만 살 수 있다면'이라고 생각해보자. 그렇다면 매 순간 죽음과 탄생을 반복한다는 루소의 말이 더욱 절실하게 와 닿을 것이다.

태양은 매일 새롭게 떠오르고, 생명은 매 순간 새로워진다!

의심이 싹틀 때

디드로 Denis Diderot

— 철학으로 향하는 첫걸음은 의심이다

백과전서파를 대표하는 계몽주의철학의 핵심명제.
《백과전서》는 계몽 사상가들의 반봉건사회를 향한 날카로운 무기가 되어 주었다.

백과사전은 1644년 영국에서 제일 먼저 만들어졌다. 반면 고대 그리스철학자인 아리스토텔레스의 경우 당시 강의했던 학문들을 전체적으로 엮은 바 있어 '백과사전의 아버지'라 불린다.

디드로는 백과전서 작업 도중인 1753년에 딸을 낳았는데 어머니와 여동생의 이름을 따서 안젤리끄Angélique라고 지었다. 디드로는 여동생을 각별하게 대했는데 여동생은 수녀였으나 수녀원에서 그만 과로로 사망하고 말았다. 여동생의 사망은 디드로의 종교관에 심한 비판적인 영향을 주었고 이후 그가 수녀에 관한 소설을 쓰게 되는 계기가 되었다.

디드로의 사전 작업은 당시로서는 엄두도 못낼 정도로 엄밀하면서도 방대한 작업이었지만 사전의 편찬으로 그가 부를 얻진 못했다. 그는 공개적으로 도움을 요청하는 편지를 자주 쓰곤 해서 그의 가난도 많은 이들에게 잘 알려져 있었다. 당시 사회의 엘리트 계층을 의미하는 아카데미 프랑세즈 회원이었음에도 불구하고 그의 가난은 숙명과도 같았다. 이후 딸의 결혼 지참금을 마련해야 했을 때 그는 결국 장서를 팔아야 하는 상황에 몰릴 정도였다. 러시아의 예카테리나 2세가 그 소식을 듣고 장서를 인수해주면서 자기 장서의 파리 관리인 자격으로 그에게 월급을 주어 사실상 후원자가 되었다.

서양철학사에서 백과사전과 매우 밀접한 관계가 있는 학파로는 '백과전서파'를 꼽을 수 있다. 그리고 이 학파를 이끌었던 인물이 18세기 프랑스 유물론을 대표하는 철학자이자 미학자이며, 문학자인 디드로Denis Diderot이다.

디드로는 1713년 11월 프랑스 랑그르의 소시민 가정에서 태어났다. 비교적 어려서부터 교육을 받은 그는 이후 파리 대학에 입학해 석사학위를 취득했다. 그리고 학교를 졸업한 뒤 10여 년 가까이 살롱과 극장을 오가는 자유문인으로 유랑생활을 하며 가정교사와 글로 생계를 이어간다.

디드로의 이름은 항상 《백과전서》와 함께 언급된다. 1745년 파리 출판인 앙드레 르 브르통André Le Breton은 1727년 영국에서 출판된 《백과사전 또는 기술과 과학의 일반 사전》을 불어로 번역해 출판할 계획을 세웠다. 하지만 이 책은 이미 시기적으로 낙후되어 있었고, 이에 사람을 물색해 새로 프랑스의 《백과전서》를 만들어 출판하기로 결정한다. 이로써 작가였던 디드로는 수학자 달랑베르Jean Le Rond d'Alembert와 함께 공동 편집인으로 이 거대한 작업을 책임지게 되었고, 1759년 탄압에 못 견딘 달랑베르가 편집을 그만둔 이후로도 홀로 힘겹게 분투하며 《백과전서》를 완성했다.

이 작업에는 당시 각 분야의 진보적인 사상을 가지고 있었던 지식인들이 대거 참여했다. 몽테스키외, 볼테르, 루소, 콩도르세Marquis de Condorcet, 케네François Quesnay, 튀르고Anne-Robert-Jacques Turgot 등은 《백과전서》를 위해 대량의 표제어를 썼으며, 콩디야크Etienne Bonnot de Condillac', 엘베시우스Helvétius 등은 작업이 계속 이루어질 수 있도록 꾸준히 지원을 해주었다. 이처럼 《백과전서》 집필 작업에 참여한 지식인들을 '백과전서파'라 부른다. 이들은 가끔씩 의견이 충돌할 때도 있었지만 서로 협력해가며 《백과전서》를 편찬하는 일에 적극적으로 참여했다.

유물론과 계몽주의를 주장했던 백과전서파는 항상 탄압의 대상이었고, 《백과전서》 역시 예외는 아니었다. 《백과전서》는 편집에서부터 출판에 이르기까지 여러 차례 당국의 탄압을 받아야 했다. 편찬에 참여했던 학자들은 감옥에 갇히거나 탄압을 피해 국외로 망명을 가야 했다. 당시 검찰은 최고법원에 백과전서파를 '유물론을 주장하고 종교를 훼손시키며, 자유주의를 선동하고 풍속을 해치기 위해 결성된 단체'라는 이유로 고소했고, 당국은《백과전서》를 '악마의 새로운 바벨탑', '신과 국왕 그리고 교회를 위협하는 이교도 집단'이라고 보았다. 하지만 디드로 등 참여자들은 탄압에 굴복하지 않았고,《백과전서》는 여러 차례 어려움을 이겨내고 마침내 세상에 나왔다. 그리고 1750년 디드로가 서문을 발표한 이후 30년 만인 1780년에 최종 완간되었다. 이처럼 근 30년에 걸쳐 완성된《백과전서》는 본문 19권, 도판 12권, 부록 및 색인 4권으로 총 35권으로 이루어졌다.

백과전서파의 수장이었던 디드로는 직접 1,139개의 표제어를 썼다. 또 당시 기술자들의 작업을 직접 관찰하며, 각종 기계와 도구의 구조와 성능을 연구해 도판을 제작했다. 이처럼 디드로의 지도 아래 조직되고 추진된《백과전서》는 계몽 사상가들과 반봉건 세력들의 날카로운 무기가 되어 주었다.《백과전서》는 정치제도, 법률기구, 종교, 문화예술에 이르기까지 다양한 분야에서 당시 정치사회를 비판하였다. 또 정치 평등, 사상의 자유를 주장한 그들은 과학기술을 높이 평가하며 인류의 물질과 사상의 발전을 선동했고, 앞으로 다가올 부르주아계급의 정치혁명 여론을 형성하는 데 직접적인 영향을 주었다. 이처럼 백과전서파의 형성과 실천은 당시 프랑스에서 계몽운동이 이미 최고조에 이르렀음을 보여준다.

디드로는 1784년 7월 30일에 세상을 떠났다. 세상을 떠나기 하루 전 그는 "철학으로 향하는 첫걸음은 의심이다."라는 말을 남겼다. 자신의 이상을 위해 평생 동안 분투했던 디드로의 일생을 대표하는 이 말은 한편으론 우리가 그를 이해하는 열쇠가 되어 준다.

디드로는 의심이야말로 종교를 가장 철저하게 제거할 수 있는 방법이라고 보았다. "의심은 진리로 향하는 첫걸음이다. 그것은 진리의 근거이기 때문에 마땅히 일반적이다. 만약 철학가가 신의 존재를 증명하기 위해서 존재를 의심하는 것에서부터 시작한다면 어떠한 명제든 이러한 증명에서 벗어날 수 있지 않겠는가?" 또 사람마다 의심하는 게 다르다고 본 그는 "마음은 모두 자신만의 망원경을 가지고 있다."고 말했다. 이렇듯 우리는 의심을 통해서 정확한 인식과 확신을 가질 수 있다. "여태껏 문제가 되지 않았던 것들은 모두 조금도 증명을 거치지 않은 것들이다. 그리고 조금의 선입견도 없이 관찰된 것들은 지금껏 제대로 관찰되지 못한 것들이다." 이처럼 의심하는 태도로 관찰하고, 생각하고, 실험하여 논증한다면 진리에 이를 수 있다고 주장한 그는 한편 인간을 악기로 비유하기도 했다. "우리는 감수성과 기억을 가진 악기다. 우리의 감각기관은 건반이다. 주위의 자연이 그것을 연주하며, 스스로도 항상 연주한다. 우리의 판단은 너와 내가 모두 가지고 있는 악기에서 발생한 모든 것이다.” 한편 그는 버클리의 관념론을 비판하기 위해 “자신만 연주하고 있다고 생각하는 미친 악기”라고 말했는데 한번 곰곰이 음미해 볼 필요가 있는 부분이다.

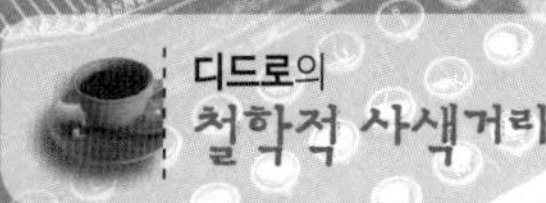

의심은 철학적 진리에 이르는 최선의 방법인가?

의심은 위험을 감수해야 하는 일이다. “젊은이들은 거짓을 너무 쉽게 믿고, 늙은이들은 진실을 너무 의심한다.”는 말은 바로 이러한 위험을 말해준다.

대부분의 경우 디드로의 말처럼 의심을 해야만 비로소 가벼운 믿음과 잘못된 미신을 극복하고 사실과 본질을 발견할 수 있다. 또 과학을 통한 ‘증명’은 의심을 걷어내는 가장 좋은 방법이다.

하지만 의심이 습관으로 굳어지는 것은 조심해야 한다. 너무 의심이 많아질 경우 자신마저도 믿지 못하게 될 수 있기 때문이다.

그러므로 확신과 원칙을 가지고 의심을 해야 한다. 의심을 통해서 확실히 믿을 수 있게 된다면 의심은 제 역할을 다한 셈이다. 기하학에서 공리가 있어야 정리가 증명될 수 있듯이 말이다.

철학은 의심을 통해서 모든 것을 되짚어 보는 동시에 이성으로 의심을 단속할 수 있어야 한다. ‘대담한 가설과 면밀한 논증’은 우리가 항상 추구해야 할 규칙이라는 점을 잊지 말도록 하자.

엘베시우스 Claude-Adrien Helvètius

— 이익은 우리를 움직이게 하는 유일한 힘이다

'이익'을 핵심으로 한 공리주의 윤리학 사상의 핵심명제.
쾌락을 이루려는 인간의 욕망이 인간을 분발하게 만든다는 공리적 쾌락주의자의 일성.

18세기에 들어와 많은 계몽사상가들이 신관념을 거부하고, 자연이야말로 인식의 토대나 준거라는 관념을 대립적으로 부각하여 형이상학을 넘어 유물론에 주목하게 되었다. 계몽주의 유물론자들은 성향이 다양하지만 대체로 플라톤주의 형상론을 비판하는 라이프니츠를 중개자로 삼고, 물질이 사고를 수행할 가능성을 검토하는 로크의 경험론적 가설을 변형시킨 철학적 논증을 발전시키고 있다. 그중 라 메트리와 함께 엘베시우스는 기계적 유물론을 주장해 후대 사회적 유물론의 토대를 제공하기도 하였다.

엘베시우스의 인간은 물리적 감성과 정신적 이익으로 구성된 연역적 유물론의 대상이다. 이러한 물리적 감수성과 이익 사이에 놓인 것이 바로 쾌락과 고통이다. 따라서 인간의 이기심은 쾌락이란 느낌으로 구성되고 그것은 모든 비교와 행동의 동기로 작용한다. 엘베시우스에게 유물론자는 '계몽된 정신과 동의어'이다. 엘베시우스는 초경험적 원리를 거부하고 우연의 힘을 제한하며 정신을 물리적 감성과 기억의 작용, 곧 정념활동의 지속으로 규정하여 인간을 과학적 분석 대상으로 상정한 기계적 유물론자였다.

서양철학사에서는 일찍부터 공리주의功利主義 사상이 발전해 왔다. 그리고 이 사상을 대표하는 인물 중 하나가 18세기 프랑스철학자이자 교육학자인 엘베시우스이다.

엘베시우스의 전체 이름은 클로드 아드리앵 엘베시우스Claude-Adrien Helvètius이다. 그는 1715년 파리의 의사 집안에서 태어났다. 그의 아버지는 왕비의 수석 주치의였고 덕분에 그는 매우 좋은 환경에서 성장할 수 있었다. 무엇보다 엘베시우스에게 큰 도움이 됐던 것은 아버지가 보유하고 있던 많은 장서들을 통해 그가 광범위한 지식들을 습득할 수 있었다는 점이다. 루이 르 그랑 학교에 입학해 전통교육인 신학과 수사학을 배웠지만 이미 당시 그의 지식의 범위는 학교 교육의 수준을 넘어서 있었다. 이후 1738년 그는 왕비의 추천으로 막대한 수입을 얻는 징세관이 되었다. 이로써 그는 지식을 넓히는 데 필요한 경제적 안정을 이룰 수 있게 되었고, 상류사회의 어두운 면도 낱낱이 알게 되었다. 이후 그는 1751년 관직을 사임한 뒤 은둔생활을 하며 자유롭게 철학연구에만 전념하게 된다.

그리고 1758년 8월 자신의 대표작인 《정신론De l'esprit》을 출판한다. 이 책에서 그는 인간의 감성과 이익을 강조하며 입법과 교육의 의미를 함께 이야기하고 있다. 더구나 이 책은 무신론과 반봉건주의 사상을 담고 있어 정부와 교회의 공격 대상이 되었다. 로마 교황청은 신도들에게 이 책이 신을 모독했으므로 읽지 말라고 명령하였고, 프랑스 대주교도 신도들에게 역병과 같은 책이니 멀리 해야 한다고 경고했다. 그리고 1759년 2월 파리 의회로부터 이 책을 모두 불태우라는 명령이 내려진다. 엘베시우스는 다행히 권력을 가진 아버지의 비호 아래 박해를 피할 수 있었지만 그와 교회의 갈등은 이 일을 계기로 해결할 수 없을 만큼 깊어졌다. 그럼에도 이 책은 프랑스 이외의 국가에서는 대단한 환영을 받았다. 이탈리아의 모든 잡지에서 이 책을 극찬했고, 영국에서는 인기가 많아 재판되기도 했다. 또 독일, 스웨덴, 러시아 등에서도 상당한 주목을 끌었다.

이러한 인기로 1764년 영국을 방문한 그는 조지 3세와 왕비를 만나 함께 영국 극장을 참관했으며, 프로이센에서는 프리드리히 2세에게 초청되어 극진한 대접을 받았다. 이 당시 그는 《정신론》의

자매편이라 할 수 있는 《인간의 지능과 교육에 관하여》라는 책을 구상하기 시작했다. 그는 1771년 12월 26일 세상과 이별하는 마지막 순간까지도 교회와의 화해를 거부하며 무신론 관점을 바꾸지 않았다. 그가 세상을 떠난 뒤 1772년 장편시 《행복에 관하여Le Bonheur》가 런던에서 출판되었으며, 1773년에는 그가 구상한 《인간의 지능과 교육에 관하여》가 《인간론De l'homme》이라는 제목으로 묶여 헤이그에서 출판되었다. 이와 같은 저서들을 통해 우리는 엘베시우스의 독특한 철학 사상을 이해할 수 있다.

이처럼 엘베시우스는 '이익'을 핵심으로 한 공리주의 윤리학 사상을 주장했다. 인간이 가지고 있는 이기적인 본성에 주목한 그는 이익이 도덕을 판단하는 지표라고 생각했다. 즉, 이익이 인간의 도덕관념을 결정할 뿐만 아니라 도덕을 평가하는 기준이 된다는 것이다. 그는 이익에 대해 다음과 같이 말했다. "사람들은 일반적으로 이익의 의미를 돈을 좋아한다는 뜻으로 국한해 사용한다. 하지만 영리한 독자들은 내가 비교적 광범위한 의미에서 이 말을 사용하고 있다는 사실을 눈치 챘을 것이다. 나는 이익을 우리의 즐거움을 증가시키고 괴로움을 줄여주는 모든 것에 응용해 사용하고 있다." 이처럼 그는 인간의 도덕문제의 핵심은 이익에 있다고 보고, 도덕에 있어서 선과 악은 이익에서부터 비롯되며, 이익을 통해서 결정된다고 주장했다. 인류의 모든 도덕문제와 모든 관념들은 이익과 직접적인 연관이 있거나 또는 이익의 분배와 점유과정에서 나타나는 표면적인 형식일 뿐이다.

또한 엘베시우스는 이익원칙은 인류의 생존 경험에 부합할 뿐만 아니라 인류 생존 요구와도 부합한다고 보았다. 그는 개인의 이익, 집단의 이익, 공공의 이익, 국가의 이익을 구분해 공공 이익을 목표로 해서 개인의 이익을 추구해야만 비로소 도덕을 지킬 수 있다고 주장했다. "미덕이라는 단어를 우리는 그저 공동의 행복을 추구하기 위한 욕망으로 이해하고 있다. 그래서 공공의 이익은 바로 미덕의 목적이 되며, 미덕으로 이루어지는 행위는 바로 그 목적을 이루기 위한 수단이 된다. 미덕의 개념은 아무렇게나 이루어지지 않는다. 각기 다른 시대와 각기 다른 지역에서 사람들이 최소한 그 사회의 구성원으로서 생활하고 있는 이상 모두 미덕에 대해 공통된 관념을 가지고 있다."

이러한 인식을 기본으로 엘베시우스는 행복의 실체는 쾌락이라고 보았다. 쾌락을 이루려는 욕망이 인간을 분발하게끔 만든다는 것이다. 욕망을 통해 인간은 자신들의 생활조건을 개선하고, 수공업과 상업을 발전시킨다. 그리고 물질 생산을 가속화시키고 사회교류를 촉진시켜 문화생활 수준도 향상시킨다. 다만 그는 쾌락과 행복이 함께 이루어져야만 이상적인 목적을 실현할 수 있으며, 인간이 진정한 쾌락과 행복을 누릴 수 있다고 보았다.

그가 말하는 진정한 쾌락은 아무런 통제도 없는 감각의 쾌락이나 허영심이 아닌, 사회집단을 손상시키지 않고 원칙을 지키는 절제력이 있는 감성적 즐거움을 말한다. 또 진정한 행복은 지식을 쌓는 데 열중하는 것을 말한다. 그는 사람들이 지식을 통해서 자유와 행복을 얻을 수 있기를 바랐다. 그는 "교육을 통해 인간을 변화시킬 수 있다.", "법이 모든 것을 형성한다." 등의 말을 통해서 자신의 공리주의 윤리학을 주장했다.

이와 같은 엘베시우스의 철학은 18세기 프랑스 부르주아계급의 혁명운동을 촉진시켰다. 그리고 19세기 프랑스의 공상적 사회주의자들과 벤담Jeremy Bentham, 밀John Stuart Mill 등 유명한 공리주의 사상가들에게 직접적인 영향을 주었다.

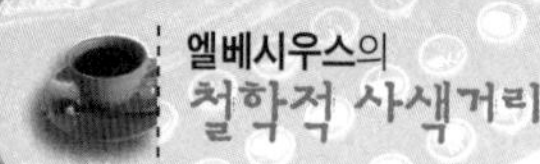

어떤 이익을 중시해야 하는가?

현재 자본주의사회에서 '이익'은 매우 중요하다. 하지만 '어떤 이익을 중시해야 하는가?'에 대해서는 우리 모두 고민해 볼 필요가 있다.

단순히 '이익'이란 의미에서만 본다면 엘베시우스가 주장하는 이익과 가짜 상품을 팔아 돈을 버는 양심 없는 상인이 주장하는 이익은 똑같아 보인다. 하지만 '개인'과 '공공'의 이익을 구분한 엘베시우스의 관점은 분명 양심 없는 상인의 이익과는 차이점이 있다. 엘베시우스가 주장하는 이익관은 개인의 이익을 넘어선 사회 존재의 가치를 되돌아보게 해준다.

그럼으로 우리는 개인의 이익 추구를 제한하고, 사회의 이익과 부합되는 방향으로 나아가야 비로소 우리의 이익 역시 보장받을 수 있다. 또 자신의 존재와 사회의 존재 가치를 통일해야만 우리는 서로 화합하며 살아갈 수 있다.

진실과 거짓 사이

돌바크 Paul Henri Dietrich d'Holbach

— 정직하고 성실한 마음은 이성의 목소리에 귀를 기울인다

역사 발전에 혁신적인 역할을 한 프랑스 유물론자의 이성에 대한 찬가.
종교의 허위를 폭로한 백과전서파 철학자의 유물론의 기본명제.

일반적으로 사람들은 철학은 의문과 호기심으로 이루어지는 학문이라고 생각한다. 그런데 이와 반대의 말을 한 철학자가 있었다. 그는 호기심에 대해 다음과 같이 말했다. "호기심은 매우 큰 죄악이다. 인류는 일찍이 선과 악을 알고 싶어 했던 한 여인의 호기심으로 인해 죄를 받게 되었다. 그러니 우리가 이성을 이용해 신학에서 허용하지 않는 것을 알려 한다면 신의 노여움을 받게 될 것이다." 또 그는 철학자는 "지혜와 이성에 충실한 악당, 도둑, 사기꾼이다. 사회는 교회를 적대시하는 이러한 사람들을 화형시켜야 한다.

이러한 악의 무리들은 결국 사람들에게 두 눈이 하늘로 향하지 않아도 지갑은 털린다는 사실을 깨우쳐줄 것이기 때문이다."라고 하며 교회를 비꼬아 풍자했다.

위 내용은 《포켓 신학》이라는 소책자에서 인용한 글이다. 그리고 이 책을 쓴 저자는 18세기 프랑스의 유물론자이자 무신론자로 백과전서파의 핵심인물이었던 돌바크Paul Henri Dietrich d'Holbach이다.

독일인이었던 돌바크의 원래 이름은 파울 하인리히 디트리히Paul Henri Dietrich이다. 그는 1723년 1월에 독일 하이델하임에 위치한 평범한 시민 가정에서 태어났다. 유년시절 그는 7살의 나이에 어머니가 돌아가시는 슬픔을 겪어야 했다. 이후 12살 때 아버지와 함께 프랑스로 이민을 간 그는 1744년에 네덜란드 레이던 대학에 입학해 과학을 전공하며 홉스, 로크, 뉴턴과 같은 철학자들의 저서를 탐독한다. 그리고 1749년 프랑스 국적을 취득한 뒤 파리에서 신학과 철학을 공부하던 중 당시 《백과전서》를 편찬하고 있던 디드로와 만난다. 디드로를 통해서 '백과전서파'와 계몽 사상가들을 알게 된 그는 그들과 친밀한 관계를 맺으며 사상을 교류했다. 이후 1753년에 외삼촌으로부터 남작 칭호와 재산을 상속받은 그는 이름을 폴 앙리 디트리히 돌바크로 개명한다. 그리고 얼마 되지 않아 장인의 '국왕 고문단 이사'의 귀족 직함을 상속 받으면서 매년 봉급을 받게 된다. 그는 이렇게 안정된 삶을 살다가 1789년 6월

21일 자택에서 세상을 떠났다.

돌바크는 생전에 상당히 많은 저서를 남겼는데 주요 저서로는 《폭로된 기독교Le Christianisme dévoilé》, 《포켓 신학》, 《신성의 역병》, 《건전한 사상》, 《자연의 체계Système de la nature》, 《사회체계Système social》, 《일반 윤리학》 등이 있다. 그 중에서도 《자연의 체계》는 '유물론의 성서'라고 불린다.

다방면에 걸쳐 지식이 풍부했던 돌바크는 디드로가 《백과전서》를 편찬하고 출판하는 데 많은 도움을 주었다. 다양한 언어에 능통한 데다 지질학, 야금학, 물리학 등 다양한 분야의 과학기술에 정통했던 그는 이를 통해서 4백여 항목을 집필했다. 이렇듯 지질, 지리, 광물, 야금, 물리, 화학, 법률, 언어 등 여러 분야에서 《백과전서》를 완성하는 데 상당한 공헌을 한 그는 또한 자신만의 철학 체계를 완성하는 데도 심혈을 기울였다.

돌바크는 총명한 전사였다. 귀족이었던 그는 자신이 가지고 있던 막대한 재산을 자유사상가들의 학술활동을 돕는 데 사용했다. 당시 돌바크의 '살롱'은 '백과전서파'의 모임 장소였다. 또 박해를 피하기 위해서 그는 자신의 저서를 모두 익명이나 가명으로 출판했다. 그는 주로 네덜란드에서 자신의 저서를 수정한 뒤 서명을 하지 않거나 미라보, 베르니에 또는 이미 고인이 된 친구 브랑제 등 다른 사람의 이름을 빌려 출판했다. 위에서 언급한 《포켓 신학》의 경우 '신학 석사 신부 베르니에'라는 이름으로 출판되었다.

바로 이와 같은 방식으로 돌바크는 은밀하게 자신의 프랑스식 유물론체계를 구축했다.

이러한 돌바크의 이론은 신학에 대한 비판에서부터 출발한다. 당시 신학은 적극적으로 신의 존재, 영혼불멸, 자유의지를 주장하고 있었다. 이에 돌바크는 당시에 이미 이루어진 자연과학 성과를 근거로 유물론의 관점에서 이 세 가지 주장을 비판하며 종교의 허위성을 폭로했다. 그는 우선 신의 존재를 비판하기 위해 자연은 그 자체로 운동한다는 관점을 내놓았다. 그는 운동은 그 존재와 변화의 원인이며, 그래서 자연의 운동은 인과법칙에 따라서 제약을 받는 것이지 어떠한 정신적 실체에 의해서 창조되거나 추진되는 것이 아니라고 주장했다. 즉, 자연을 초월하는 신의 존재는 허구일 뿐이다. 또 영혼불멸에 대해서는 인간은 자연의 모든 존재들과 마찬가지로 공통의 규율에 복종한다고 주장하며, 영혼, 영성, 비물질성, 영원함 등의 개념 등 신학은 자신의 특권을 보호하기 위해서 만든 것일 뿐이라고 비판했다. 마지막으로 인간의 자유의지에 관해서는 당시 생리학 지식을 이용해 비판했다. 그는 인간의 기관 작용은 그것이 받는 충동에 의해서 생겨나는 효과로 모두 필연성에 따라 통제된다고 보고, 인간의 자유의지 역시 그저 필연일 뿐이라고 단언했다. 이처럼 그는 신학과 교회의 입장을 비판하며 "종교는 도덕을 타락시키는 원인"이라고 보았다.

그리고 이러한 견해는 그의 기본적인 관점과도 일치한다. 《건전

한 사상》의 서문에서 그는 다음과 같이 말했다. "진리는 단순하고, 오류는 복잡하다. 오류의 길은 끝없이 이어져 있는 구불구불한 비탈길이다. 자연의 목소리는 누구든 이해할 수 있지만 거짓의 목소리는 모호하고 어려워 신비로울 뿐 이해할 수는 없다. 진리의 길은 평평하게 쭉 뻗어 있는 반면, 거짓의 길은 어두운 비탈길이다. 건전한 사상을 지닌 사람은 모든 사람들이 기억하는 이러한 원리를 의심하지 않는다. 그리고 정직하고 성실한 마음은 이성의 목소리에 귀를 기울일 줄 안다. 사람들이 불행한 것은 그들이 무지하기 때문이다. 그리고 사람들이 무지한 이유는 바로 그들의 주변 환경이 교육의 발전을 막고 있기 때문이다. 사람들이 어리석은 이유는 바로 그들의 이성이 여전히 충분한 교육을 받지 못하고 있기 때문이다."

물론 돌바크의 이러한 관점에는 시대적 한계에서 벗어나지 못한 흔적들이 보인다. 하지만 그럼에도 그의 학설은 역사 발전에 혁신적인 역할을 하였고, 또 상당한 영향을 주었다. 이에 엥겔스는 돌바크의 유물론을 높이 평가하면서 다음과 같이 말했다. "당시 철학의 가장 큰 영광은 자연지식이 미흡했던 상황에서도 잘못된 길에 들어서지 않았다는 점이다. 스피노자부터 위대한 프랑스 유물론자들에 이르기까지 모두들 세상을 그 자체에서부터 설명하며 상세한 증명은 미래의 자연과학의 몫으로 남겨두었다." 그리고 돌바크는 이러한 '영광'을 이룬 인물 중 한 명이었다.

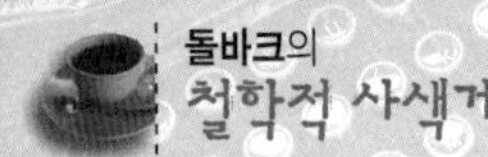

진실과 거짓은 어떻게 구분할까?

진실과 거짓의 차이점을 우리는 분명하게 구분할 수 있다.

하지만 그럼에도 현실에서는 종종 거짓이 찬양을 받고 진실이 비난을 받는 상황이 펼쳐지곤 한다.

돌바크의 견해처럼 진리는 단순하고, 오류는 복잡하다. 그래서 오류를 밝히려면 끝없이 이어져 있는 구불구불한 거짓의 근원을 따져 시시비비를 가려야 한다. 또한 거짓의 목소리는 모호하고 어려워 신비로울 뿐 이해할 수는 없다는 저자의 말처럼 사람들은 일상을 살면서 '이것은 명백히 거짓된 상황'인 줄 알면서도 이를 가려내는 일이 무척 성가시고 번거로운 일이라고 인식해 그냥 넘어가는 경우가 많다.

대부분의 사람들은 차라리 편안한 거짓 속에서 살지언정 냉혹하고 불편한 사실과 마주하려 하지 않는다. 어느 한 거짓 왕은 다른 사람의 이름을 빌려 스스로에게 화환을 보내고는 자신은 외롭지 않다고 생각했다. 그가 '이성'적인 사람이었는지는 확실히 알 수는 없다. 하지만 분명한 것은 그가 이성을 가지고 있었다면 불행했을 거란 사실이다.

우리가 사는 세상에도 진실과 거짓의 문제는 늘 생활 주변에서 벌어지는 일 속에 있다. 그것에 눈감았을 때 우리는 잠시 편할 수 있지만 궁극적으로는 훨씬 더 난처하고 불편한 상황을 감수할 수밖에 없다. 결국 긴 안목에서 진실의 길을 갈 것인지, 근시안적으로 거짓된 길을 선택할 지는 당대 사람들의 무지와 인식의 수준에서 비롯되고 만다.

무엇을 해야 하는가

칸트 Immanuel Kant
— 인간은 자연의 입법자다

인간 이성의 인식능력에 대한 분석을 시도한 정언명령의 대표명제.
경험론과 합리론의 논쟁을 조화롭게 통합해 독특한 인식론을 세운 대철학자의 기본명제

자네, 사람이 시계가 된 이야기 들어본 적 있는가? 몇 년 전 쾨니히스베르크Königsberg의 작은 도시에서는 실제로 그런 일이 있었다네. 이 작은 도시의 주민들은 특별한 방법으로 시간을 확인했어. 바로 어느 노인이 집 앞으로 산책을 나오는 모습을 보고 오후 4시 정각인 걸 아는 거야. 이 노인은 80세로 세상을 떠나기 전까지 딱 세 번을 제외하곤 항상 그 시간에 산책을 했다네.

쾨니히스베르크 주민들의 시계가 되어준 사람은 바로 독일의

저명한 철학자 임마누엘 칸트Immanuel Kant다. 임마누엘Immanuel은 '신이 우리와 함께한다.'는 뜻을 가지고 있다. 그리고 칸트의 생일인 4월 22일은 프로이센의 성 임마누엘의 기념일이다. 이처럼 칸트의 이름에는 종교적 색채가 짙게 배어 있다.

1724년 4월 22일 칸트는 동프로이센의 쾨니히스베르크에서 태어났다. 그의 아버지는 마구馬具 상인이었고, 어머니는 지성을 갖춘 독실한 경건주의 신자였다. 그들은 모두 9명의 자식을 낳았는데 그중 5명의 아이들만 살아남았다. 칸트는 그 중에서 4번째 아이였다. 칸트는 편지에서 부모님이 자신에게 준 영향을 다음과 같이 설명했다. "나의 부모님은 정치적 태도나 예의, 도덕면에서 모범이 될 만한 분들이셨다. 비록 돌아가시면서 어떠한 재산도 남겨주지 않으셨지만 나에게 해주셨던 교육만큼은 도덕면에서 보면 무엇보다도 고결했다."

1740년 쾨니히스베르크 대학에 입학한 칸트는 그곳에서 7년 동안 공부를 했지만 가정형편 때문에 학위논문 최종 심사를 받지 못한 채 1747년 학교를 떠나야 했다. 이후 가정교사로 생계를 꾸려가던 그는 1755년에 쾨니히스베르크 대학에서 사강사 자격을 얻는다. 이때부터 41년 동안 그는 대학 교직생활을 해나갔다. 그는 사강사로 15년 동안 일을 하면서 수학, 자연학, 인류학, 자연지리학, 논리학, 형이상학, 도덕철학, 자연과학, 교육학, 철학 등 다양한 과목을 강의했다. 그리고 1770년 드디어 쾨니히스베르크 대학에서 논리학과 형이상학 정식 교수로 임명되었고, 1786년에는 쾨니히스베르크 대학의 총장과 베를린 아카데미 회원으로 선출된다. 이후 1794년에는 페테르부르크 과학아카데미의 회원으로도 선출되었다.

이렇듯 그의 철학은 전 유럽에 퍼져나가 널리 영향을 끼쳤지만 그는 평생 동안 자신의 고향인 쾨니히스베르크를 떠나지 않았다. 이에 독일의 저명한 시인인 하이네Heinrich Heine는 "칸트는 그의 철학이 가져온 파장에 비해 아주 단순한 삶을 살았다."고 평가했다.

이처럼 세상에 큰 파장을 가져온 칸트의 사상은 '코페르니쿠스 혁명'이라 비유될 만큼 혁신적이었다. 인식론에서 칸트는 경험론과 합리론의 논쟁을 조화로운 방식으로 통합시켰다. 그는 '지식이 대상에 부합된다.'는 기존의 사고방식을 전환시켜 '대상이 지식에 의해서 부합된다.'고 주장했다. 간단히 말하자면 경험은 지식을 위한 자료를 제공하고 주체는 지식을 위해서 제공된 재료를 선천적인 인식의 틀에서 정리한다. 이에 지식은 내용면에서 보자면 경험이고 후천적인 결과이다. 반면 형식면에서 보자면 선천적인 즉, '선천적인 종합판단'의 표현이다. 이와 같은 독특한 방식으로 그는 과학지식의 보편성과 필연성을 증명함으로써 주체의 인식에서의 지위와 역할 그리고 능동성을 부각시켰다.

이는 철학 발전에서 과거 기존의 천동설을 뒤엎고 지동설을 주장한 코페르니쿠스의 혁명과 비견될 만큼의 혁명적인 업적이었다. 물론 이러한 주장에도 문제는 존재한다. 예를 들어 칸트는 인간 이성은 선천적인 형식에 의해서 구성된 현상세계만을 인식할 수 있으므로 본질인 '물자체'는 인식할 수 없다고 주장하며 인간의 인식능력을 너무 과소평가했다.

하지만 이러한 '혁명'을 통해서 칸트는 자신의 비판철학을 완성했다. 물론 그의 '비판'은 매서운 질책이나 너 죽고 나 살자 식의 맹렬한 투쟁이 아니다. 그는 그저 면밀하게 '이성의 인식능력에 대한 분석'을 진행했다. 그리고 이러한 성과는 '3대 비판서'로 일컬어지는 《순수이성비판Kritik der reinen Vernunft》, 《실천이성비판Kritik der praktischen Vernunft》, 《판단력비판Kritik der Urteilskraft》에 담겨 있다.

우선 '순수이성비판'은 '무엇을 알 수 있는가?'에 대한 답변이다. 여기서 칸트는 다음과 같이 말했다 "우리는 자연과학이 알려주는 것들만 알 수 있을 뿐이며, 철학은 우리의 필요조건이 될 수 있는 지식을 분명하게 인식하는 데 도움을 줄 뿐 다른 특별한 용도는 없다. 사실 형이상학 문제는 플라톤 이래로 해결되지 못했다." 그러면서 그는 사물이 인간에게 영향을 끼치는 게 아니라 인간이 사물에게 영향을 끼친다고 주장했다. 즉 현실세계에서 사물을 인식하는 데 인간이 사물보다 더 중요하다는 것이다. 칸트는 심지어 우리는 근본적으로 사물의 본질을 인식할 수 없으며, 그저 사물의 표상만 인식할 수 있다고 보았다. 칸트는 인간을 만물의 척도로 보았다. 앞에 소개된 "인간은 자연의 입법자다."라는 말도 이러한 관점에서 나온 것이다.

이렇듯 '순수이성비판'은 인간이 외부세계를 어떻게 인식하는지에 대한 문제를 연구한 결과라 할 수 있다. 그리고 1788년 발표한 '실천이성비판'은 '무엇을 해야 하는가?'라는 윤리학 문제에 대한 답변으로, 간단하게 말하자면 우리는 스스로의 의무를 다해야 한다는 주장이다.

그렇다면 '의무를 다한다.'는 것은 무엇을 말하는 것일까? 이 질문에 대해 칸트는 "너의 의지의 준칙이 항상 준칙인 동시에 보편적인 입법 원리가 될 수 있도록 행동하라."는 '정언명령'을 통해 답변했다. 칸트는 인간은 도덕상에서 자주적이라고 보았다. 이에 인간의 행위는 비록 객관적인 인과관계에 제한을 받지만 인간은 인간으로서 도덕상의 자유능력에 의해서 인과관계를 초월해 자신의 행위를 책임져야 한다고 주장했다. "인간은 목적 그 자체이다."라는 유명한 말도 이러한 의미에서 나온 것이다.

한편 칸트가 이 책의 결론에서 말한 "오랜 시간 계속해서 생각할수록 마음속에서 나날이 새로워지고 갈수록 감탄과 경외심이 가득 차오르는 두 가지가 있다. 바로 내 머리 위에서 총총히 빛나는 별과 내 마음속에 자리한 도덕 법칙이다."라는 말은 그의 묘지명으로도 쓰였다.

마지막으로 '판단력비판'은 '무엇을 희망할 수 있는가?'에 대한 답변이다. 이 문제를 해결함으로써 칸트는 이성주의 미학과 경험주의 미학의 관점을 비판 융합시켜 심미는 진과 선의 중명사라는 자신만의 독특한 미학체계를 이루어냈다.

이러한 칸트의 저서들은 아무리 간단하게 말하려 해도 이해하기 힘든 어려운 부분들이 많다. 그래서 칸트의 사상을 이해하기 위해선 굳건한 의지와 끈기가 필요하다. 칸트는 1804년 2월 12일에 세상을 떠났다. 당시 쾨니히스베르크 주민들은 길게 줄을 서서 이 위대한 철학자의 마지막 길을 배웅했고, 칸트는 사망하고 16일이 지나서야 무덤에 안장될 수 있었다. 그리고 영민하고 심오한 정신은 그가 남긴 저서들 속에서 영원히 살아 숨 쉬고 있다.

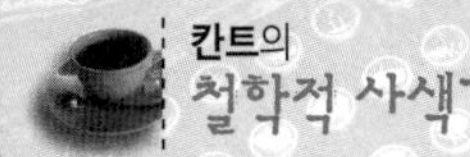

진리를 찾기 위해 평생을 바친다는 것은?

칸트는 철학 발전에 새로운 시대를 열었다. 그래서 많은 사람들이 그의 철학을 이해하지 못함에도 불구하고 그를 한결같이 존경한다.

칸트는 이처럼 뛰어난 철학자였지만 우리와 조금도 다르지 않는 평범한 삶을 살았다. 그는 의지가 투철했지만 세상과 동떨어져 생활하지 않았고, 깊이 탐구했지만 기이한 행동을 하지 않았다.

일반인들이 이해하기 힘든 말을 하는 철학자들도 우리와 똑같은 평범한 인간이다. 칸트의 철학이 이해하기 힘들다고 해서 그가 일반인들과 다른 사람이었던 것은 아니다.

하지만 그럼에도 우리는 어려운 철학과 마주할 때면 진리를 찾기 위해 평생을 바쳐 노력했던 철학자들을 존경할 수밖에 없다.

자아를 찾아서

피히테 Johann Gottlieb Fichte

— 학자는 인류의 교사이다

지식학을 창시한 고전주의철학자의 '학자의 사명'에 대한 명제.
'자아'를 중심으로 한 철학체계를 건립한 대사상가의 도덕 책임론.

어느 날 칸트의 집에 한 청년이 문제를 토론하고자 찾아왔다. 당시 유럽 전역에서 철학교수로 명성을 떨치고 있던 칸트는 단칼에 젊은이의 부탁을 거절했다. 그리고 한 달여쯤 지난 뒤 칸트는 한편의 우편을 받았다. 거기에는 〈모든 계시에 대한 비판 시도Versuch einer Critik aller Offenbarung〉라는 논문과 짧은 편지가 들어 있었다. 편지에는 다음과 같이 적혀 있었다. "유럽에서 가장 존경받는 분을 가까이에서 알고 싶은 마음에 일부러 쾨니히스베르크에 왔지만 유럽에서 소수의 사람들만이 나와 같이 그분을 공경하고 사랑하고 있었습니다. 저는 선생님에게 저를 소개한 이후에야 아무런 추천장도 없이 선생님과 같은 인물을 만나려 하는 것이 무례한 행동이라는 사실을 깨달았습니다. 이에 마땅히 추천장이 있어야 하겠기에 저는 제 자신을 증명하는 논문을 함께 동봉해 보냅니다." 칸트는 편지와 논문을 읽고는 이 젊은이에게 관심을 가지게 되었고, 이후 두 사람은 서로 연락을 주고받으며 진솔한 이야기를 나누게 되었다.

바로 이 청년이 독일 고전주의철학자 중 한 사람이자 칸트철학의 계승자인 피히테Johann Gottlieb Fichte이다.

피히테는 매우 어려운 유년시절을 보내야 했다. 그는 1762년 5월 19일 독일 오버라우지츠Oberlausitz에 위치한 람메나우Rammenau라는 마을에서 태어났다. 그의 아버지는 수공업자였는데 수입이 좋지 못했다. 가난한 형편 때문에 집안의 장남이었던 그가 받은 교육이라곤 교회에서 목사의 설교를 듣는 게 전부였다. 그는 워낙 총명해서 목사의 설교를 들은 다음날 내용을 정확하게 암송했다고 한다. 이에 그의 재능을 알아본 밀티츠 남작Freiherr von Miltitz이 그를 돕기로 결정했고, 1784년 세상을 떠나기 전까지 그의 모든 학비를 후원해 주었다. 덕분에 공부를 할 수 있게 된 그는 1780년 예나 대학에 입학해 그곳에서 신학과 법학을 공부한다. 그리고 이듬해인 1781년 라이프치히 대학으로 옮겨 신학 공부를 계속한다.

하지만 1784년 자신을 후원해주고 있던 밀티츠 남작이 세상을 떠나면서 후원이 끊기게 되었고, 경제적으로 어려워진 그는 어쩔 수 없이 개인 가정교사로 생계를 이어가야 했다. 그는 1788년 친구의 추천으로 가정교사 자리를 구하기 위해 스위스 취리히로 간다. 그리고 1790년에 다시 라이프치히에 돌아와 그곳에서 가정교사로 계속 일을 한다. 이 과정에서 그는 우연히 칸트철학을 접하게 되었는데, 이는 그의 인생에서 중대한 전환점이 되었다. 칸트철학에 매료된 그는 3대 비판서를 몇 개월 만에 독파한 뒤 기존에 가지고 있었던 스피노자의 결정론 사상을 완전히 버린다. 그리고 이성의 자유를 핵심으로 한 새로운 철학체계를 건설한다.

이후 피히테는 앞에서 소개한 〈모든 계시에 대한 비판 시도〉를 칸트에게 소개하였고, 칸트는 이 논문이 출판될 수 있도록 추천해 준다. 하지만 이 책이 처음 출판되었을 때 실수로 익명으로 나오는 바람에 사람들은 이 책을 칸트의 저서라고 오해하게 되었다. 이에 칸트는 직접 사실을 바로잡았고, 이 과정에서 무명에 불과했던 피히테는 하루아침에 유명인사로 사람들에게 알려지게 되는 행운을 얻었다.

1793년 피히테는 다시 취리히로 갔다. 당시 유럽은 여러 군주들이 급진적으로 흘러가는 프랑스혁명을 맹렬히 공격하면서 혁명에 반대하는 사람들로 인해 상당히 어지러운 상황이었다. 이토록 복잡한 상황 속에서 피히테는 '자유로운 자아'를 핵심으로 한 자신의

지식학체계를 이뤄나갈 준비를 하기 시작했다. 이후 예나 대학에서 철학 강의를 맡게 된 그는 1802년부터 여러 차례 자신의 학문체계를 수정했다. 하지만 당시의 어지러운 상황 속에서 책을 내기보다는 직접 강연을 통해서 사람들을 일깨우는 게 더 효과적이라고 생각했던 그는 집필보다는 강연에 더욱 힘을 쏟았다.

칸트철학의 영향 아래서 피히테는 '자아'를 중심으로 한 자신의 철학체계를 건립했고, 이를 '지식학Wissenschaftslehre'이라 이름 붙였다. 학자의 사명에 대한 인식은 그의 철학의 기본 핵심이라 할 수 있다. 그는 〈학자의 사명에 관하여〉라는 강의에서는 학자의 책임에 대해서 설명했다.

그는 모든 신분은 그 자체로 존중받을 가치가 있으며, 개인의 명예는 신분이 아니라 신분을 얼마만큼 잘 유지해 나가느냐에 있다고 보았다. 이에 그는 모든 신분은 자신의 직무에 충실하며 사명을 성실히 이뤄 가야 더욱 존중받을 수 있다고 생각했다.

그리고 이러한 관점에서 그는 '학자라는 신분에 있는' 사람은 마땅히 사회에 복무하며 사회를 더욱 행복하게 할 수 있도록 자신의 지식을 활용해야 한다고 주장한다. 그는 다음과 같이 말했다. "학자에게는 특히 수용력과 전달력이라는 자신의 사회 재능을 우선적으로 최대한 단련시킬 책임이 있다." 그러니 "이러한 점들을 고려해 보았을 때 학자는 인류의 교사이다." 그는 또 학자가 마땅히 부담해야 하는 도덕 책임에 대해서도 자세하게 설명했다. "인간의 도덕 품성을 높이는 것은 모든 인간의 최종 목적이며, 전 사회의 최종 목적이자, 사회에서 학자가 해나가는 업무의 최종 목적이다." 이와 같은 그의 관점은 이후 지식학연구에 대한 기초 이론이 되었다.

한편 1806년 발생한 프로이센-프랑스 전쟁에서 프로이센이 패하자 국왕을 따라 국외로 도망을 간 피히테는 일 년 뒤인 1807년 6월에 다시 베를린으로 돌아온다. 그러곤 침체된 독일인들을 위해 유명한 〈독일 국민에게 고함Reden an die deutsche Nation〉이라는 강의를 한다. 이 강의 내용은 오늘날에도 전해지고 있다. 또 베를린에 대학을 설립하는 일에 참여한 그는 1810년 가을 새로운 대학의 첫 번째 총장이 되었다. 하지만 그는 대학생들과의 갈등, 당국과의 의견 불일치로 불화가 생기면서 1812년에 임기를 다 마치지 못한 채 자리에서 내려와야 했다. 이후 1813년 여름 베를린에 유행한 장티푸스에 감염된 그는 다음해인 1814년 1월 29일에 자신의 철학을 완성하지 못한 채 숨을 거둔다.

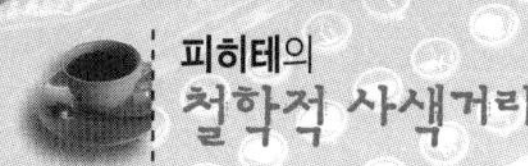

학자의 도덕적 책임에 대한 사명은 어떠해야 할까?

오늘날에도 학술계에서 추문이 폭로될 때마다 우리는 학자의 역할과 사명이 무엇인지를 묻곤 한다.

피히테는 학자를 도덕적 책임을 지켜야 할 특수한 사명을 가진 집단이라고 강조했다. 그리고 이것이 우리가 학자들에게 더 많은 희망과 기대를 거는 이유이다. 피히테가 "학자는 인류의 교사다."라고 말한 것은 학자는 고상하고 고결한 지위에 있는 사람들이라고 과시하기 위해서가 아니라 학자가 짊어져야 하는 사명과 도덕적 책임을 강조하기 위해서였다.

하지만 유감스럽게도 많은 학자들이 이러한 책임감은 잊어버린 채 학자로서 자존심만 앞세우고 있다. 그들은 심지어 자신의 허영심을 채우기 위해서 다른 의견들을 공격하거나 허위 사실을 날조하기도 한다. 그리고 '학자'라는 칭호를 과시하면서도 학자로서의 사명은 지키지 않는다.

그러니 우리 모두 "학자는 인류의 교사다."라는 피히테의 말에 담긴 진정한 의미를 다시 한번 곰곰이 생각해 볼 필요가 있다.

자존감이 떨어질 때

— 인류는 충분히 그리고 마땅히 자신들의 역사를 스스로 만들어 가야 한다

주관적 변증법 철학을 완성한 셸링의 인류 진보의 역사관을 피력한 대표명제.
헤겔철학체계 완성의 기반이 된 주관적 변증법 철학자의 주관적 역사관.

1854년 8월 20일에 프리드리히 빌헬름 요제프 셸링이 거의 여든 살의 나이로 죽었을 때 친구인 바이에른의 막시밀리안 왕은 그의 묘비에 다음과 같은 말을 새기도록 했다. "도이칠란트 최초의 사상가에게." 하지만 그보다 4년 전에 그의 가장 고약한 적이었던 아르투어 쇼펜하우어는 셸링이 "인류를 위한 고귀한 사상가 그룹에 받아들여질 수 없다."고 썼다. 이 철학자에 대해서 동시대는 이렇듯 엇갈리는 평가를 내놓았다. 이런 평가는 그의 평생 동안 계속된 일이었다. 셸링은 어떤 사상가들보다도 논란의 여지가 많고, 정열적

으로 숭배되기도 하고 비난받기도 하고, 사랑을 받기도 하고 미움을 받기도 했던 사람이다.

다른 사람들은 다르게 판단한다. 당시의 유명한 박물학자인 알렉산데르 폰 훔볼트에게 셸링은 '도이치 조국의 가장 정신적인 인물'이었다. 프로이센 왕은 '신이 선택한, 이 시대의 스승으로 부름 받은 철학자'인 그를 베를린 대학으로 오라고 청했다. 괴테는 셸링이 '우리가 오랫동안 알고 존경해온 탁월한 재능'이라고 찬양했다. 적들이 과도한 미움으로 셸링을 유다나 악마 루시퍼와 비교한다면, 숭배자들도 과도한 경탄으로 그를 제2의 그리스도로 만들었다.

이 편지에서 마르크스가 '적수'라고 말한 사람은 바로 독일 고전철학의 중요한 인물 중 한 명이자 객관적 관념론을 대표하는 사상가 셸링Friedrich Wilhelm Joseph von Schelling이다.

셸링의 일생을 돌아볼 때 그는 비교적 평탄한 삶을 살았던 인물이다. 1775년 루터 교회 목사의 아들로 태어난 그는 1790년 튀빙겐에 위치한 신학교에 입학해 그곳에서 철학과 신학을 공부한다. 이후 1795년에 졸업한 뒤 라이프치히에서 가정교사로 일을 하던 중 1798년에 예나 대학에서 자연철학과 교수로 초빙된다. 이곳에서 줄곧 강의를 하다가 1803년 뷔르츠부르크 대학으로 자리를 옮긴 그는 이곳에서 1806년까지 교수로 재직했다. 그리고 1806년부터는 뮌헨에서 살면서 바이에른 과학아카데미 회원과 조형예술아카데미 사무총장으로 선출되어 활동했고, 1820년부터 1826년까지에는 에를랑겐 대학에서 강의를 했다. 이후 1827년에 다시 뮌헨으로 돌아온 그는 바이에른 군주인 루트비히에 의해서 국가과학센터 총감독으로 임명되어 과학아카데미 원장과 뮌헨 대학 교수로 재직한다. 그리고 1841년에 프로이센 왕 빌헬름 4세Friedrich Wilhelm IV의 초청으로 베를린 대학에서 강의를 맡은 그는 이후 베를린 과학아카데미 회원과 프로이센 정부의 고문으로 일한 뒤 1854년 스위스에서 세상을 떠났다.

이처럼 평탄한 삶을 살았던 자연인 셸링과는 달리 철학자로서 셸링은 배신과 변심이 난무하는 삶을 살아야 했다. 초창기 그는 봉건제도의 날카로운 비판자 역할을 하는 한편, 철학자로서도 상당히 많은 업적을 이루었다. 그는 칸트와 피히테의 주관적 관념론을 객관적 관념론으로 변화시켰으며, 주관적 변증법을 외부세계에까지 일반화시켜 이후 헤겔이 철학체계를 완성할 수 있는 조건을 마련했다. 하지만 이러한 역사적 사명을 완수한 뒤 그는 부르주아계급의 법치주의를 주장하던 기존의 입장을 버리고 봉건제도의 변호인이 된다. 그리고 그의 변증법을 포함한 객관적 관념론 이론들은 천주교 신학을 향해 나아가기 시작했다. 이에 하이네는 다음과 같이 말했다. “청년 철학자들은 과거에 모두 누추한 골방에 틀어박혀 가난과 외로움 속에서 자신의 철학체계를 완성해 갔다. 하지만 현재의 철학자들은 매우 화려한 관복을 입은 채 국가를 위한 철학자로 변했다. 그들은 자신이 임용된 국가의 모든 이익을 변호하기 위해서 철학을 이용하고 있다." 그리고 셸링은 이러한 유형에 속하는 인물이었다.

"인류는 충분히 그리고 마땅히 스스로 자신들의 역사를 만들어 나아가야 한다."는 말은 셸링이 초창기에 제시한 역사에 대한 관점이다. 셸링이 살았던 시기에 유럽은 봉건사회에서 자본주의사회로 넘어가는 과도기에 있었다. 이에 그는 프랑스 부르주아혁명의 시련과 나폴레옹 제국의 전쟁 그리고 유럽 각 국가들의 봉건왕조 복고와 1848년 부르주아계급의 시민혁명을 직접 겪었다. 그는 프랑스혁명의 충격 속에서 그 당시 진보적 입장이었던 독일 부르주아계급과 마찬가지로 프랑스 국민의회와 프랑스 시민들을 응원했다. 그리고 프랑스 시민들이 〈라 마르세예즈La Marseillaise〉를 부르며 프랑스혁명을 막으려는 오스트리아와 프로이센 연합군에 대항했을 당시 그는 이 혁명의 노래를 독일어로 번역하며 독일 국민들의 마음속에도 혁명의 바람이 불기를 바랐다.

이 시기에 그는 인류 역사의 진보를 사회 발전의 필연으로 보고, 인류 역사는 물아의 구분이 없는 '원시상태'인 '황금시대'의 상실로부터 시작해 '이성의 왕국'인 '정치적 황금시대'로 끝난다고 주장했다. 그는 여기서 부르주아계급에게 이상적인 왕국이 인류에게 가장 이상적이며, 부르주아계급의 법치사회가 인류의 이성왕국이라고 말하며, 흔들리거나 변하지 않는 '제2종 자연계'라고 설명했다.

셸링은 봉건사회에서 자본주의사회로의 전환을 '인간의 혁명'이라고 보았다. "해방되기 위해선 객관세계의 공포로부터 벗어나야 하는데, 이는 이성의 대담한 모험이다. 이 모험은 절대 실패하지 않는다. 왜냐하면 인간은 자신과 자신의 힘을 알게 됨에 따라서 더욱 위대하게 변하기 때문이다. 만약 인간에게 현재가 어떠한 상황인지 깨닫게 해준다면 인간은 즉시 자신이 무엇을 해야 하는지 알게 될 것이다. 또 이론상에서 인간을 중요시 다룰 경우 인간은 바로 자신을 중요시하게 된다."

이후 셸링은 이러한 자신의 관점에서 물러나 프로이센 봉건주의 왕조를 옹호하는 관변철학자로 변모한다. 그는 프로이센 왕국의 축복을 위해서 부르주아계급의 혁명을 맹렬히 공격하며 '인간해방'은 '정치혁명을 통한 국가의 소멸'이라고 주장했다. 이처럼 그는 반혁명적인 논조로 자신이 이전에 이룩했던 찬란한 업적을 묻어 버렸다.

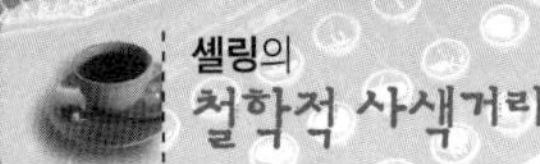

우리는 역사를 어떻게 만들어 가야 하는가?

셸링은 그 시대의 비극적인 인물들을 대표한다. 현재 우리가 도덕규칙만으론 사회질서를 유지할 수 없는 것처럼 그들은 자신의 시대를 넘어설 수 없었던 것이다.

하지만 그럼에도 셸링의 말은 옳았다. 인류는 충분히 그리고 마땅히 자신들의 역사를 스스로 만들어 가야 한다. 하지만 우리가 역사를 어떻게 만들어 가야 하는지에 대해서 그는 언급하지 않았다. 우리가 어떻게 행동하든지 우리의 행동은 역사가 되어 후세 사람들에게 평가받게 된다. 그리고 우리의 침묵 역시 '역사의 증언'이 되어 질문과 심판을 받게 될 것이다. 우리가 셸링을 평가하고 있는 것처럼 우리 역시 역사적 책임을 피할 방법은 없다.

그러니 나중에 난처한 상황이 생기지 않도록 지금부터라도 우리들의 발걸음이 어딜 향하고 있는지 살펴보도록 하자.

현실을 직시할 때

헤겔 Georg Wilhelm Friedrich Hegel

— 이성적인 것은 현실적이다

유럽 최고의 변증법 철학자가 이룬 객관적 관념론체계에 관한 핵심명제.
그의 절대정신 자아의 발전 3단계는 주로 논리학, 자연철학, 정신철학으로 일컬어진다.

다음은 매우 긴급한 상황에도 태연자약했던 어느 한 사람에 관한 이야기이다. 어느 날 그가 친구 집에서 담소를 나누고 있을 때였다. 하인이 급히 달려와서는 말했다. "선생님! 빨리 집으로 돌아가셔야 합니다! 집에 불이 났습니다!" 하지만 이 상황에도 그는 평온한 표정으로 "서두르지 마시게."라고 말하고는 한참 동안 담소를 더 나눈 뒤 여유롭게 집으로 돌아갔다. 그가 도착했을 때 집은 이미 모두 타서 잿더미가 되어 있었다. 보통 사람들은 이런 사람을 융통성 없이 답답한 바보라고 생각할 것이다. 사실 이것은 어느 철

학자의 실화를 바탕으로 꾸민 이야기이다. 어느 날 그는 서재에서 깊이 생각에 잠겨 있었다. 그런데 하인이 급히 달려 와서는 "큰일 났어요! 불입니다! 불이 났어요!"라고 소리를 쳤다. 그러자 철학자는 성가셔하면서 말했다. "집안일은 아내에게 말해야지! 내가 집안일에 간섭하지 않는 걸 몰라서 나에게 와서 말하는 것이냐!"

이처럼 '집안일에 간섭하지 않았던' 철학자는 독일 고전주의철학을 집대성한 헤겔Georg Wilhelm Friedrich Hegel이다.

1770년 8월 27일 헤겔은 뷔르템베르크 공국의 수도 슈투트가르트에서 태어났다. 이후 1788년부터 1793년까지 튀빙겐 신학교에 입학해 공부하는데, 여기서 그는 자신에게 매우 중요한 두 친구를 만났다. 한 명은 훗날 실러Johann Christoph Friedrich von Schiller, 괴테Johann Wolfgang von Goethe 등과 함께 일컬어지는 시인 횔덜린Friedrich Holderlin이고, 또 다른 한 명은 일찌감치 철학자로 명성을 날리고 있던 셸링이었다. 이후 학교를 졸업한 헤겔은 몇 년 동안은 가정교사로 일을 했다. 그리고 1801년 논문을 통과한 뒤 예나 대학에서 사강사로 시작해 이후 1816년에 하이델베르크 대학 철학과 교수로 임명되었고, 1818년부터는 베를린 대학 철학과 교수로 재직한다. 그는 베를린 대학을 자신의 웅대한 철학체계를 펼칠 수 있는 무대로 삼고자 했다. 그리고 1829년 베를린 대학 총장에 취임되면서 그의 철학 사상은 마침내 프로이센 국가의 대표 학설이 되었다. 이후 1831년에 그는 콜레라에 감염되어 후세 사람들에게 많은 논쟁을 불러일으킬 자신의 방대한 철학체계를 남겨둔 채 눈을 감았다.

헤겔이 생전에 정식으로 출판한 저서는 모두 4권이다. 《정신현상학Phänomenologie des Geistes》, 《논리의 학Wissenschaft der Logik》, 《철학총설Enzyklo- pädie der Philosophischen Wissenschaft im Grundriss》, 《법철학 강요Grundlinien der Philosophie des Rechts》가 그것이다. 그리고 그가 사망한 뒤 제자와 친구들이 정리해 출판한《헤겔 전집》에는 학생들이 필기한 것을 정리해 엮은《역사철학 강의》,《미학 강의》,《종교철학 강의》,《철학사 강의》 등이 담겨 있다. 이와 같은 헤겔의 저서에는 그의 객관적 관념론체계가 고스란히 담겨 있다.

헤겔철학체계는 연구는 말할 것도 없고 그냥 설명하는 것도 매우 어렵다. 광범위한 의미에서 쉽게 개괄해 보자면 헤겔은 절대정신을 통해 세계의 근원을 바라봤던 철학자라고 말할 수 있다. 여기서 절대정신은 세상을 초월한 무엇을 말하는 게 아니라 자연, 인간사회, 인간정신의 각기 다른 발전단계를 표현한 것이다. 즉 사물의 교체, 발전, 영원한 생명과정이 절대정신 그 자체라고 할 수 있다. 헤겔철학의 임무와 목적은 이러한 자연, 사회, 사유를 통해서 드러나는 절대정신의 발전과정과 규율을 밝히는 것으로, 사실상 사유와 존재의 변증관계를 연구하고 토론함으로써 관념주의의 기초 아래서 변증법을 통해 두 가지를 통일시키는 것이라 할 수 있다.

이를 기본으로 헤겔은 사람들이 감탄해 마지않는 객관적 관념론체계를 이루어냈다. 이러한 절대정신의 자아 발전은 주로 논리학, 자연철학, 정신철학 3단계로 일컬어진다. '논리학'에서 자신의 범위 내에서만 움직이던 이념(또는 정신)은 하나의 개념에서 또 다른 개념으로 점차 확대되어 가다가 마지막에 이르러 자아가 자연계에서 이화異化되어 '자연철학' 단계로 진입하게 된다. 헤겔은 독립적인 의미를 가지지 못한 자연은 그저 정신 발전의 한 단계, 일부분일 뿐이라고 생각했고, 이에 주동적이고 능동적인 정신과 달리 자연은 소극적, 수동적이라고 보았다. 그래서 필연적으로 자연의 속박에서 벗어나 자신의 이화를 버리고 다시 자신에게로 돌아가게 되며, 여기서 자유로운 이념이 출현하는데 이것이 정신이다. 이념은 세 번째 단계인 '정신철학'으로 들어가게 된다. 이 단계에서 이념은 주관적 정신, 객관적 정신, 절대적 정신으로 이어지는 기나긴 발전과정을 거쳐야 한다. 먼저 주관정신에서 자신 밖의 객관세계로 이화되어 나오는 것이 객관정신이다. 이러한 객관정신은 물질적인 자연이 아닌 정신, 문화의 세계인 법률, 도덕, 국가를 말한다. 이후 정신은 다시 자신의 이화를 버리고 자신에게로 돌아가는데 이것이 절대정신이며, 예술, 종교, 철학이 여기에 포함된다. 그 중 철학에서 정신은 세계가 바로 정신의 표현이라는 사실, 그리고 자신의 표현이라는 사실을 깨닫는다. 이로써 주체와 객체,

사유와 존재가 통일된다. 관념론자였던 헤겔은 이러한 통일을 객체에서 주체로의 통일, 존재에서 사유로의 통일로 보았다.

헤겔의 철학체계는 정신 발전에 대한 묘사라 할 수 있다. 이처럼 정신은 가장 아래 단계에서부터 시작해 '정–반–합 3단계'를 거치며 중간에 두 차례의 이화와 지양을 통해 마지막에 다시 자신에게로 돌아오는 '돌돌 감겨져 있는 동그라미'와 같은 발전과정을 이루게 된다. 이러한 체계 속에서 헤겔은 "모든 현실적인 것은 이성적이고, 모든 이성적인 것은 현실적이다."는 관점을 제시했다.

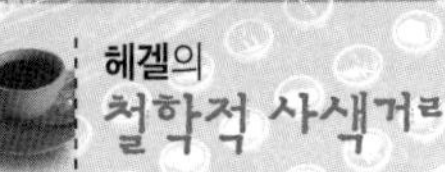

복잡하고 변화무쌍한 변증법에 대하여

헤겔의 변증개념은 만물의 발전에 대한 헤겔의 '내재적 설명'에서 핵심을 이룬다. 헤겔은 《논리학》 서두에서 그 유명한 변증법의 실체를 보여준다. 헤겔은 가장 일반적이고 모든 것을 포괄하는 개념으로 '순수 존재'를 도입한다. 이어서 그가 보여주는 바에 따르면, 이 개념에는 모순되는 개념이 들어 있다. 즉 그 개념을 온전히 이해하기 위해서는 '무(無)'나 '비존재'개념이 필요하다. 그런데 이런 모순은 한 상위개념의 두 양태 사이에서 나타나는 대립일 뿐이며, 그 상위개념 덕분에 해소된다. '존재'와 '비존재'의 경우, 이 모순을 해소하는 개념은 '생성'이다. 뭔가가 '생성한다'는 말은 그것이 비존재 상태에서 존재 상태로 바뀐다는 뜻이다. 그러므로 사실상 처음의 '존재'개념은 단일개념이 아니라 '생성'이라는 3중개념의 한 양태일 뿐이다. 정(존재)과 반(비존재)의 모순이 합(생성)으로 해소되는 것은 변증과정의 시작에 불과하다. 이 과정은 더 높은 수준에서 계속 되풀이된다. 즉 어떤 새로운 합이든 간에 더 깊이 분석해보면 그것에 딸린 모순적 개념이 드러나고, 이 모순은 결국 더 풍부한 '상위'개념으로 극복된다. 헤겔에 따르면 모든 개념은 이런 식으로 서로 연관되어 있다. 그 관계를 밝히는 과정을 헤겔은 '변증법'이라고 부른다.

헤겔의 방대하고 난해한 철학체계를 두려워하지 않은 사람들은 그의 철학 내부를 깊이 파고든다. 그리고 생명력이 넘치는 사유의 세계를 발견해 내곤 하는데 이는 매우 의미 있는 탐색이다. 많은 지식인들이 이와 같은 탐색의 길을 떠났다. 그들이 발견해낸 것들은 모두 다르지만 무언가를 얻었다는 점에서 중요한 의미를 지닌다. 철학의 매력은 바로 그것에 있으니 말이다.

감성에 젖어들 때

포이어바흐 Feuerbach

— 철학에서 가장 높은 것은 바로 인간의 본질이다

인간학 관점에서 독일 유물주의의 권위를 부활시킨 사상가의 인간에 관한 명제.

감성적인 인간으로 신의 위치를 대체한 '완전한 인간'에 대한 고찰.

포이어바흐의 생활방식에 대해 전기작가는 꼼꼼하게 보고한다. 그는 '모범적으로 단순한 생활습관'을 가졌다고 한다.

"자기 방 청소와 난방은 손수 했고, 침대도 정리했으며, 옛날 파스칼처럼 밤낮으로 주변을 손수 정돈했다. 그의 작업 공간은 극히 정리가 잘 되어 있고 깨끗했다. 천재적인 사람들이 어지럽히기를 좋아해서 자기 자신과 다른 사람들에게 불쾌함을 만들어낸다는, 널리 알려진 성향을 그는 전혀 가지고 있지 않았다. 옷도 흠잡을 데 없이 단정하게 입었다. 부드러움과 느긋한 편안함을 연상시키는 것, 특히 도이치 학자들에게 필수품처럼 되어 있는 잠옷과 슬리퍼를 싫어했다. 낮 동안에는 언제나 장화를 신었고, 머리에는 이따금 가벼운 실내 모자를 썼다."

그는 장인丈人의 궁성에서, 세상에 대해 약간 비더마이어 양식으로 조망이 가능한 거리를 두는 이런 위치를 좋아했다. "이 시대에 가장 좋은 삶은 은둔적인 삶이다. 우리의 모든 사회적 관계들은 외적으로는 견고하게 보여도 철저히 망가져 있기 때문이다." 이렇게 목가적인 세계에서 포이어바흐는 자신의 이름을 유명하게 만들어 줄 《기독교의 본질》이라는 책을 썼다. 이제 학계가 그를 주목했으며, 포이어바흐 자신도 자기 책의 가치를 확실히 알고 있었다. 그것이 "근본부터 망가지고 현혹된 현재의 종족을 위한 것이 아니라 앞으로 다가올, 더 낫고 더 높은 종족을 위한 책이다."라고 했다. 그때 1848년 혁명이라는 새로운 시간이 덧붙여졌다. 이제 포이어바흐가 위대한 활동을 펼치고 활발하게 개입할 시간이 온 것으로 보였다. 그는 민주주의에 동조했다.

포이어바흐Ludwig Andreas von Feuerbach는 1804년 7월 28일 바이에른Bavaria 주에서 태어났다. 가정과 학교의 영향으로 종교를 일생의 목표이자 사명으로 선택한 포이어바흐는 1823년 하이델베르크 대학에 입학해 신학을 공부하기 시작한다. 그리고 이곳에서 헤겔철학을 접하고 깊은 관심을 가지게 되었고, 이후 베를린 대학으로 학교를 옮기면서 본격적으로 철학을 공부하기 시작했다. 베를린 대학에서 헤겔의 심오한 사상에 설득된 그는 헤겔을 자신의 '제2의 아버지'로 생각하게 되었고, 신앙에서 이성으로 눈길을 돌렸다. 이후 그는 1826년 에를랑겐 대학에서 식물학과 해부학 그리고 심리학을 공부하고, 1829년 박사학위를 취득한 뒤 학교에 남아 강사로 일을 한다. 하지만 얼마 안 가 익명으로 출판한 《죽음과 불멸에 관한 고찰Gedanken über Tod und Unsterblichkeit》이란 책이 그의 저서라는 사실이 알려지면서 기독교를 비판했다는 이유로 대학에서 쫓겨나야 했다. 그는 1837년 말에 결혼한 이후 프랑켄 중부에 위치한 부룩베르크에서 정착하고, 이 조그마한 마을에서 25년 동안 은둔생활을 한다. 이후 경제 상황이 나빠지면서 1860년 뉘른베르크 인근의 레헨베르크로 이사를 간 그는 생활고로 고생하다가 1872년 세상을 떠난다.

은둔생활은 포이어바흐를 독일문화 중심에서 멀어지게 했지만 그의 사상 발전에는 나름의 역할을 했다. 1839년 그는 〈할레 연보Die Hallische Jahrbücher〉에서 〈헤겔철학 비판〉이란 선언적 논문을 발표하면서 공식적으로 헤겔철학과 결별을 선언했다. 그리고 1841년에 자신의 대표작인 《기독교의 본질Das Wesen des Christentums》을 출판해 인간학의 관점에서 종교를 비판하며, 무신론 사상을 새롭게 고취시켜 유럽 지성계에 큰 파장을 일으켰다. 그는 또 《미래철학의 근본원칙》 등의 저서를 출판해 헤겔철학에서 완전히 벗어난

'인본주의' 관점을 바탕으로 한 자신의 철학을 주장했다.

포이어바흐는 칸트의 불가지론과 헤겔의 관념론을 비판함으로써 수십 년간 관념론에 지배되었던 독일철학에 유물주의의 권위를 부활시켰다. 감성적인 인간으로 신의 위치를 대체한 그는 "그것은 인류를 위해 밝게 비추는 빛이어야만 비로소 신학의 빛이며, 단지 실체를 보기 위해 존재의 빛이어야만 비로소 실체를 보는 원인이라고 할 수 있다."고 주장했다. 포이어바흐는 감성적인 인간은 자연의 인간, 직관의 인간이며 또 추상의 인간이라고 보았다. 이러한 관점에서 포이어바흐는 인간의 본질과 인성 특징으로 이루어진 기본공식을 제시하며 종교는 인간을 대상으로 하므로 종교 역시 인간의 본질이라고 주장했다. 포이어바흐는 인간을 감성적, 자연적 존재로 보았는데 이는 유물주의의 한 측면이라 할 수 있다.

추상적인 '이성의 인간'을 기반으로 포이어바흐는 자신의 '사랑의 종교'를 건립했다. 그는 "자신의 유형, 본질을 대상으로 여길 수 있는 생물이어야 엄격한 의미에서 의식을 가질 수 있다."고 주장하며 인간은 바로 이러한 특성을 가진 생물이며, 이것은 인간과 동물의 근본적인 차이점이라고 보았다. 그렇다면 인간이 스스로 의식하는 인간의 본질은 무엇일까? 그는 이에 대해 다음과 같이 말했다. "하나의 완전한 인간은 반드시 사고력, 의지력, 정신력을 갖추고 있다. 사고력은 인식의 빛이고, 의지력은 성품의 능력이고,

정신력은 사랑이다. 이성, 사랑, 의지력은 완벽한 본성이며 최고의 힘이고 인간이 반드시 갖춰야 할 본질이며, 인간이 살아가는 목적이다."

포이어바흐는 종교를 비판하고 종교를 해체함으로써 "인간은 종교의 시작이고, 종교의 중간점이며, 종교의 종점"이라는 관점을 제시해 보였다. 이렇게 인간은 자신의 신을 만든 것이다. "사랑은 바로 무신론을 실천하는 것이고, 사랑은 내면에서, 생각에서, 행동에서 신을 부정하는 것을 의미한다." 이로써 그는 인간의 해방 임무 또한 일차적으로 완성하였다.

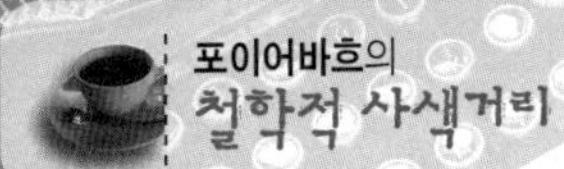

인간의 지위에 대한 심오한 고찰

인간은 인간 그 자체일 뿐 '신의 노예'가 아니라고 주장한 포이어바흐의 주장은 인류 역사 발전에 상당한 진전이라고 볼 수 있다. 특히 당시의 역사적 상황을 고려해 보면 더욱 그렇다.

인류의 역사를 생각해보면 인간의 지위는 여러 차례 변화해 왔다. 인류가 처음 생겨났을 때 인간은 자연의 천둥 번개 소리에도 겁에 질려 벌벌 떨어야 했다. 그리고 자연을 정복한 이후에는 신 앞에 무릎을 꿇고 복종했다. 이후 인문학자들의 노력으로 사회운동이 급속히 전개되면서 인간은 마침내 자신의 지위를 회복하고 인간 그 자체로서 자신들을 바라볼 수 있게 되었다.

하지만 이러한 지위는 남용되어선 안 된다. 인간에게 '중심'이란 '신중함'과 '화합함'을 배우는 것이지 '자연을 지배해야 한다.'는 오만하고 무지한 생각이 아니다. 또 소위 '사랑'이라는 것은 제멋대로 은혜를 베푸는 것이 아니다. 만약 구체적인 사회조건을 고려하지 않고 '박애주의'를 실천하려 한다면 허울 좋은 구호에 그칠 뿐 현실에서 결코 실현될 수 없기 때문이다.

매너리즘에 빠졌을 때

마르크스Karl Heinrich Marx

— 모든 것을 의심해라

유물사관과 잉여가치설로 자본주의의 비밀을 파헤친 공상적 사회주의의 기본명제. 혁명가 마르크스는 인간 해방의 시작을 세상을 변화시키는 데서부터 출발하고자 했다.

만약 우리가 인류의 행복을 위해 일할 수 있는 직업을 선택했다면, 어떤 무거운 짐도 우리를 압도할 수 없다. 왜냐하면 그 짐들은 모두를 위한 헌신이기 때문이다. 그때 우리는 초라하고, 제한적이고, 이기적인 즐거움을 느끼지는 못하겠지만, 우리의 행복은 수많은 사람들의 소유가 될 것이다. 그리고 우리의 사업은 묵묵히 하지만 영원히 이어져나갈 것이며, 우리의 유골 위에는 고상한 사람들의 뜨거운 눈물이 흘러내릴 것이다.

위의 감동적인 문장은 인류 역사에 커다란 흔적을 남긴 유물사관의 창시자인 마르크스가 청소년 시절에 쓴 글이다.

마르크스Karl Heinrich Marx는 1818년 5월 5일 독일 라인 주 남부 모젤 강변에 위치한 트리에Trier에서 태어났다. 그의 아버지는 이 도시의 고등상고법원의 변호사였고 마르크스는 집안의 장남이었다. 마르크스의 성장과정에 대해서는 많은 이야기들이 전해진다. 어린 시절 그는 더러운 검은 경단을 만들어 여동생들에게 먹게 하기도 했고, 본 대학에 입학해서는 트리에 '대학생 음주회'의 다섯 거물 중 한명으로 뽑힐 정도로 음주를 즐겼다. 이에 대학 수료증에도 '과거 밤에 술에 취해 말썽을 일으켜 하루 동안 감옥에 갇히는 벌을 받았음'이라고 기록되어 있다고 한다. 또 젊은 시절엔 자신의 연인 예니에게 열정적인 연애편지를 보내기도 했다. 반면 청년 헤겔학파가 이끄는 클럽에 가입해 가장 어린 나이였음에도 비범한 통찰력과 박식한 지식 그리고 풍부한 사상으로 다른 사람들에게 많은 영향을 주기도 했다. 그의 첫 번째 정부 비판 논문인 〈최근 프로이센의 검열 제도에 대한 견해〉는 발표 당시 사람들로부터 상당한 반향을 일으키기도 했다. 하지만 마르크스가 오래도록 높이 평가받는 이유는 다른 데 있다.

평생의 동지인 엥겔스는 마르크스가 사망한 뒤 그의 업적을 다음과 같이 평가했다. "마르크스는 두 가지 위대한 발견을 하였다. 유물사관과 잉여가치가 그것이다. 유물사관의 발견으로 유물론의 빛이 모든 사회 역사 영역에 비추며 역사관 위에 두텁게 깔려 있던 안개를 제거했다. 이에 관념론은 결국 최후의 피난처였던 역사관에서도 쫓겨나야 했다. 이로써 사람들의 사회존재와 사회의식관계에 대한 인식이 근본적으로 변화되었고, 사회주의는 공상에서 과학으로 변화했다. 또 잉여가치 발견은 자본주의사회의 비밀을 만천하에 드러냈다. 마르크스 본인의 표현을 빌리자면 '자본주의 사유제의 종말을 알리는' 것이었다." 이 밖에도 마르크스는 모든 영역에서 연구를 하였고 심지어 수학 영역에서도 상당한 업적을 남겼다. 하지만 그 모든 업적을 떠나서 근본적으로 마르크스는 혁명가였다. "그의 필생의 사명은 어떤 방식이든지 자본주의사회를 전복시키고, 오늘날의 무산계급의 해방 사업에 참여하는 것이었다." 제1 인터내셔널이라 불리는 국제노동자협회International Workingmen's Association 결성은 이처럼 마르크스가 사회를 위해 얼마나 많은 노력을 하였는지 보여주는 전형적인 사례라 할 수 있다.

이와 같은 성과들은 모두 '모든 것을 의심해 보아야 한다.'는 마르크스의 좌우명과 관련이 있다. 마르크스는 언젠가 큰 딸의 20가지 질문에 답해준 적이 있는데 그것이 바로 유명한 '마르크스의 고백'이다. 그 중에서 '좋아하는 명언이 무엇이냐?'는 질문에 마르크스는 "Nihil humani a me alienum puto(인간적인 것 가운데 나와 무관한 것은 없다.)"고 답했고, '가장 좋아하는 좌우명은 무엇이냐?'는

질문에서는 "De omnibus dubitandum(모든 것을 의심해야 한다)." 라고 답변했다고 한다. 마르크스의 사상과 그의 투쟁의 역사를 되짚어 볼 때 모든 것을 의심하려 했던 그의 모습은 곳곳에서 드러난다. 그는 철학가들에 대해서도 "지금까지 철학자들은 세계를 서로 다른 방식으로 해석했을 뿐이다. 가장 중요한 문제는 세상을 변화시키는 데 있다."고 말한 바 있다. 그의 공산주의에 대한 구성과 실천을 보면 모든 걸 의심했던 그의 태도가 얼마나 가치가 있는 일이었는지 알 수 있다. 비록 의심하는 태도로 인해 그는 여러 비난과 박해를 받아야 했다. 그러나 '실천'을 기반으로 한 마르크스의 철학체계가 새로운 사회제도에 나침반이 될 수 있었던 것은 바로 이러한 의심하는 태도 덕분이었다.

그는 오랫동안 가난과 싸워야 했다. 이에 그의 몸은 점차 병들어 갔지만 그는 강인한 의지력으로 항상 바쁘게 활동했다. 하지만 1878년 병세는 더욱 심해졌고, 1881년 12월, 38년간 함께했던 아내가 병으로 세상을 떠나면서 그는 크나큰 슬픔에 빠졌다. 게다가 1883년 1월 11일에는 그가 너무도 사랑했던 큰 딸마저 세상을 떠나면서 마르크스의 병세는 더욱 나빠졌고, 결국 몸져 눕고 말았다. 그리고 같은 해 3월 14일에 그는 자신의 집 안 흔들의자에서 '편안히 영원한 잠에 든다.' 이렇게 '당시 가장 위대한 사상가는 결국 생각하는 걸 멈추었다.'

마르크스의 영향은 그가 사망한 뒤에야 증명되었다. 영국, 독일, 프랑스, 미국, 스위스, 네덜란드, 오스트리아, 헝가리, 루마니아, 스페인, 이탈리아, 러시아 등 여러 나라의 언론들이 그의 업적과 사망 소식을 전했다. 그는 '열성적이고 탁월한 성과를 이룬 사상가', '노동자들의 가장 좋은 친구이자 가장 위대한 지도자', '지금 시대의 가장 뛰어난 인물 중 한 명', '욕심도 두려움도 없었던 노동자계급의 해방자'라 칭해졌고, 그의 죽음은 '인류의 불행'을 깨닫게 해주며 '인류 발전에 영향'을 주었다.

그리고 20세기 이후 마르크스의 영향은 더욱 깊어졌다. 이에 어느 신 칸트주의자는 "마르크스를 충실히 따르는 사람의 수는 다른 모든 학파를 따르는 사람의 수를 모두 합친 것보다도 많다."고 말한 바 있다. 또 유명한 실존주의철학자 사르트르는 마르크스주의를 "우리 시대에서는 넘어설 수 없는 철학"이라고 평가했다. 당시 독일철학의 핵심인물이었던 하이데거 역시 "마르크스주의는 가장 위협적인 정신상태"라고 보고 "다방면에서 오늘날의 인류 역사를 규정하고 있다."고 평가했다. 또한 1999년 영국 방송국이 진행한 '지난 천 년 동안 가장 위대한 사상가는 누구인가?'라는 설문조사에서는 마르크스가 당당하게 1위를 차지했다. 이렇듯 "마르크스의 이름과 업적은 영원히 전해질 것이다."라는 엥겔스의 말처럼 그는 오늘날에도 상당한 영향력을 행사하고 있다.

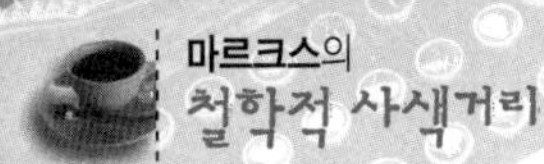

진보적인 의심은 어떻게 하는 것인가?

의심에는 보수적인 의심과 진보적인 의심이 있다.

보수적인 의심은 걱정이 너무 많아 지나치게 의심하는 모습을 말한다. 세상에서 처음으로 기차가 발명되었을 당시 사람들은 기차가 움직이지 않을까 봐 걱정을 했고, 움직인 이후에는 그것이 멈추지 않을까 봐 걱정을 했는데, 보수적인 의심은 바로 이러한 상황을 말하는 것이다.

반면 진보적인 의심은 낡은 것을 무너뜨리고 새 것을 새우겠다는 정신으로 두려움을 무릅쓰고 도전하는 모습을 말한다. 매일 케케묵은 낡은 규범을 지키고 있을 때 용기를 가진 한 사람이 홀로 나서서 남들과 완전히 다른 견해를 가지고 묵묵히 자신의 길을 가는 것이다. 그렇게 이 사람은 다른 사람이 생각하지 못했던 것을 생각하고, 다른 사람이 행동하지 못했던 것을 행동하며 묵묵히 나아간다. 마르크스의 의심은 바로 이러한 경우였다.

이러한 두 가지 의심 모두 상당한 힘을 가지고 있다. 인류의 발전역사에서 우리는 보수적인 의심이 불러온 여러 야만적이고 공포스러웠던 상황들을 살펴볼 수 있다. 그리고 사회의 발전역사에서 우리는 사회생활을 변화시키고 영향을 끼쳤던 진보된 문명을 느낄 수 있다.

의심은 사회 발전을 이끄는 힘을 가지고 있지만 한편으론 사회 발전을 막는 힘도 가지고 있다. 우리가 어떻게 의심하느냐에 따라서 방향은 결정된다.

일에 치인 하루

엥겔스 Friedrich Engels
— 문화에서 모든 진보는 자유를 향한 첫 걸음이다

인류 진보 역사를 향한 선언인 《자본론》을 지은 유물론자의 노동자의 자유에 관한 명제.
인류가 진정으로 자유로워지기 위해 해야 할 노동자의 권리 선언.

엥겔스는 마르크스 못지않게 많은 저술을 남겼으나 평생 그를 괴롭혔던 것은 사람들이 기억하는 자신은 마르크스 후원자로서의 이미지밖에 없다는 것이었다. 자본가의 적을 자처한 엥겔스였지만 아이러니하게도 독일에서 부자인 상인 아버지에게서 태어난 그는 자신도 영국에서 방직공장을 경영할 정도로 큰 부자였다. 트리스트럼 헌트의 《엥겔스 평전》에는 여우 사냥과 고급 샴페인 등을 즐겼던 부자 엥겔스의 모습이 잘 묘사돼 있다. 그는 자본가로서 공장 근로자의 열악한 환경을 직접 목격한 엥겔스였기에 마르크스의 사상에 동조하고 기꺼이 후원자가 된 것이다.

"마르크스는 삶이 궁핍해 노동자들의 편에 섰을 것이라는 인식과 달리 엥겔스라는 든든한 물주를 얻어서 풍족하게 생활했다고 전해진다. 사실 마르크스는 항상 엥겔스에게 경제적 지원을 요청했는데, 이는 그가 가난해서가 아니라 가정부를 두고 딸들에게 비싼 옷을 사 입히는 등 사치스럽게 생활했기 때문이었다."

엥겔스에게 늘 따라다니는 수식어는 마르크스의 가장 친한 친구이자 평생의 동지이며, 공산주의의 지도자였다는 말이다.

엥겔스Friedrich Engels는 1820년 11월 28일 독일 라인 주 바르멘(지금의 부퍼탈)에서 공장주의 아들로 태어났다. 그는 독실한 기독교 신자인 아버지와 예의를 준수하고 문학과 역사를 사랑하는 선량한 어머니 밑에서 많은 영향을 받으며 성장했다. 하지만 가업을 승계하길 바라는 아버지의 고집 때문에 그는 하마터면 사상가가 되지 못할 뻔했다. 1837년 아버지의 명에 따라서 중학교를 중퇴하고 그토록 싫어했던 상업을 배우기 시작한 엥겔스는 1838년 8월 아버지의 뜻에 따라 브레멘의 한 상점에서 사무원으로 근무한다. 자유와 민주주의 물결이 거세게 일어났던 이 도시에서 그는 프리드리히 오스발트라는 필명으로 여러 편의 시를 썼는데 그 중에서도 1839년에 발표한 〈부퍼 강 골짜기에서 온 편지〉가 대표작이라 할 수 있다. 이후 그는 1841년 베를린에서 군 복무를 하면서 여유가 있을 때마다 베를린 대학에서 철학 강의를 들었고, '청년헤겔학파'의 적극적인 구성원이 되었다. 1842년 가을에 가족들과 이별한 그는 영국 맨체스터의 방직공장에서 근무한다. 이곳에서 그는 노동자계급의 생활을 깊이 알게 되었고, 마르크스와 처음으로 조우한다. 이후 1844년 8월 엥겔스는 파리에서 다시 마르크스와 재회하게 되었고, 위대한 두 사상가는 이때부터 함께 길을 걸어가기 시작했다. 엥겔스는 여러 차례 마르크스 가족의 경제생활을 도와주었고, 계속 마르크스를 지원해주기 위해서 맨체스터 방직공장으로 돌아와 일을 한다. 그는 그곳에서 20년간 일을 한 뒤 1869년 7월 마침내 사업을 청산하고 1870년 10월 런던으로 이주해 마르크스와 함께 작업을 해나간다.

이처럼 우리가 엥겔스를 제대로 알기 위해선 먼저 마르크스와의 깊은 우정에 주목해야 한다. 엥겔스는 다음과 같이 말했다. "마르크스는 나를 포함한 다른 사람들보다 더 높은 곳에 서 있었고, 더 먼 곳을 바라봤으며, 더 많이 더 빨리 관찰했다. 마르크스는 천재였고, 우리는 기껏해야 재능 있는 정도였다."

1846년 8월 두 사람은 처음으로 함께 협력해 《독일 이데올로기Die Deutsche Ideologie》를 완성한다. 그리고 1848년 함께 《공산당 선언Manifest der Kommunistischen Partei》을 발표하고 같은 해 4월 〈신라인 신문Die Neue Rheinische Zeitung〉을 창간한다. 이후 1883년에 마르크스가 세상을 떠났을 때 《자본론Das Kapital, Kritik der politischen

Oeconomie》은 1권만 출판되어 있는 상태였고, 나머지 원고들은 정리되지 못한 채 남겨져 있었다. 이에 엥겔스는 자신이 10년 동안 해오던 자연변증법 연구와 관련된 기록을 수집, 정리하던 일을 즉각 멈추고 자본론 원고를 정리하기 시작한다. 그리고 1884년에 제2권, 1894년에는 제3권을 출판했다. 이에 레닌은 "엥겔스는 《자본론》 제2권과 제3권을 출판함으로써 천재인 친구를 대신해 장엄한 기념비를 건립했다. 그리고 뜻하지 않게 그곳에 영원히 지워지지 않을 자신의 이름을 새겨 넣었다."라고 말했는데, 이는 두 사람의 우정을 가장 상징적으로 설명해주는 대목이 아닐 수 없다.

엥겔스는 또한 독자적으로 유물론에 대한 주목할 만한 성과도 일궈냈다. 《영국 노동자계급의 상태Die Lage der Arbeitenden Klasse in England》, 《반뒤링론AntiDühring》, 《루트비히 포이어바흐와 독일 고전철학의 종말Ludwig Feuerbach und der Ausgang der klassischen deutschen Philosophie》, 《자연변증법Die Dialektik der natur》 등의 저서를 통해서 우리는 그의 빛나는 사상을 엿볼 수 있다. 그 중에서 1878년에 완성한 《반뒤링론》은 마르크스주의의 백과사전식 저서로 불리고 있다. 위에서 언급한 말도 이 책에서 나온 것이다.

엥겔스는 자유는 자연법칙에서 벗어나 상상 속에 독립해 있는 것이 아니라, 오히려 자연법칙에 대한 인식 그리고 이 법칙을 일정한 목적에 의해서 계획적으로 추진할 수 있는지에 있다고 보았다. 그래서 "문제에 대한 인간의 판단이 자유로울수록, 이 판단의 내용은 더욱더 필연성에 의해 규정된다."고 주장했다. 이러한 의미에서 그는 인류 사회가 발전과정에서 출현한 마찰불이나 증기기관은 모두 문명의 표현이자 인류가 더욱 자유로워지는 기초라고 생각했다.

이러한 관점은 자연에 대한 그의 태도와도 일치한다. 당시 과학기술과 생산력은 빠르게 발전하고 있었고, 자연을 개척하는 데 일정한 성과를 이뤄낸 인간은 더 많은 야망을 드러냈다. 이때 엥겔스는 즉시 다음과 같이 경고했다. "우리 인류는 자연과의 승리에 너무 도취되어선 안 된다. 우리가 승리할 때마다 자연은 우리에게 복수할 것이다.……. 우리의 살, 피, 그리고 두뇌는 자연에서부터 온 것이고, 우리는 자연 안에서 존재하고 있다." 이와 같은 말을 곰곰이 되짚어보면 인간의 자유 본성이 자연법칙의 속박 속에 있다고 본 그의 주장은 매우 깊은 통찰력을 지닌 것이다.

이처럼 단호하고 명쾌한 인류 문명에 대한 경고의 메시지를 내놓기도 했던 엥겔스는 박식하면서도 겸손한 자연과학자이기도 했다. 1843년 한 친구가 그에게 호주에는 포유류이면서도 알에서 부화하는 오리너구리라는 신기한 동물이 있다고 알려줬다. 그러자 엥겔스는 웃으면서 오리너구리가 알을 낳는다면 절대 태생으로 번식하는 포유류일리 없다고 말해주었다. 하지만 사실 원시 포유류에 속하는 오리너구리는 파충류로 진화해 왔기 때문에 파충류의 특징을 가지고 있다. 그래서 알로 번식하지만 조류처럼 깃털이 자라지 않고, 포유류처럼 짧은 털이 빼곡히 자라난다. 그리고 알에서 부화해 태어나지만 어미의 젖을 먹고 자란다. 이처럼 털이 있고 젖을 먹고 자라는 점은 포유류의 기본 특징이다. 오래지 않아 엥겔스는 자신이 틀렸다는 사실을 알고 친구에게 솔직하게 자신의 잘못을 인정하며, 오리너구리에게도 자신의 오만과 무지를 용서해 달라는 내용을 담아 편지를 썼다.

1895년 8월 5일 그는 식도암으로 템스 강변에 위치한 자신의 집에서 눈을 감았다. 그리고 그의 유골은 유언에 따라 영국 이스트본 바다에 뿌려졌다.

진실한 우정에 대하여

오늘날 관포지교(管鮑之交)처럼 우정과 관련된 여러 미담들이 전해져 오고 있지만 그럼에도 엥겔스와 마르크스처럼 아름다운 우정은 흔치 않다. 엥겔스는 마르크스를 '자신의 또 다른 자아'라고 말했다고 하는데 정말 그러했다.

이러한 두 사람의 관계를 생각할 때면 우정에 대해서 다시 한 번 깊은 고민을 하게 된다. 우정이란 무엇일까? 이 질문에 마르크스는 우정은 '도움과 신뢰'라고 말했다. 이처럼 일시적인 동정이나 연민이 아닌 진심으로 도와주며, 속마음을 털어놓고 영광과 치욕을 함께할 수 있는 친구가 있다면 분명 행운일 것이다.